『十二五』國家重點圖書出版規劃項目

國家社科基金抗日戰爭研究專項工程項目資助

民國時期文獻
保護計劃

成 果

國家出版基金項目
NATIONAL PUBLICATION FOUNDATION

東亞同文書院
中國調查手稿叢刊

馮天瑜 主編

李强 郭傳芹 編

總目 索引 附録

國家圖書館出版社

圖書在版編目（CIP）數據

東亞同文書院中國調查手稿叢刊：總目、索引、附錄／馮天瑜主編；
李强，郭傳芹編—北京：國家圖書館出版社，2016.8
ISBN 978－7－5013－5999－8

Ⅰ．①東…　Ⅱ．①馮…②李…③郭…　Ⅲ．①中國－調查報告－近代－
圖書目錄②中國－調查報告－近代－書目索引　Ⅳ．①Z88：K92②Z89：K92

中國版本圖書館 CIP 數據核字（2016）第 311227 號

書　　名	東亞同文書院中國調查手稿叢刊：總目、索引、附錄
著　　者	馮天瑜　主編　李强　郭傳芹　編
責任編輯	李　强
封面設計	翁　湧

出　　版　國家圖書館出版社（100034　北京市西城區文津街7號）
　　　　　　（原書目文獻出版社　北京圖書館出版社）
發　　行　010－66114536　66126153　66151313　66175620
　　　　　　　　66121706（傳真）　66126156（門市部）
E－mail　nlcpress@ nlc. cn（郵購）
Website　www. nlcpress. com→投稿中心
經　　銷　新華書店
印　　裝　河北三河弘翰印務有限公司
版　　次　2016 年 8 月第 1 版　2016 年 8 月第 1 次印刷

開　　本　787×1092（毫米）　1/16
印　　張　23.25
字　　數　425 千字

書　　號　ISBN 978－7－5013－5999－8
定　　價　180.00 圓

編輯說明

本書是我社影印出版的《東亞同文書院中國調查手稿叢刊》（下簡稱"影印版"）的總目、索引、附錄部分。影印版全200冊，其目錄雖然著錄了調查者姓名、調查內容等具體信息，然而分散在各冊之中，使用頗爲不便。本書將之彙爲一輯，配以索引、附錄，單冊另行，以方便學者查檢。

總目部分

總目分旅行日誌和調查報告兩個部分，其中1—76冊爲旅行日誌，77—200冊爲調查報告。

學生們提交的旅行日誌，封面上一般寫"大旅行日誌""調查旅行日誌""某某班旅行日誌"等，名稱大同小異，因此本書在編排目錄時不再著錄日誌名，而僅標明調查者、卷次。若日誌中未標明調查者姓名，或姓名書寫潦草難以辨認，則參考其班次、卷次信息，對比報告中的著錄、鉛印本年度日誌，詳加考訂。

對昭和十三年（1938）以後無卷次信息部分，則標註調查的班次信息；無班次信息的，用鉛印本年度日誌進行確定。

有個別旅行日誌實際上也包含調查報告的內容，對這部分日誌我們在目錄中用 * 加以標示。

國家圖書館另收藏有二十餘本東亞同文書院教師的指導旅行日誌、研究旅行日誌，這部分日誌我們也一併收錄，放在日誌部分的最後一冊中（影印版的第76冊）。

學生們提交的調查報告，封面或扉頁上一般會有具體的標題，而在正文第一頁或目錄部分，又會有後來新添加或修改的標題，爲了與愛知大學所藏部分相對應，本書以新添加或修改的標題爲準。

部分調查報告的標題指示不清，如1943年南通調查班提交的調查報告的標題爲"經濟"，內容實際上是南通經濟的調查，因此我們在標題前增加"南通"二字，並用"（）"進行標示。

個別調查報告僅署"大旅行調查報告"而無具體的標題，我們在編製目錄時參考正

文中的標題，或者序言中的"調查事項"等信息擬出；無上述參考信息的部分，則由編者根據其內容自擬，並用"[ ]"進行標示。

有個別調查報告實際上也包含調查日誌的內容，對這部分報告我們在目錄中亦用＊加以標示。

手稿中的日文與現在通用的日文有諸多不同之處，本書在編製目錄時悉依原文進行錄入，並對文字的不同寫法進行了統一。爲方便讀者查閱，本書將報告的標題翻譯爲中文，以資對照。爲反映文獻原貌，本書在翻譯時對"大東亞戰爭""日支事變"之類稱謂亦用直譯的方式，請讀者留意。戰時日本所稱的"中支"，一般翻譯爲"華中"（本書亦如此翻譯），實際上包括華中、華東地區，也需要特別指出。

索引部分

索引分篇名索引、作者索引、調查門類索引、調查地索引四個部分。

篇名索引：包括篇名、作者、調查年份、調查班次、卷次，以及影印版的冊號、頁碼等信息，按照篇名的漢語拼音排列。因總目中的旅行日誌僅標明調查者等信息，而無篇名，我們直接以調查者的姓名加上"旅行日誌"組成篇名。如旅行日誌中的"中柏村久雄"，直接著錄爲"中柏村久雄旅行日誌"，若是多人合寫的日誌，則祇著錄第一人，人名後面加"等"。篇名索引中的調查報告，祇保留翻譯後的中文部分。

作者索引：按照漢語拼音排序。爲節省篇幅，不再重複標註篇名、冊號、頁碼等信息，而是直接引用篇名索引中每篇文章前面的順序號（調查門類、調查地索引同），如：

阿部博光　0002，1170

這表示：作者署名爲阿部博光的文章共有兩篇，即 0002 和 1170。查閱篇名索引，按順序找到這兩個序號所對應的文章，就可以知道這篇文章的篇名、調查年份，以及位於影印版第幾冊和第幾頁。

調查門類索引：涉及影印版的"調查報告"部分，分各地概況、經濟、政治、社會、教育、其他六個調查門類。其中各地概況部分是綜合性的調查，下按行政區劃排序，祇著錄到省（因爲後面還有詳細的調查地索引）。經濟佔據了絕大部分，下轄的各個子類基本都能涉及，政治、社會、教育次之，文化、法律、宗教、軍事、史地則較少。

調查地索引：涉及影印版的"調查報告"部分，中國部分分爲華北、東北、華東、中南、西南五大地區，按照現行行政區劃排序。東南亞地區的法屬印度支那、荷屬東印度、暹羅等地，仍沿用舊稱。

附録部分

　　附録部分是調查人員名單及調查路線,係根據鉛印本年度旅行日誌(下簡稱"鉛印本")中的相關資料整理輯出,部分還包括指導教授、調查內容等信息,按調查年份編排。其中有以下內容需要說明:

　　調查者姓名鉛印本個別地方與手稿本存在一些差異,本書據鉛印本録入,並對與手稿本有差異的地方用( )進行標註。

　　鉛印本中所列調查人員名單較手稿本要多,多出的人員用 * 進行標識。

　　經過地、指導教授、調查內容若鉛印本無相關內容,本書亦從缺。如有些調查無調查班次的,則録入調查者提交的日誌題目。

　　昭和十五年(1940)第 37 期生和昭和十八年(1943)第 40 期生無鉛印本年度旅行日誌,附録中的人員名單係依據影印版的相關資料整理而成。

　　本書由武漢大學馮天瑜教授主編,李强、郭傳芹編,編輯過程中得到日本愛知大學劉柏林、李春利兩位教授的諸多指點,並經《抗日戰爭研究》編輯部高瑩瑩編輯審讀,在此一併表達誠摯的感謝。

　　本書在編排上可能仍存在諸多不準確甚至錯誤之處,敬請方家批評指正。

國家圖書館出版社

2016 年 8 月

目　　録

總目 ………………………………………………………………………………… 1

索引 ……………………………………………………………………………… 125

　篇名索引 …………………………………………………………………… 127

　作者索引 …………………………………………………………………… 256

　調查門類索引 ……………………………………………………………… 280

　調查地索引 ………………………………………………………………… 286

附録：調查人員名單及調查路線 ………………………………………………… 297

總　　目

第 1 册目録

昭和二年(1927)旅行日誌(第 24 期生)

松代冏次　第一巻第一編‥‥‥‥‥‥‥‥‥‥‥‥‥‥‥‥‥‥　1

内田正喜　第一巻第二編‥‥‥‥‥‥‥‥‥‥‥‥‥‥‥‥‥‥　19

梶村正義　第一巻第三編‥‥‥‥‥‥‥‥‥‥‥‥‥‥‥‥‥‥　37

長谷川芳夫　第一巻第四編‥‥‥‥‥‥‥‥‥‥‥‥‥‥‥‥　151

若桑省三郎　第二巻第一編‥‥‥‥‥‥‥‥‥‥‥‥‥‥‥‥　243

櫛部正暉　第二巻第二編‥‥‥‥‥‥‥‥‥‥‥‥‥‥‥‥‥　289

岩田良一　第二巻第三編‥‥‥‥‥‥‥‥‥‥‥‥‥‥‥‥‥　327

櫻井平四郎　第二巻第四編‥‥‥‥‥‥‥‥‥‥‥‥‥‥‥‥　373

尾野四郎　第三巻第一編‥‥‥‥‥‥‥‥‥‥‥‥‥‥‥‥‥　445

南郷武定　第三巻第二編‥‥‥‥‥‥‥‥‥‥‥‥‥‥‥‥‥　581

第 2 册目録

昭和二年(1927)旅行日誌(第 24 期生)

原口輝雄　第三巻第三編‥‥‥‥‥‥‥‥‥‥‥‥‥‥‥‥‥‥　1

吉川義博　第三巻第四編‥‥‥‥‥‥‥‥‥‥‥‥‥‥‥‥‥‥　53

隈部勇　第三巻第五編‥‥‥‥‥‥‥‥‥‥‥‥‥‥‥‥‥‥　145

西本喜興世　第三巻第六編‥‥‥‥‥‥‥‥‥‥‥‥‥‥‥‥　173

平野博　第四巻第一編‥‥‥‥‥‥‥‥‥‥‥‥‥‥‥‥‥‥　221

芹澤起夫　第四巻第二編‥‥‥‥‥‥‥‥‥‥‥‥‥‥‥‥‥　313

井上進　第四巻第三編‥‥‥‥‥‥‥‥‥‥‥‥‥‥‥‥‥‥　487

飯村滿　第四巻第四編‥‥‥‥‥‥‥‥‥‥‥‥‥‥‥‥‥‥　547

第 3 册目録

昭和二年(1927)旅行日誌(第 24 期生)

小室清志　第四巻第七編‥‥‥‥‥‥‥‥‥‥‥‥‥‥‥‥‥‥　1

渡邊正吾　第四巻第八編‥‥‥‥‥‥‥‥‥‥‥‥‥‥‥‥‥‥　95

有吉正義　第五卷第一編 ･････････････････････････････････････ 233

坪根一雄　第五卷第二編 ･････････････････････････････････････ 333

齊藤久永　第五卷第三編 ･････････････････････････････････････ 385

高次友惠　第五卷第四編 ･････････････････････････････････････ 443

木村仁郎　第五卷第五編 ･････････････････････････････････････ 511

長沼重輝　第六卷第一編 ･････････････････････････････････････ 557

黑川湊　第六卷第二編 ･････････････････････････････････････ 617

第 4 册目録

昭和二年（1927）旅行日誌（第 24 期生）

千賀安太郎　第六卷第三編 ･････････････････････････････････ 1

湯口重壽　第六卷第四編 ･･･････････････････････････････････ 83

宮崎武雄　第六卷第五編 ･････････････････････････････････ 119

中村加治馬　第七卷第一編 ･･･････････････････････････････ 203

岡部俊雄　第七卷第二編 ･････････････････････････････････ 253

中島監　第七卷第三編 ･････････････････････････････････ 303

大脇浩六郎　第八卷第一編 ･･･････････････････････････････ 341

佐佐木安明　第八卷第二編 ･･･････････････････････････････ 401

第 5 册目録

昭和二年（1927）旅行日誌（第 24 期生）

秦儀三郎　第八卷第三編 ･･･････････････････････････････････ 1

篠崎昌平　第八卷第四編 ･････････････････････････････････ 131

林清人　第八卷第五編 ･････････････････････････････････ 219

松本賢太郎　第八卷第六編 ･･･････････････････････････････ 289

矢野一郎　第八卷第七編 ･････････････････････････････････ 441

高田利德　第八卷第八編 ･････････････････････････････････ 521

第 6 册目録

昭和二年(1927)旅行日誌(第 24 期生)

　　小林榮　第八卷第九編 …………………………………………………… 1

　　趙桂顯　第八卷第十編 …………………………………………………… 85

　　竹味武雄　第八卷第十一編 ……………………………………………… 161

　　浦上尚之　第八卷第十二編 ……………………………………………… 235

　　馬淵悅男　第八卷第十三編 ……………………………………………… 261

　　橫山安起　第九卷第一編 ………………………………………………… 301

　　香川英史　第九卷第二編 ………………………………………………… 385

　　深堀健一郎　第九卷第三編 ……………………………………………… 461

　　和多田介英　第九卷第四編 ……………………………………………… 561

第 7 册目録

昭和二年(1927)旅行日誌(第 24 期生)

　　濱田祥太郎　第九卷第五編 ……………………………………………… 1

　　石田武男　第九卷第六編 ………………………………………………… 77

　　德山春宣　第九卷第七編 ………………………………………………… 139

　　小島正英　第十卷第一編 ………………………………………………… 199

　　藤田良次　第十卷第二編 ………………………………………………… 289

　　松田義雄　第十卷第三編 ………………………………………………… 469

　　山本治　第十卷第四編 …………………………………………………… 565

第 8 册目録

昭和二年(1927)旅行日誌(第 24 期生)

　　瓦本勝利　第十卷第五編 ………………………………………………… 1

　　木谷安熊　第十一卷第一編 ……………………………………………… 87

　　宮脇小源太　第十一卷第二編 …………………………………………… 175

　　鎌田健吉　第十一卷第三編 ……………………………………………… 329

　　岡田信一　第十一卷第四編 ……………………………………………… 427

二井內泰彥　第十一卷第五編 ⋯⋯⋯⋯⋯⋯⋯⋯⋯⋯⋯⋯⋯⋯⋯⋯⋯⋯⋯ 497

第 9 册目録

昭和二年(1927)旅行日誌(第 24 期生)

吉野金良　第十一卷第六編 ⋯⋯⋯⋯⋯⋯⋯⋯⋯⋯⋯⋯⋯⋯⋯⋯⋯⋯⋯⋯ 1

上原真順　第十二卷第一編 ⋯⋯⋯⋯⋯⋯⋯⋯⋯⋯⋯⋯⋯⋯⋯⋯⋯⋯⋯ 97

久留景三　第十二卷第二編 ⋯⋯⋯⋯⋯⋯⋯⋯⋯⋯⋯⋯⋯⋯⋯⋯⋯⋯ 157

小山正延　第十二卷第六編 ⋯⋯⋯⋯⋯⋯⋯⋯⋯⋯⋯⋯⋯⋯⋯⋯⋯⋯ 193

佐久間軍治郎　第十二卷第七編 ⋯⋯⋯⋯⋯⋯⋯⋯⋯⋯⋯⋯⋯⋯⋯⋯ 401

藤島健一　第十三卷第一編 ⋯⋯⋯⋯⋯⋯⋯⋯⋯⋯⋯⋯⋯⋯⋯⋯⋯⋯ 443

中尾威　第十三卷第三編 ⋯⋯⋯⋯⋯⋯⋯⋯⋯⋯⋯⋯⋯⋯⋯⋯⋯⋯⋯ 471

湯川武雄　第十三卷第四編 ⋯⋯⋯⋯⋯⋯⋯⋯⋯⋯⋯⋯⋯⋯⋯⋯⋯⋯ 519

福田繁一　第十三卷第五編 ⋯⋯⋯⋯⋯⋯⋯⋯⋯⋯⋯⋯⋯⋯⋯⋯⋯⋯ 549

古賀吾郎　第十三卷第六編 ⋯⋯⋯⋯⋯⋯⋯⋯⋯⋯⋯⋯⋯⋯⋯⋯⋯⋯ 605

山田國太郎　第十三卷第七編 ⋯⋯⋯⋯⋯⋯⋯⋯⋯⋯⋯⋯⋯⋯⋯⋯⋯ 671

第 10 册目録

昭和三年(1928)旅行日誌(第 25 期生)

金丸榮　第一卷第一編 ⋯⋯⋯⋯⋯⋯⋯⋯⋯⋯⋯⋯⋯⋯⋯⋯⋯⋯⋯⋯⋯ 1

楫數一　第一卷第二編 ⋯⋯⋯⋯⋯⋯⋯⋯⋯⋯⋯⋯⋯⋯⋯⋯⋯⋯⋯⋯ 39

稻城勝　第一卷第五編 ⋯⋯⋯⋯⋯⋯⋯⋯⋯⋯⋯⋯⋯⋯⋯⋯⋯⋯⋯ 113

鹽原長衛　第二卷第一編 ⋯⋯⋯⋯⋯⋯⋯⋯⋯⋯⋯⋯⋯⋯⋯⋯⋯⋯⋯ 153

和田喜一郎　第二卷第二編 ⋯⋯⋯⋯⋯⋯⋯⋯⋯⋯⋯⋯⋯⋯⋯⋯⋯⋯ 241

新谷音二　第二卷第三編 ⋯⋯⋯⋯⋯⋯⋯⋯⋯⋯⋯⋯⋯⋯⋯⋯⋯⋯⋯ 385

百瀬清治　第二卷第四編 ⋯⋯⋯⋯⋯⋯⋯⋯⋯⋯⋯⋯⋯⋯⋯⋯⋯⋯⋯ 485

新村寬　第三卷第一編 ⋯⋯⋯⋯⋯⋯⋯⋯⋯⋯⋯⋯⋯⋯⋯⋯⋯⋯⋯⋯ 549

佐藤治平　第三卷第二編 ⋯⋯⋯⋯⋯⋯⋯⋯⋯⋯⋯⋯⋯⋯⋯⋯⋯⋯⋯ 585

志田薰　第三卷第三編 ⋯⋯⋯⋯⋯⋯⋯⋯⋯⋯⋯⋯⋯⋯⋯⋯⋯⋯⋯ 621

第 11 册目録

昭和三年(1928)旅行日誌(第 25 期生)

大西槐三　第四卷第一編 ··· 1

大石義夫　第四卷第二編 ·· 43

酒家重好　第四卷第三編 ·· 83

石田博　第四卷第四編 ··· 121

上西園操　第五卷第一編 ··· 163

福井直　第五卷第二編 ··· 227

牧山勲　第五卷第三編 ··· 281

中村一雄　第六卷第一編 ··· 347

大坪英雄　第六卷第二編 ··· 385

門馬訂一郎　第六卷第三編 ··· 425

佐藤敏夫　第六卷第四編 ··· 497

村上剛　第六卷第五編 ··· 555

第 12 册目録

昭和三年(1928)旅行日誌(第 25 期生)

津留直　第七卷第一編 ··· 1

寺田孫次　第七卷第二編 ·· 45

中倉倫平　第七卷第三編 ·· 91

寺崎祐義　第七卷第四編 ··· 141

小濱繁　第七卷第五編 ··· 185

辻正一　第七卷第六編 ··· 227

稲川三郎　第八卷第一編 ··· 273

和田四郎　第八卷第二編 ··· 367

松田博　第八卷第三編 ··· 431

根岸忠素　第八卷第四編 ··· 493

長谷川幾吉　第八卷第五編 ··· 571

第 13 册目録

昭和三年(1928)旅行日誌(第25期生)

奥村實　第八卷第六編 ……………………………………………………… 1

岡一弘　第八卷第七編 ……………………………………………………… 83

城臺正　第九卷第一編 ……………………………………………………… 143

青木真澄　第九卷第二編 …………………………………………………… 179

廣瀬清　第九卷第三編 ……………………………………………………… 235

伊藤善三　第九卷第四編 …………………………………………………… 271

土屋彌之助　第九卷第五編 ………………………………………………… 343

安澤隆雄　第十卷第一編 …………………………………………………… 455

土井三子雄　第十卷第二編 ………………………………………………… 529

第 14 册目録

昭和三年(1928)旅行日誌(第25期生)

山本日出一郎　第十卷第三編 ……………………………………………… 1

平山熊雄　第十卷第四編 …………………………………………………… 197

志智新八郎　第十卷第五編 ………………………………………………… 247

納富政彦　第十一卷第一編 ………………………………………………… 323

中原武雄　第十一卷第二編 ………………………………………………… 377

鶴谷忠治　第十一卷第三編 ………………………………………………… 427

長谷川靜夫　第十一卷第四編 ……………………………………………… 475

第 15 册目録

昭和三年(1928)旅行日誌(第25期生)

山口慎一　第十二卷第一編 ………………………………………………… 1

日高清磨瑳　第十二卷第二編 ……………………………………………… 19

中崎一之　第十二卷第三編 ………………………………………………… 47

森本辰治　第十二卷第四編 ………………………………………………… 93

佐佐木誠一　第十三卷第一編 ……………………………………………… 187

小久保貞雄　第十三巻第二編 ……………………………… 263

兒嶋真一郎　第十三巻第三編 ……………………………… 335

永井憲平　第十三巻第四編 ………………………………… 417

丹吳恒平　第十三巻第五編 ………………………………… 521

河島次馬　第十四巻第一編 ………………………………… 615

村上秋夫　第十四巻第二編 ………………………………… 663

第 16 册目録

昭和三年(1928)旅行日誌(第 25 期竺)

田中香苗　第十五巻第一編 ………………………………… 1

金澤伍一　第十五巻第二編 ………………………………… 55

芥川正夫　第十五巻第三編 ………………………………… 99

小坪昇三　第十五巻第四編 ………………………………… 175

引原二郎　第十五巻第五編 ………………………………… 243

吉田金四郎　第十五巻第六編 ……………………………… 311

太宰守　第十五巻第七編 …………………………………… 397

昭和四年(1929)旅行日誌(第 26 期生)

百枝辰男　第一巻 …………………………………………… 437

橋口有恒　第二巻 …………………………………………… 479

上村清記　第三巻 …………………………………………… 513

本多彦次　第四巻 …………………………………………… 613

第 17 册目録

昭和四年(1929)旅行日誌(第 26 期生)

矢尾勝治　第五巻 …………………………………………… 1

中尾義男　第六巻 …………………………………………… 93

齋藤暉夫　第七巻 …………………………………………… 163

大工原亮　第八巻 …………………………………………… 269

林田誠一　第九巻 …………………………………………… 335

中下魁平　第十卷 ……………………………………………………………… 409

江口涉　第十一卷 …………………………………………………………… 517

福岡英明　第十二卷 ………………………………………………………… 549

田中玲瓏　第十三卷 ………………………………………………………… 585

第 18 册目録

昭和四年(1929)旅行日誌(第 26 期生)

西里龍夫　第十四卷 …………………………………………………………… 1

勝川秀夫　第十五卷 …………………………………………………………… 69

森口幸藏　第十六卷 ………………………………………………………… 123

木島清道　第十七卷 ………………………………………………………… 271

上田駿　第十八卷 …………………………………………………………… 347

高橋龍夫　第十九卷 ………………………………………………………… 447

武川信佐　第二十卷 ………………………………………………………… 537

第 19 册目録

昭和四年(1929)旅行日誌(第 26 期生)

大久保英久　第二十一卷 ……………………………………………………… 1

寺崎修三　第二十二卷 ………………………………………………………… 65

永島良一　第二十三卷 ……………………………………………………… 149

藤原昇　第二十四卷 ………………………………………………………… 207

山本米雄　第二十五卷 ……………………………………………………… 253

福滿篤　第二十六卷 ………………………………………………………… 317

三宅勳　第二十七卷 ………………………………………………………… 353

岩橋竹二　第二十八卷 ……………………………………………………… 427

長友利雄　第二十九卷 ……………………………………………………… 473

栗林鐵男　第三十卷 ………………………………………………………… 541

第 20 册目録

昭和四年(1929)旅行日誌(第 26 期生)

二川薫　第三十一卷 ……………………………………………………………… 1

長谷川勸　第三十二卷 …………………………………………………………… 175

重松敏夫　第三十三卷 …………………………………………………………… 263

石田武夫　第三十四卷 …………………………………………………………… 407

横井幸重　第三十五卷 …………………………………………………………… 483

茂木有禎　第三十六卷 …………………………………………………………… 533

第 21 册目録

昭和四年(1929)旅行日誌(第 26 期生)

若宮二郎　第三十九卷 …………………………………………………………… 1

牧野清　第四十卷 ………………………………………………………………… 77

前田増三　第四十一卷 …………………………………………………………… 147

宮野茂邦　第四十二卷 …………………………………………………………… 235

石田七郎　第四十三卷 …………………………………………………………… 289

川瀬德男　第四十四卷 …………………………………………………………… 359

佐多直丸　第四十五卷 …………………………………………………………… 427

村松彰　第四十六卷 ……………………………………………………………… 477

吳鷹之助　第四十七卷 …………………………………………………………… 573

第 22 册目録

昭和四年(1929)旅行日誌(第 26 期生)

法林一麿　第四十八卷 …………………………………………………………… 1

萩原藏六　第四十九卷 …………………………………………………………… 125

高松義雄　第五十卷 ……………………………………………………………… 149

林茂治　第五十一卷 ……………………………………………………………… 225

榎原德之郎　第五十二卷 ………………………………………………………… 283

西村剛夫　第五十三卷 …………………………………………………………… 345

前島岩男　第五十四巻 ……………………………………………… 433

伊東敏雄　第五十五巻 ……………………………………………… 471

橋本伊津美　第五十六巻 …………………………………………… 553

第 23 册目録

昭和四年(1929)旅行日誌(第 26 期生)

河野七郎　第五十七巻 ……………………………………………… 1

伊藤正己　第五十八巻 ……………………………………………… 67

安武太郎　第五十九巻 ……………………………………………… 145

村部和義　第六十巻 ………………………………………………… 189

井上榮太郎　第六十一巻 …………………………………………… 251

竹内喜久雄　第六十二巻 …………………………………………… 293

中島榮夫　第六十三巻 ……………………………………………… 389

田路章　第六十四巻 ………………………………………………… 449

第 24 册目録

昭和四年(1929)旅行日誌(第 26 期生)

小幡廣士　第六十五巻 ……………………………………………… 1

土田増夫　第六十六巻 ……………………………………………… 57

山名正孝　第六十七巻 ……………………………………………… 137

宮澤敞七　第六十八巻 ……………………………………………… 183

山下長次郎　第六十九巻 …………………………………………… 249

小山田繁　第七十巻 ………………………………………………… 399

松井幸人　第七十一巻 ……………………………………………… 443

小田健三郎　第七十二巻 …………………………………………… 481

久保寶次　第七十三巻 ……………………………………………… 549

宇田政雄　第七十四巻 ……………………………………………… 607

第 25 册目録

昭和四年(1929)旅行日誌(第 26 期生)

印牧真一　第七十五巻 ……………………………………………… 1

梶原英三　第七十六巻 …………………………………………… 141

尾崎莊太郎　第七十七巻 ………………………………………… 269

岡野八太郎　第七十八巻 ………………………………………… 397

神河章三郎　第七十九巻 ………………………………………… 465

第 26 册目録

昭和四年(1929)旅行日誌(第 26 期生)

尾仲嘉助　第八十巻 ………………………………………………… 1

井上宗親　第八十一巻 …………………………………………… 81

瀧口義精　第八十二巻 …………………………………………… 187

鳥山勉　第八十三巻 ……………………………………………… 247

田島清三郎　第八十四巻 ………………………………………… 321

昭和五年(1930)旅行日誌(第 27 期生)

清川瀬　第一巻 …………………………………………………… 371

神谷清助　第二巻 ………………………………………………… 401

下川賢　第六巻 …………………………………………………… 429

加藤隆徳　第七巻 ………………………………………………… 515

第 27 册目録

昭和五年(1930)旅行日誌(第 27 期生)

保科尚衛　第八巻 …………………………………………………… 1

村上重義　第九巻 ………………………………………………… 33

兼松勝　第十巻 …………………………………………………… 77

大平孝　第十一巻 ………………………………………………… 247

菅一弘　第十二巻 ………………………………………………… 323

真柄富治　第十三卷 ……………………………………………………… 361

村井美喜雄　第十四卷 …………………………………………………… 483

小西勇　第十五卷 ………………………………………………………… 531

第 28 册目録

昭和五年(1930)旅行日誌(第 27 期生)

江下清一　第十六卷 ……………………………………………………… 1

古籔盛三　第十七卷 ……………………………………………………… 177

田中守造　第十八卷 ……………………………………………………… 301

神棒真幸　第十九卷 ……………………………………………………… 347

岩尾正利　第二十卷 ……………………………………………………… 381

竹田已則　第二十一卷 …………………………………………………… 429

田村三郎　第二十二卷 …………………………………………………… 475

渉川悌美　第二十三卷 …………………………………………………… 527

長田陽一　第二十四卷 …………………………………………………… 569

後藤隆三　第二十五卷 …………………………………………………… 607

第 29 册目録

昭和五年(1930)旅行日誌(第 27 期生)

今泉正民　第二十六卷 …………………………………………………… 1

水沼博　第二十七卷 ……………………………………………………… 139

竹岡彦次郎　第二十八卷 ………………………………………………… 191

前田進　第二十九卷 ……………………………………………………… 285

中島弘　第三十卷 ………………………………………………………… 331

町野大輔　第三十一卷 …………………………………………………… 449

淵邊元廣　第三十二卷 …………………………………………………… 485

池田靜夫　第三十三卷 …………………………………………………… 517

德岡照　第三十四卷 ……………………………………………………… 631

第 30 册目録

昭和五年(1930)旅行日誌(第 27 期生)

 成田英一　第三十五卷 ……………………………………………… 1

 中濱三郎　第三十六卷 ……………………………………………… 49

 宇敷正章　第三十七卷 ……………………………………………… 261

 福山壽　第三十八卷 ………………………………………………… 365

 伴重雄　第三十九卷 ………………………………………………… 417

 楠本一夫　第四十卷 ………………………………………………… 449

 山下一　第四十一卷 ………………………………………………… 553

 山中秀宣　第四十二卷 ……………………………………………… 623

第 31 册目録

昭和五年(1930)旅行日誌(第 27 期生)

 柿田琢磨　第四十三卷 ……………………………………………… 1

 貴堂貞三　第四十四卷 ……………………………………………… 51

 牛島俊作　第四十五卷 ……………………………………………… 107

 天野治邦　第四十六卷 ……………………………………………… 173

 熊谷林之助　第四十七卷 …………………………………………… 211

 島津真三郎　第四十八卷 …………………………………………… 243

第 32 册目録

昭和五年(1930)旅行日誌(第 27 期生)

 坂口久　第四十九卷 ………………………………………………… 1

 伏屋幹男　第五十卷 ………………………………………………… 59

 村田季雄　第五十一卷 ……………………………………………… 93

 吉岡四郎　第五十二卷 ……………………………………………… 173

 北村重英　第五十三卷 ……………………………………………… 221

 鵜飼藤一郎　第五十四卷 …………………………………………… 351

 左近允武夫　第五十五卷 …………………………………………… 399

浦敏郎　第五十六卷 ……………………………… 441

橋本義雄　第五十七卷 ……………………………… 483

數村吉之助　第五十八卷 …………………………… 615

第 33 册目録

昭和五年(1930)旅行日誌(第 27 期生)

根岸孝彦　第五十九卷 ………………………………… 1

田添正嗣　第六十卷 ………………………………… 113

池江善治　第六十一卷 ……………………………… 225

山崎長五郎　第六十二卷 …………………………… 287

岡村貞一　第六十三卷 ……………………………… 415

村山達太郎　第六十四卷 …………………………… 479

青山清　第六十五卷 ………………………………… 499

大屋保義　第六十六卷 ……………………………… 555

渡部修三　第六十七卷 ……………………………… 599

第 34 册目録

昭和五年(1930)旅行日誌(第 27 期生)

中馬靖友　第六十八卷 ………………………………… 1

中崎强　第六十九卷 ………………………………… 67

芝國重　第七十卷 …………………………………… 103

澤登響　第七十一卷 ………………………………… 149

桑島泰雄　第七十二卷 ……………………………… 281

梅田潔　第七十三卷 ………………………………… 347

久重四郎　第七十四卷 ……………………………… 387

蜂谷貞雄　第七十五卷 ……………………………… 415

永安文三　第七十六卷 ……………………………… 481

陳濟昌　第七十七卷 ………………………………… 519

小林鈔　第七十八卷 ………………………………… 571

第 35 册目録

昭和五年(1930)旅行日誌(第 27 期生)

森田藤治　第七十九卷 ………………………………………………………… 1

市川信治　第八十卷 …………………………………………………………… 77

辻橋佑吉　第八十一卷 ………………………………………………………… 163

吉田九郎　第八十二卷 ………………………………………………………… 195

長谷川信吉　第八十三卷 ……………………………………………………… 247

金田一郎　第八十四卷 ………………………………………………………… 357

鎌田龍男　第八十五卷 ………………………………………………………… 513

元木數雄　第八十六卷 ………………………………………………………… 573

第 36 册目録

昭和五年(1930)旅行日誌(第 27 期生)

高橋宏　第八十七卷 …………………………………………………………… 1

友添健策　第八十八卷 ………………………………………………………… 33

昭和六年(1931)旅行日誌(第 28 期生)

横田芳郎　宇垂多命英　森山宣夫　第一卷 ………………………………… 127

三木善吉　山口正助　石崎光　草野豐　諸富好一　高橋武雄　第二卷 …… 167

南方嘉一郎　青木修二　奧村榮　坪川榮吉　第三卷 ……………………… 271

妻木正三　原口五郎　若林一郎　安念信弘　白井金彌　第四卷 ………… 355

木場順平　橋本喜久哉　吉岡直　第五卷 …………………………………… 403

岩田由一　關家三男　莊子勇之助　第六卷 ………………………………… 459

岩下輝夫　石田幸三郎　石橋春男　長谷川稔　門井博　第七、八卷 …… 515

五島利一　第九卷 ……………………………………………………………… 617

第 37 册目録

昭和六年(1931)旅行日誌(第 28 期生)

五十嵐利貞　大橋貞夫　田中辰一　宇野正四　遠藤進　第十卷 ………… 1

堀川靜　若林猶　土屋進　重富勘吾　伊藤太……………………… 151

土谷莊八郎　第十五卷 ……………………………………………… 213

［白川俊三　岡本豐　上野宏　野中義雄　安達鬱二郎］第十六卷 ……… 251

岡部善修　鈴木秋義　淺野修　藤田薫　田中純愛　第十七卷 ………… 295

小島桂吾　坂井佳彥　二村文彥　平野和夫　第十八卷 ……………… 385

宮原豐　三好宏　濱中隆昌　井口保夫　第十九卷 …………………… 439

高橋房男　柴崎章雄　本田祥三　西由五郎　第二十卷 ……………… 529

佐藤貞司　土井正美　第二十一卷 …………………………………… 605

小島誠　正林秀夫　加藤和夫　第二十二卷 ………………………… 631

第 38 册目録

昭和六年（1931）旅行日誌（第 28 期生）

橋本綱雄　藏居良造　第二十三卷 …………………………………… 1

昭和七年（1932）旅行日誌（第 29 期生）

稲葉幸衛[*]　第一卷 ………………………………………………… 117

田中一男　第二卷 …………………………………………………… 227

岩松武　土屋定國[*]　第三卷 ……………………………………… 363

磯西英次　第四卷 …………………………………………………… 591

第 39 册目録

昭和七年（1932）旅行日誌（第 29 期生）

國澤德滿[*]　第五卷 ………………………………………………… 1

山崎正夫　第六卷 …………………………………………………… 143

古野融[*]　第七卷 …………………………………………………… 287

乾次郎[*]　第八卷 …………………………………………………… 371

長谷川光雄　第九卷 ………………………………………………… 519

第 40 册目録

昭和七年（1932）旅行日誌（第 29 期生）

神谷龍男　第十卷 …………………………………………………… 1

内海忠勝* 第十一卷 ……………………………………… 73

壽岡良 第十二卷 …………………………………………… 207

高須賀恒重 第十三卷 ……………………………………… 401

大島尚次 第十四卷 ………………………………………… 541

第 41 册目録

昭和七年(1932)旅行日誌(第 29 期生)

村井芳衛 第十六卷 ………………………………………… 1

岡田卓穂* 第十七卷 ……………………………………… 159

米倉俊太郎 第十八卷 ……………………………………… 263

佐藤義夫 第十九卷 ………………………………………… 371

廣川縫之助 第二十卷 ……………………………………… 473

河内亮 第二十三卷 ………………………………………… 595

第 42 册目録

昭和七年(1932)旅行日誌(第 29 期生)

森小八郎 第二十四卷 ……………………………………… 1

田口末雄* 第二十七卷 …………………………………… 101

中西信一* 第二十八卷 …………………………………… 203

高根一顯* 第三十卷 ……………………………………… 355

手塚操 第三十一卷 ………………………………………… 499

小原一* 第三十二卷 ……………………………………… 573

第 43 册目録

昭和七年(1932)旅行日誌(第 29 期生)

田中聰介* 第三十三卷 …………………………………… 1

田中政治 第三十四卷 ……………………………………… 149

第 44 册目録

昭和七年（1932）旅行日誌（第 29 期生）

竹田芳廣　第三十六卷 ……………………………………………………… 1

大坪隆平　第三十七卷 ……………………………………………………… 47

中山清一　第三十八卷 ……………………………………………………… 139

辻平八郎　第三十九卷 ……………………………………………………… 261

永井博　第四十卷 …………………………………………………………… 373

伊達茂　第四十一卷 ………………………………………………………… 451

緒方秀夫　第四十四卷 ……………………………………………………… 551

第 45 册目録

昭和七年（1932）旅行日誌（第 29 期生）

田實巖　第四十五卷 ………………………………………………………… 1

金子曜太郎　第四十六卷 …………………………………………………… 143

中山高　第四十七卷 ………………………………………………………… 259

百百增次郎　第四十八卷 …………………………………………………… 403

萩原靜雄*　第四十九卷 ……………………………………………………… 493

第 46 册目録

昭和七年（1932）旅行日誌（第 29 期生）

松澤四郎　第五十卷 ………………………………………………………… 1

桑島信一　第五十一卷 ……………………………………………………… 63

福田清　第五十三卷 ………………………………………………………… 127

山本清次郎　第五十五卷 …………………………………………………… 189

甲斐治義　第五十六卷 ……………………………………………………… 335

高木荒助*　第五十七卷 ……………………………………………………… 469

第 47 册目録

昭和七年(1932)旅行日誌(第 29 期生)

　　櫻川影雄　第五十九卷 ··· 1

　　田子義夫　第六十卷 ·· 225

　　米澤茂夫　第六十一卷 ··· 345

　　瀨川英助　第六十二卷 ··· 495

　　吉岡常利　第六十三卷 ··· 537

第 48 册目録

昭和七年(1932)旅行日誌(第 29 期生)

　　井上正彦　第六十四卷 ··· 1

　　平松久敬　第六十六卷 ··· 55

　　森田重豬　第六十九卷 ··· 183

　　小野壽惠夫　第七十卷 ··· 313

　　中島有吉　第七十一卷 ··· 377

　　稻垣信行*　第七十二卷 ·· 465

　　鹿島滿周　第七十三卷 ··· 591

第 49 册目録

昭和七年(1932)旅行日誌(第 29 期生)

　　枝村榮　第七十四卷 ·· 1

　　多田六右衛門*　第七十七卷 ·· 81

昭和八年(1933)旅行日誌(第 30 期生)

　　山田政勇　馬場伊助　山下保雄　第一卷 ························· 171

　　井口易男　竹內照夫　第二卷 ··· 183

　　中島浩　清利孝德　第三卷 ·· 213

　　安藤勝　野口孝行　與田誠二　第五卷 ···························· 239

　　信原信　生雲忠　第六卷 ·· 257

迫田司　近藤與久　山本臣　第七卷……………………………271

新崎盛良　加藤雄一郎　第九卷…………………………………279

泉喜一郎　林忠四郎　森本清治　第十卷………………………301

高石茂利　熊野茂次　第十二卷…………………………………323

勝田一夫　城繁雄　吉田藤一　第十四卷………………………353

塚原房生　志波正男　第十五卷…………………………………373

高谷靖輔　堀內健吾　乾祐示　第十六卷………………………403

中村弘　永友靈　第十九卷………………………………………417

替地大三　前田睦夫　甲斐重良　第二十卷……………………433

秋山洋造　松田亨　森藏之助　第二十二卷……………………445

阿部勝正　第二十五卷……………………………………………465

及川誠　千枝陸郎　佐藤金藏　第二十七卷……………………511

昭和九年(1934)旅行日誌(第31期生)

三宅靜一郎　芝崎正昭　小川登夫*　第一卷……………………535

第50册目録

昭和九年(1934)旅行日誌(第31期生)

高橋欽次郎　篠倉良雄　雪本新吉　第二卷………………………1

辻喜平　長博　塚田喜文　山田喜代市　第三卷…………………271

栗田五郎　廣田恒雄　坂井義雄　第四卷…………………………417

上原正　松島榮美雄*　第五卷……………………………………427

岩橋誠　北澤寅次郎　第六卷………………………………………529

濱田清人　岡山秀臣　第七卷………………………………………641

第51册目録

昭和九年(1934)旅行日誌(第31期生)

堀本泰造　美和映二郎*　第八卷……………………………………1

佐治好郎　加藤誠一　柴崎勝太郎　第九卷………………………95

橋迫實　清田武　第十卷……………………………………………113

小泉清一　橋口正行　村田久雄　華中第八班 …………………………… 539

高瀬鐵雄　小谷稔　佐野三治郎　栗田定吾　華中第九班 ………… 565

佐原元一　原田豊作　馬場隆　華中第十班 …………………………… 581

河野武彦　鴉田藤太郎　簡昆田　華中第十二班 ……………………… 619

秦省吾　小野莊太郎　華中第十三班 …………………………………… 635

第 54 册目録

昭和十三年(1938)旅行日誌(第35期生)

瀬戸謙　妻木辰男　華中第十四班 ………………………………………… 1

田中康稔　北野定雄　牛島俊吉　村岡侃　鳥田滿穗　華中第十五班 ……… 11

青井正親　宮永善二　德田計資　華中第十六班 ……………………… 29

鈴木厲吉　後藤文治　芹澤五郎　深堀寬　吉賀俊亮　華中第十九班 … 51

梅原和夫　田中徹雄　神邊開治　河島恒夫　香港班 ………………… 65

北川林男　高橋立太　五十川統　河田要一　古谷鐵衛　増崎依正

　馬來班 ……………………………………………………………………… 93

坂下惣平　前田五郎　松原理一　中村源吉　濱和夫　暹羅班 ……… 109

昭和十四年(1939)旅行日誌(第36期生)

岡幸雄　河北第一班 ……………………………………………………… 119

高橋克明　河北第一班 …………………………………………………… 165

角田三郎　河北第一班 …………………………………………………… 201

廣末治男　河北第二班 …………………………………………………… 235

明野義夫　河北第二班 …………………………………………………… 255

佃正道　河北第二班 ……………………………………………………… 291

仲俣秋夫　蒙疆班 ………………………………………………………… 319

伊東重美　蒙疆班 ………………………………………………………… 347

櫻井善一　蒙疆班 ………………………………………………………… 373

房野博　蒙疆班 …………………………………………………………… 411

大澤康男　蒙疆班 ………………………………………………………… 441

淺川典生　蒙疆班 ………………………………………………………… 461

宇野善藏　蒙疆班 ·· 479

南恭輔　蒙疆班 ·· 507

山口勝之　山東班 ·· 541

田所善良　山東班 ·· 573

淺山益生　山東班 ·· 599

第 55 册目録

昭和十四年（1939）旅行日誌（第 36 期生）

田中多四郎　山東班 ··· 1

宮靜夫　山東班 ·· 37

新野岩男　山東班 ·· 63

原豐平　山東班 ··· 89

湯下良　山西班 ··· 113

津波古充誠　山西班 ·· 157

岡島永藏　山西班 ·· 175

中澤多賀夫　山西班 ·· 223

石川久　山西班 ··· 269

若槻英敏　山西班 ·· 317

水野義德　山西班 ·· 363

安田秀三　山西班 ·· 429

安藤武治　察哈爾班 ·· 467

深澤治平　察哈爾班 ·· 491

尾見博已　察哈爾班 ·· 521

近幸一郎　蘇州班 ·· 555

前田孝 ··· 589

古郝正義　江蘇班 ·· 613

第 56 册目録

昭和十四年（1939）旅行日誌（第 36 期生）

春名和雄　南通班 ··· 1

奥田隆　南通班 ……………………………………………………………… 33

池田安正　揚州班 …………………………………………………………… 57

名倉光三　揚州班 …………………………………………………………… 97

岡崎巌　揚州班 ……………………………………………………………… 127

柚木弘久　徐州海州班 ……………………………………………………… 161

井唯信彦　徐州海州班 ……………………………………………………… 209

松田正人　徐州海州班 ……………………………………………………… 247

河野龍雄　徐州海州班 ……………………………………………………… 271

今村一郎　安徽班 …………………………………………………………… 291

前川利雄　安徽班 …………………………………………………………… 329

秋山安正　安徽班 …………………………………………………………… 365

松野稔　江西班 ……………………………………………………………… 413

樹野阪治　江西班 …………………………………………………………… 491

井上博治　漢口班 …………………………………………………………… 543

野田久太郎　漢口班 ………………………………………………………… 561

市村克孝　湖北班 …………………………………………………………… 577

古賀六郎　湖北班 …………………………………………………………… 599

光岡義男　湖北班 …………………………………………………………… 625

第 57 册目録

昭和十四年 (1939) 旅行日誌 (第 36 期生)

江淵薫　湖北班 ………………………………………………………………… 1

松尾勇夫　岳陽班 …………………………………………………………… 29

水野安一　岳陽班 …………………………………………………………… 57

山本尚長　岳陽班 …………………………………………………………… 81

佐藤熙喜　岳陽班 …………………………………………………………… 155

吉田忠　岳陽班 ……………………………………………………………… 193

西村昇　廈門班 ……………………………………………………………… 217

今西照男　廣東班 …………………………………………………………… 239

川口守親　廣東班 …………………………………………………………… 271

鹿毛政人　廣東班 ································· 309

岡正住　廣東班 ································· 373

西村敏雄　廣東班 ································· 395

土本邦雄　廣東班 ································· 421

高相武彦　廣東班 ································· 449

古市清　廣東班 ································· 497

田尻親種　廣東班 ································· 527

後藤勝一　海南島班 ································· 551

第 58 册目録

昭和十四年(1939)旅行日誌(第 36 期生)

下條義克　香港班 ································· 1

中山一三　香港班 ································· 85

宮原正四郎　香港班 ································· 111

堀深　香港班 ································· 133

田坂三雄　香港班 ································· 161

林正秋　香港班 ································· 197

下垣内正典　香港班 ································· 223

横川武　香港班 ································· 257

大峽一男　香港班 ································· 291

田坂領甫　香港班 ································· 317

岡田晃　大久保泰　坂東薫　法屬印度支那班 ··········· 345

田中信隆　河合祝男　松尾松一郎　村岡正三　暹羅班 ······· 409

中輝雄　菲律賓班 ································· 445

松井端　菲律賓班 ································· 459

岡島正　菲律賓班 ································· 485

松木鷲　土手年松　富岡健次　鴨澤二郎　菲律賓班 ········· 517

丹田四郎　馬來班 ································· 555

小林保　海峽殖民地班 ································· 613

岩間正雄　上野陽　海峽殖民地班 ················· 645

長田憲一　海峽殖民地班 ……………………………………………… 689

第 59 册目録

昭和十五年(1940)旅行日誌(第 37 期生)

崔春甲　河北第一班 ……………………………………………………… 1

佐古廣利　河北第一班 …………………………………………………… 35

今泉陽男　河北第一班 …………………………………………………… 53

金井正次　河北第一班 …………………………………………………… 61

風間金丸　河北第一班 …………………………………………………… 91

日野原朝典　河北第二班 ………………………………………………… 115

齋藤保夫　河北第二班 …………………………………………………… 145

阿部善種　河北第二班 …………………………………………………… 163

杉本要吉　河北第二班 …………………………………………………… 207

蜂巢一郎　河北第二班 …………………………………………………… 253

矢田民雄　河北第二班 …………………………………………………… 271

松坂賢　山西第一班 ……………………………………………………… 359

柴田武夫　山西第一班 …………………………………………………… 403

多賀重孝　山西第一班 …………………………………………………… 421

馬場晃　山西第一班 ……………………………………………………… 447

平田文次　山西第二班 …………………………………………………… 467

村井光三　山西第二班 …………………………………………………… 497

古賀久生　山西第二班 …………………………………………………… 527

緒方正己　山東班 ………………………………………………………… 557

前山博延　山東班 ………………………………………………………… 579

柳内滋　山東班 …………………………………………………………… 593

第 60 册目録

昭和十五年(1940)旅行日誌(第 37 期生)

加藤咨郎　綏遠班 ………………………………………………………… 1

江藤茂樹　綏遠班 ………………………………………………………… 47

吉田善次　綏遠班 ……………………………………………………… 75

八木了彦　綏遠班 ……………………………………………………… 125

立花正平　浙江班 ……………………………………………………… 165

加藤大助　浙江班 ……………………………………………………… 195

石崎三郎　浙江班 ……………………………………………………… 219

今村俊一　浙江班 ……………………………………………………… 247

宮木得行　浙江班 ……………………………………………………… 279

山崎秀一　福建班 ……………………………………………………… 299

小竹忠夫　福建班 ……………………………………………………… 315

藤原龍男　福建班 ……………………………………………………… 337

小久保鬱郎　福建班 …………………………………………………… 347

尋木慎一郎　長江流域第一班 ………………………………………… 361

松浦春男　長江流域第一班 …………………………………………… 385

平田剛　長江流域第二班 ……………………………………………… 415

井原雄治　長江流域第二班 …………………………………………… 447

森口薫　長江流域第二班 ……………………………………………… 465

井上道高　長江流域第二班 …………………………………………… 499

齋藤信幸　長江流域第二班 …………………………………………… 545

西山泰元　長江流域第三班 …………………………………………… 569

吉村健次　長江流域第三班 …………………………………………… 587

吉本正男　長江流域第三班 …………………………………………… 619

前田知德　長江流域第三班 …………………………………………… 651

第 61 册目録

昭和十五年(1940)旅行日誌(第 37 期生)

望月伸佐　長江流域第四班 …………………………………………… 1

安藤公一　長江流域第四班 …………………………………………… 23

深堀吉郎　長江流域第四班 …………………………………………… 53

森博民　長江流域第五班 ……………………………………………… 71

兒島駒吉　長江流域第五班 …………………………………………… 99

横井秀信　長江流域第五班 ·· 119

宮脇彌七　長江流域第六班 ·· 145

佐藤昇平　長江流域第六班 ·· 169

田坂豐　長江流域第七班 ·· 189

田原勢典　長江流域第七班 ·· 229

上野有造　長江流域第八班 ·· 255

蘆澤實　長江流域第八班 ·· 281

中村文雄　長江流域第八班 ·· 309

上原禮次郎　長江流域第九班 ··· 337

淺野榮市　長江流域第九班 ·· 355

竹內馨　長江流域第十班 ·· 369

佐藤勇　長江流域第十班 ·· 413

清水廣　長江流域第十班 ·· 435

宮澤宏　長江流域第十班 ·· 489

田中專正　長江流域第十一班 ··· 507

大森創造　長江流域第十一班 ··· 535

守屋聯平　長江流域第十一班 ··· 571

第 62 册目録

昭和十五年(1940)旅行日誌(第 37 期生)

森茂樹　廣東省第一班 ··· 1

浦亮平　廣東省第一班 ··· 53

谷本忍　廣東省第一班 ··· 77

大森肆彥　廣東省第一班 ·· 99

竹內俊夫　廣東省第一班 ·· 215

岡崎俊廣　廣東省第一班 ·· 301

開田正雄　廣東省第二班 ·· 319

坂本正明　廣東省第二班 ·· 343

三苫收　廣東省第二班 ··· 397

藤春敬三　廣東省第二班 ·· 413

瀧田實　廣東省第三班······459

山元靜夫　廣東省第三班······501

宮野靜夫　廣東省第三班······549

奈良岡弘　海南島第一班······569

仲田茂　海南島第一班······607

山田正純　海南島第一班······645

第 63 册目録

昭和十五年(1940)旅行日誌(第 37 期生)

佐藤入實　海南島第二班······1

村上通夫　海南島第三班······43

柏村久雄　海南島第四班······73

百瀬竹男　海南島第四班······115

赤堀清　澳門班······223

戸田拓二　澳門班······263

永野羊男　澳門班······301

昭和十六年(1941)旅行日誌(第 38 期生)

牛島辰雄　第一班······349

山根良男　第一班······391

稲野達郎　第一班······409

大森茂　第一班······459

小島宗雄　第二班······489

森脇優登　第二班······519

松本鎮夫　第二班······537

森精市　第三班······563

荒木茂　第三班······599

奧野重雄　第三班······633

第 64 册目録

昭和十六年 (1941) 旅行日誌 (第 38 期生)

高橋克夫 　第四班 ……………………………………………………… 1

有野芳郎 　第四班 ……………………………………………………… 47

藏岡習志 　第四班 ……………………………………………………… 85

樋藤軍二 　第五班 ……………………………………………………… 103

木村正三 　第五班 ……………………………………………………… 115

坂井一 　第五班 ………………………………………………………… 143

永江和夫 　第六班 ……………………………………………………… 169

山本君平 　第六班 ……………………………………………………… 209

岡田孝之 　第六班 ……………………………………………………… 233

秋貞健一 　第七班 ……………………………………………………… 259

山田公太郎 　第七班 …………………………………………………… 279

松本浩一 　第七班 ……………………………………………………… 303

中條康彰 　第八班 ……………………………………………………… 337

尾藤昇 　第八班 ………………………………………………………… 359

白井秀夫 　第八班 ……………………………………………………… 383

山本隆 　第九班 ………………………………………………………… 405

岡幸雄 　第九班 ………………………………………………………… 433

山谷儔 　第九班 ………………………………………………………… 455

久保田太郎 　第九班 …………………………………………………… 471

瀧石彰一 　第九班 ……………………………………………………… 485

山田順造 　第十班 ……………………………………………………… 501

鈴木隆康 　第十班 ……………………………………………………… 529

石崎昌雄 　第十一班 …………………………………………………… 555

道旗林三郎 　第十一班 ………………………………………………… 603

鈴木信 　第十一班 ……………………………………………………… 615

第 65 册目録

昭和十六年 (1941) 旅行日誌 (第 38 期生)

新井寶雄　第十二班 ……………………………………………………… 1

武藤義一　第十二班 ……………………………………………………… 21

小林三郎　第十三班 ……………………………………………………… 45

山崎正春　第十三班 ……………………………………………………… 67

笠坊乙彦　第十三班 ……………………………………………………… 101

泉澤尚太郎　第十四班 …………………………………………………… 115

河本忠雄　第十四班 ……………………………………………………… 157

尾形明　第十四班 ………………………………………………………… 189

荒木勇　第十五班 ………………………………………………………… 221

工藤良憲　第十五班 ……………………………………………………… 267

白子三郎　第十五班 ……………………………………………………… 301

大脇秀次　第十六班 ……………………………………………………… 327

清水健次郎　第十六班 …………………………………………………… 355

松本正　第十六班 ………………………………………………………… 377

宮原一　第十六班 ………………………………………………………… 439

岩本隆夫　第十七班 ……………………………………………………… 465

加藤幸男　第十七班 ……………………………………………………… 501

前澤吉衛　第十七班 ……………………………………………………… 527

松下京平　第十七班 ……………………………………………………… 563

平井勉　第十八班 ………………………………………………………… 575

青木繁男　第十八班 ……………………………………………………… 607

第 66 册目録

昭和十六年 (1941) 旅行日誌 (第 38 期生)

荻原義久　第十九班 ……………………………………………………… 1

青柳星美　第十九班 ……………………………………………………… 33

小澤潤一郎　第十九班 …………………………………………………… 63

宮坂喜雄　第二十班 ……………………………………… 79

三枝重雄　第二十班 ……………………………………… 117

友野裕　第二十班 ………………………………………… 137

安藤健吉　第二十班 ……………………………………… 171

橋本清　第二十班 ………………………………………… 201

窪田元次郎　第二十一班 ………………………………… 229

松崎茂夫　第二十一班 …………………………………… 261

井上俊一郎　第二十一班 ………………………………… 303

青山貢　第二十一班 ……………………………………… 353

山下伸二郎　第二十一班 ………………………………… 381

殿塚隆治　第二十二班 …………………………………… 415

田尻泰正　第二十三班 …………………………………… 445

細豊治　第二十三班 ……………………………………… 497

丸田慶一　第二十三班 …………………………………… 525

伏木清吉　第二十三班 …………………………………… 553

皿谷伊勢男　第二十四班 ………………………………… 577

第67册目録

昭和十六年(1941)旅行日誌(第38期生)

川口金三　第二十四班 …………………………………… 1

高田武　第二十四班 ……………………………………… 43

藤原敏夫　第二十五班 …………………………………… 57

岡部賢一　第二十五班 …………………………………… 101

高屋孝之　第二十六班 …………………………………… 135

三上量三郎　第二十六班 ………………………………… 159

阿部博光　第二十六班 …………………………………… 175

西村正介　第二十七班 …………………………………… 211

木田彌三旺　第二十七班 ………………………………… 225

白柳義一　第二十七班 …………………………………… 247

鹿又秀一　第二十八班 …………………………………… 273

池田陽二郎　第二十八班……………………………………295

新角俶郎　第二十八班…………………………………………307

本郷正雄　第二十九班…………………………………………321

綱木正昌　第二十九班…………………………………………365

山領康夫　第三十班……………………………………………391

中島秀孝　第三十班……………………………………………435

山口榮　第三十班………………………………………………459

上野慎一　第三十一班…………………………………………493

國吉勲　第三十一班……………………………………………519

北原筆吉　第三十一班…………………………………………545

第68 册目録

昭和十七年(1942)旅行日誌(第39 期生)

奥田隆春　第一班…………………………………………………1

高橋昇治　第一班………………………………………………43

黑木正吉　第一班………………………………………………63

佐藤泰司　第二班………………………………………………91

高田宣夫　第二班………………………………………………121

大島新吾　第二班………………………………………………151

坂下雅章　第二班………………………………………………167

松原一夫　第三班………………………………………………195

野村智一　第三班………………………………………………241

齋藤博　第三班…………………………………………………283

瀧澤哲雄　第三班………………………………………………335

秋元伸一　第四班………………………………………………367

吉田倬三　第四班………………………………………………401

大江勝　第四班…………………………………………………429

中村輝美　第四班………………………………………………463

山田尚　第五班…………………………………………………497

高橋嘉夫　第五班………………………………………………537

永井康吉　第五班 ………………………………………………… 587

石橋申雄　第五班 ………………………………………………… 641

第 69 册目録

昭和十七年(1942)旅行日誌(第 39 期生)

日野茂樹　第六班 …………………………………………………… 1

内丸五典　第六班 ………………………………………………… 29

小野良章　第六班 ………………………………………………… 73

宇佐美和彦　第六班 …………………………………………… 117

松城弘　第七班 ……………………………………………… 129

田沼菊彌　第七班 …………………………………………… 141

立見章三　第七班 …………………………………………… 175

德永速美　第七班 …………………………………………… 223

齊藤忠夫　第七班 …………………………………………… 243

福田經　第七班 ……………………………………………… 289

高宮敬　第八班 ……………………………………………… 351

富田定　第八班 ……………………………………………… 367

平木義高　第八班 …………………………………………… 387

石丸俊雄　第九班 …………………………………………… 411

溝上慶治　第九班 …………………………………………… 431

真下九五雄　第九班 ………………………………………… 449

阿部弘　第十班 ……………………………………………… 465

松山昇　第十班 ……………………………………………… 495

坂本浩　第十班 ……………………………………………… 551

第 70 册目録

昭和十七年(1942)旅行日誌(第 39 期生)

唐川博　第十一班 …………………………………………………… 1

西澤信男　第十一班 ………………………………………… 39

絲谷禮輔　第十二班 ………………………………………… 83

湊保　第十二班 ……………………………………… 117

宗方健二郎　第十二班 ……………………………… 145

金丸一夫　第十二班 ………………………………… 187

廣長敬太郎　第十三班 ……………………………… 227

杉山恭衛　第十三班 ………………………………… 255

山田靜雄　第十三班 ………………………………… 299

横田文真　第十三班 ………………………………… 323

大久保啟三　第十三班 ……………………………… 363

鵜飼達哉　第十三班 ………………………………… 389

芹澤五郎　第十四班 ………………………………… 421

内倉三郎　第十四班 ………………………………… 449

小島和雄　第十四班 ………………………………… 475

石丸岩夫　第十五班 ………………………………… 517

松尾七郎　第十五班 ………………………………… 563

鈴木吉之　第十五班 ………………………………… 597

久保徹之　第十五班 ………………………………… 617

第 71 册目録

昭和十七年 (1942) 旅行日誌 (第 39 期生)

藤森正歳　第十六班 ………………………………… 1

齋藤增雄　第十六班 ………………………………… 29

長坂毅　第十六班 …………………………………… 57

小林淑人　第十七班 ………………………………… 95

北出太良　第十七班 ………………………………… 131

野上正　第十七班 …………………………………… 175

瀨戶真夫　第十七班 ………………………………… 205

加藤通夫　第十八班 ………………………………… 241

大村弘　第十八班 …………………………………… 277

内田元三　第十八班 ………………………………… 307

櫻田治平　第十九班 ………………………………… 333

碓水純男　第十九班 ……………………………………………　355

信元安貞　第十九班 ……………………………………………　373

渡邊卓郎　第二十班 ……………………………………………　399

岡秀彦　第二十班 ………………………………………………　433

太田松男　第二十一班 …………………………………………　463

東輝夫　第二十一班 ……………………………………………　479

蜷木定輝　第二十一班 …………………………………………　497

宮島英三　第二十一班 …………………………………………　515

鈴木良介　第二十二班 …………………………………………　521

大森史郎　第二十二班 …………………………………………　563

第 72 册目録

昭和十七年（1942）旅行日誌（第 39 期生）

安藤資郎　第二十三班 …………………………………………　1

緒方正義　第二十三班 …………………………………………　43

村田裕彦　第二十三班 …………………………………………　93

守田忠夫　第二十四班 …………………………………………　143

高倉授　第二十四班 ……………………………………………　189

中川勝　第二十四班 ……………………………………………　223

瀬口政孝　第二十四班 …………………………………………　253

阿久津房治　第二十五班 ………………………………………　293

小野桂　第二十五班 ……………………………………………　339

門田功　第二十五班 ……………………………………………　387

百瀬源　第二十六班 ……………………………………………　411

秋山征士　第二十六班 …………………………………………　447

田中市松　第二十六班 …………………………………………　477

佐伯朝春　第二十七班 …………………………………………　519

玉村三夫　第二十七班 …………………………………………　559

第73册目録

昭和十七年(1942)旅行日誌(第39期生)

岩尾諄一　第二十八班 ……………………………………………………………… 1

堀口博國　第二十八班 ……………………………………………………………… 31

北村清八郎　第二十八班 …………………………………………………………… 49

清野幸雄　第二十八班 ……………………………………………………………… 65

宇佐忠人　第二十九班 ……………………………………………………………… 83

楠井晃　第二十九班 ………………………………………………………………… 101

柳田與平次　第三十班 ……………………………………………………………… 121

薄葉行雄　第三十班 ………………………………………………………………… 143

清弘正己　第三十班 ………………………………………………………………… 169

濱島曉　第三十班 …………………………………………………………………… 187

賀來揚子郎　第三十一班 …………………………………………………………… 217

馬殿幸次郎　第三十一班 …………………………………………………………… 253

今田章　第三十二班 ………………………………………………………………… 275

藤村正輝　第三十二班 ……………………………………………………………… 305

綿引喜之　第三十二班 ……………………………………………………………… 325

乾正己　第三十三班 ………………………………………………………………… 375

駒井輝男　第三十三班 ……………………………………………………………… 415

織本健二郎　第三十三班 …………………………………………………………… 421

蔭山恒義　第三十四班 ……………………………………………………………… 433

藤本博　第三十四班 ………………………………………………………………… 485

中山節夫　第三十四班 ……………………………………………………………… 511

中西芳一　第三十四班 ……………………………………………………………… 539

佐味謙太郎　第三十四班 …………………………………………………………… 573

鹿島達也　第三十四班 ……………………………………………………………… 597

第74册目録

昭和十七年(1942)旅行日誌(第39期生)

岡部照夫　第三十五班 ……………………………………………… 1

利田幸雄　第三十五班 ……………………………………………… 21

喜多見三良　第三十五班 …………………………………………… 49

清水一夫　第三十六班 ……………………………………………… 79

中山喜久藏　第三十六班 …………………………………………… 103

内山敬忠　第三十六班 ……………………………………………… 135

牧廣　第三十六班 …………………………………………………… 165

松野谷夫　第三十七班 ……………………………………………… 203

杉本出雲　第三十七班 ……………………………………………… 219

高原茂美　第三十七班 ……………………………………………… 265

岡本健　第三十七班 ………………………………………………… 287

日野晃　第三十七班 ………………………………………………… 317

重松盛二　第三十七班 ……………………………………………… 345

小松秀吉　第三十八班 ……………………………………………… 379

田中卓也　第三十八班 ……………………………………………… 411

深澤邦基　第三十八班 ……………………………………………… 443

星久次　第三十八班 ………………………………………………… 473

小野敏乎　第三十八班 ……………………………………………… 489

昭和十八年(1943)旅行日誌(第40期生)

山尾照芳　太倉班 …………………………………………………… 507

片岡正一　太倉班 …………………………………………………… 517

柘植大六　丹陽班 …………………………………………………… 527

川崎謙吉　丹陽班 …………………………………………………… 537

宮田一郎　丹陽班 …………………………………………………… 547

丸川辰生　丹陽班 …………………………………………………… 555

松田又一　丹陽班 …………………………………………………… 569

田中重信　丹陽班 ……………………………………………… 585

藤田信弘　吳縣班 ……………………………………………… 597

寺澤衛　吳縣班 ………………………………………………… 609

第 75 册目録

昭和十八年(1943)旅行日誌(第40期生)

松本和夫　吳縣班 ……………………………………………… 1

下隱登㚉吉　吳縣班 …………………………………………… 21

中村信　蘇州班 ………………………………………………… 41

黑澤貞夫　菅野俊作　蘇州班 ………………………………… 49

石橋豐　蘇州班 ………………………………………………… 63

川村實　南通班 ………………………………………………… 75

齋藤鐵彌　南通班 …………………………………………… 107

小川清　南通班 ……………………………………………… 115

石橋達郎　南通班 …………………………………………… 121

有野芳郎　常熟班 …………………………………………… 133

西內寬隆　常熟班 …………………………………………… 155

金海政秀　常熟班 …………………………………………… 163

龜井壯介　常熟班 …………………………………………… 179

川崎浤太郎　常熟班 ………………………………………… 191

木下勉　常熟班 ……………………………………………… 209

吉田良雄　泰縣班 …………………………………………… 225

井澤寬　泰縣班 ……………………………………………… 245

藤井芳彦　泰縣班 …………………………………………… 251

秋山善三郎　泰縣班 ………………………………………… 273

吉田正夫　江都班 …………………………………………… 279

花井清二良　江都班 ………………………………………… 327

柴田敏之　江都班 …………………………………………… 371

加藤美治　無錫班 …………………………………………… 389

田坂博能　無錫班 …………………………………………… 399

市河正和　無錫班 …………………………………………………… 405

原英一　崇明班 ……………………………………………………… 423

笹田私天　崇明班 …………………………………………………… 439

青木正視　崇明班 …………………………………………………… 449

高本恒男　崇明班 …………………………………………………… 461

河岡洋一　崇明班 …………………………………………………… 473

藤井孝一　崇明班 …………………………………………………… 485

原不二郎　崇明班 …………………………………………………… 493

柿崎守悌　崇明班 …………………………………………………… 503

工藤俊一　武進班 …………………………………………………… 513

家村繁治　武進班 …………………………………………………… 515

藤谷三郎　武進班 …………………………………………………… 519

豊川永玉　武進班 …………………………………………………… 525

赤澤修二　武進班 …………………………………………………… 529

向生貴文　武進班 …………………………………………………… 537

蒲池博　武進班 ……………………………………………………… 549

長島一夫　武進班 …………………………………………………… 569

峽正毅　海門班 ……………………………………………………… 577

奥野珠雄　足立澈朗　海門班 ……………………………………… 585

第 76 册

支那研究部昭和十二年度研究旅行旅行日誌　林哲夫 …………………………… 1

研究旅行日誌　福田勝藏 ………………………………………………… 53

［研究旅行日誌］　太田英一 …………………………………………… 59

指導旅行日誌………………………………………………………………… 121

學生調査旅行指導旅行日記　戸田義郎 ……………………………… 161

大旅行指導旅行日誌報告　内田直作 ………………………………… 201

大旅行指導調査旅行日誌　上田信三 ………………………………… 231

學生調査指導旅行日記　林哲夫 ……………………………………… 253

指導旅行日誌　馬場鍬太郎 …………………………………………… 295

研究指導旅行日誌　坂本一郎 …………………………………………………… 311

指導旅行日誌　福田省三 …………………………………………………………… 329

研究旅行日誌　宮下忠雄 …………………………………………………………… 337

旅行日誌　太田英一 ………………………………………………………………… 353

研究旅行日誌　熊野正平 …………………………………………………………… 373

夏季研究旅行日誌　戸田義郎 ……………………………………………………… 381

南京、蘇州指導旅行日記　成宮嘉造 ……………………………………………… 467

指導旅行報告　宮下忠雄 …………………………………………………………… 479

旅行日誌　中内二郎 ………………………………………………………………… 525

昭和十六年夏北支方面旅行日誌　久重福三郎 …………………………………… 533

臨時研究旅行日誌　飛石初次 ……………………………………………………… 571

南京、蘇州研究旅行日誌　原一郎 ………………………………………………… 579

指導旅行日誌　神谷龍男 …………………………………………………………… 593

滿洲視察旅行日誌　小岩井淨 ……………………………………………………… 611

指導旅行日誌　北野大吉 …………………………………………………………… 643

研究旅行日誌　若江得行 …………………………………………………………… 651

第 77 册目録

昭和二年(1927)調査報告(第 24 期生)

支那煙酒稅

中國煙酒稅　松代岡次　第一卷第一編 ……………………………………………… 1

中國鹽稅

中國鹽稅　內田正喜　第一卷第二編 ………………………………………………… 137

印花稅について(附京兆に於ける警捐)

關於印花稅(附京兆警捐)　梶村正義　第一卷第三編 …………………………… 225

京津駐在財政調查(借款に就て)

駐京津(班)財政調查(關於借款)　長谷川芳夫　第一卷第四編 ………………… 299

滿蒙ニ於ケル鐵道調查

滿蒙鐵路調查　若桑省三郎　第二卷第一編 ………………………………………… 397

滿洲ニ於ケル國有通貨ニ就イテ

滿洲的國有貨幣　櫛部正暉　第二卷第二編 ·· 563

第 78 册目録

昭和二年(1927)調查報告(第二一四期生)

奉天省ニ於ケル禁煙局ニ就テ

關於奉天省的禁煙局　岩田良一　第二卷第三編 ····································· 1

支那教育調查

中國教育調查　櫻井平四郎　第二卷第四編 ··· 41

會館及公所ニ就テ

關於會館及公所　尾野四郎　第三卷第一編 ·· 279

津浦鐵路鐵道釐金稅転運公司調查

津浦鐵路鐵道釐金稅轉運公司調查　南鄉武定　第三卷第二編 ················· 421

第 79 册目録

昭和二年(1927)調查報告(第二十四期生)

濟南及天津ニ於ケル牛骨及牛皮

濟南及天津的牛骨及牛皮　原口輝雄　第三卷第三編 ····························· 1

山東省ニ於ケル支那勞動者調查

山東省的中國勞動者調查　吉川義博　第三卷第四編 ···························· 123

阿片調查

鴉片調查　隈部勇　第三卷第五編 ··· 185

中國教育思潮

中國教育思潮　西本喜興世　第三卷第六編 ·· 285

都會及阿片調查

城市及鴉片調查　平野博　第四卷第一編 ··· 383

北京ニ於ケル會館ニ就テ

關於北京的會館　芹澤赳夫　第四卷第二編 ·· 599

第 80 册目録

昭和二年 (1927) 調査報告 (第二十四期生)

北支那ニ於ケル轉運公司

華北的轉運公司　井上進　第四卷第三編 ·· 1

北京ニ於ケル社會事業調查

北京的社會事業調查　飯村滿　第四卷第四編 ····································· 171

京綏線釐金

京綏線釐金　第四卷第五編 ··· 397

金福鐵道

金福鐵路　第四卷第六編 ··· 433

北京電車

北京電車　小室清志　第四卷第七編 ··· 511

京綏鐵道沿線商業事情

京綏鐵路沿線商業情況　渡邊正吾　第四卷第八編 ································· 525

第 81 册目録

昭和二年 (1927) 調查報告 (第二十四期生)

山東の勞動者

山東的勞動者　有吉正義　第五卷第一編 ·· 1

山東省ニ於ケル石炭

山東省的煤炭　坪根一雄　第五卷第二編 ·· 169

山東省ノ落花生及同油

山東省的花生及花生油　齊藤久永　第五卷第三編 ································· 363

我借款鐵路タル所ノ膠濟鐵路問題

我國借款鐵路中的膠濟鐵路問題　高次友惠　第五卷第四編 ··················· 493

第 82 册目録

昭和二年(1927)調查報告(第二十四期生)

山東鐵道釐金制度調查

山東鐵路釐金制度調查　木村仁郎　第五卷第五編 ……………………………… 1

北支、北滿二於ケル阿片取締二就キ

關於華北、北滿的鴉片取締　長沼重輝　第六卷第一編 ……………………… 55

北滿及東蒙二於ケル特產物ノ輸送二就テ

關於北滿及東蒙古的特產運輸　黑川湊　第六卷第二編 …………………… 121

北滿及東蒙ノ稅

北滿及東蒙古的稅　千賀安太郎　第六卷第三編 ……………………………… 443

北京ノ遊民卜其救濟

北京遊民及其救濟　湯口重壽　第六卷第四編 ………………………………… 533

第 83 册目録

昭和二年(1927)調查報告(第二十四期生)

北滿地方ノ粟生產卜滿洲粟ノ朝鮮輸入事情

北滿地區的小米生產及朝鮮進口滿洲小米的情況

　宮崎武雄　第六卷第五編 …………………………………………………… 1

廣東ヲ中心卜セル蠶絲業調查

以廣東爲中心的蠶絲業調查　中村加治馬　第七卷第一編 ………………… 247

南支勞動組合調查

華南地區工會調查　岡部俊雄　第七卷第二編 ……………………………… 409

南支沿岸貿易事情

華南沿海貿易情況　中島監　第七卷第三編 ………………………………… 495

南支ノ農民運動

華南的農民運動　大脇浩六郎　第八卷第一編 ……………………………… 627

第 84 册目録

昭和二年(1927)調查報告(第二十四期生)

南支沿岸諸港ノ通貨

華南沿海各港口的貨幣　佐佐木安明　第八卷第二編 ……………………… 1

廣東二於ケル養蠶業

廣東的養蠶業　秦儀三郎　第八卷第三編 …………………………………… 103

南支沿岸各地二於ケル支那同鄉團體調查

華南沿海各地的中國同鄉團體調查　篠崎昌平　第八卷第四編 …………… 199

南支國民政府二於ケル煙酒印花稅

廣東國民政府的煙酒印花稅　林清人　第八卷第五編 ……………………… 303

南支沿岸華僑金融調查

華南沿海華僑金融調查　松本賢太郎　第八卷第六編 ……………………… 429

南支那蠶絲業調查

華南蠶絲業調查　矢野一郎　第八卷第七編 ………………………………… 617

第 85 册目録

昭和二年(1927)調查報告(第二十四期生)

南支沿岸ノ樟樹調查(附天然樟腦卜人造樟腦ノ將來)

華南沿海的樟樹調查(附天然樟腦與人造樟腦的將來)

　高田利德　第八卷第八編 ……………………………………………………… 1

南支沿岸港灣狀況

華南沿海港灣狀況　小林榮　第八卷第九編 ………………………………… 79

南支沿岸交通、廣東築港問題

華南沿海交通、廣東港口建設問題　趙桂顯　第八卷第十編 ……………… 135

南支沿岸教育調查

華南沿海教育調查　竹味武雄　第八卷第十一編 …………………………… 437

阿片及煙草

鴉片及煙草　浦上尚之　第八卷第十二編 ··· 657

第 86 册目録

昭和二年(1927)調査報告(第二十四期生)

南支移民調査

華南移民調査　馬淵悦男　第八卷第十三編 ·· 1

雲南農業調査

雲南農業調査　横山安起　第九卷第一編 ··· 75

雲南省教育行政機關

雲南省教育行政機關　香川英史　第九卷第二編 ·· 151

雲南省ニ於ケル商業團體及工會

雲南省的商業團體及工會　深堀健一郎　第九卷第三編 ······························ 223

雲南省箇舊地質礦床調査

雲南省箇舊地質礦床調査　和多田介英　第九卷第四編 ······························ 339

雲南省ニ於ケル阿片及藥材調査

雲南省的鴉片及藥材調査　濱田祥太郎　第九卷第五編 ······························ 389

雲南省ニ於ケル會館、公所

雲南省的會館、公所　石田武男　第九卷第六編 ······································· 447

交通調査

交通調査　德山春宣　第九卷第七編 ··· 623

第 87 册目録

昭和二年(1927)調査報告(第二十四期生)

佛領印度支那及ビ暹羅ニ於ケル華僑ノ經濟上ノ活動

法屬印度支那及暹羅華僑的經濟活動　小島正英　第十卷第一編 ················· 1

佛領印度支那貿易調査

法屬印度支那貿易調査　藤田良次　第十卷第二編 ···································· 93

安南人ノ生活狀態

安南人的生活狀態　松田義雄　第十卷第三編······················· 355

佛領印度支那交通、暹羅鐵道調查(一)

法屬印度支那交通、暹羅鐵路調查(一)　山本治　第十卷第四編 ············· 499

第 88 册目録

昭和二年(1927)調查報告(第二十四期生)

　佛領印度支那交通、暹羅鐵道調查(二)

　法屬印度支那交通、暹羅鐵路調查(二)　山本治　第十卷第四編 ················· 1

　佛領印度支那米調查

　法屬印度支那大米調查　瓦本勝利　第十卷第五編······················ 127

　比律賓貿易調查

　菲律賓貿易調查　木谷安熊　第十一卷第一編························· 261

　比律賓群島二於ケル比律賓非基督教種族ノ血ノ混合二就テ

　菲律賓群島的菲律賓非基督教種族的混血問題

　　宮脇小源太　第十一卷第二編 ································· 315

　比律賓二於ケル華僑ノ生活狀態

　菲律賓華僑的生活狀態　鎌田健吉　第十一卷第三編·················· 479

第 89 册目録

昭和二年(1927)調查報告(第二十四期生)

　比律賓二於ケル華僑ノ事業

　菲律賓的華僑事業　岡田信一　第十一卷第四編························ 1

　比律賓二於ケル華僑金融及其ノ機關

　菲律賓的華僑金融及其機構　二井內泰彦　第十一卷第五編 ·················· 97

　取扱機關ヲ中心トセル所ノ支那移民調查

　以移民辦理機構爲中心的中國移民調查　吉野金良　第十一卷第六編········· 283

南洋ニ於ケル殖民事業

南洋的殖民事業　上原真順　第十二卷第一編 ……………………………… 325

南洋ニ於ケル金融

南洋的金融　久留景三　第十二卷第二編 ……………………………………… 439

第 90 册目録

昭和二年(1927)調査報告(第二一四期生)

南洋ノ海運

南洋海運　龜井五一郎　第十二卷第三編 ………………………………………… 1

上海ニ於ケル貨物需給狀況

上海的貨物供需狀況　濱田勝美　第十二卷第四編 ……………………………… 451

第 91 册目録

昭和二年(1927)調査報告(第二十四期生)

南洋華僑の現狀

南洋華僑的現狀　小山正延　第十二卷第五編 …………………………………… 1

南洋産香料、藥材調査報告書

南洋産香料、藥材調査報告書　小山正延　第十二卷第六編 ……………… 261

爪哇葉煙草(附ボルネオ事情)

爪哇煙葉(附婆羅洲情況)　佐久間軍治郎　第十二卷第七編 …………… 451

取引上ヨリ見タル爪哇糖就中生產者組合ニ就テ

從交易情況看爪哇糖業中的生產者公會

　佐久間軍治郎　第十二卷第八編 ……………………………………… 479

第 92 册目録

昭和二年(1927)調査報告(第二十四期生)

間島地方農業調査

間島地區農業調査　藤島健一　第十三卷第一編 ………………………………… 1

間島地方鑛業調査

間島地區礦業調査報告　藤島健一　第十三卷第二編‥‥‥‥‥‥‥‥‥‥‥‥‥‥ 181

吉林省ノ森林

吉林省的森林　中尾威　第十三卷第三編‥‥‥‥‥‥‥‥‥‥‥‥‥‥‥‥‥‥ 249

商務會及商事公斷處

商務會及商事公斷處　湯川武雄　第十三卷第四編‥‥‥‥‥‥‥‥‥‥‥‥‥‥ 421

第 93 册目録

昭和二年(1927)調查報告(第二十四期生)

東滿間島鐵道天図、吉敦、吉會、寧海調查報告

東滿間島鐵路天圖、吉敦、吉會、寧海調查報告

　福田繁一　第十三卷第五編‥‥‥‥‥‥‥‥‥‥‥‥‥‥‥‥‥‥‥‥‥‥‥ 1

東三省二於ケル阿片

東三省的鴉片　古賀吾郎　第十三卷第六編‥‥‥‥‥‥‥‥‥‥‥‥‥‥‥‥ 227

北滿間島金融

北滿間島金融　山田國太郎　第十三卷第七編‥‥‥‥‥‥‥‥‥‥‥‥‥‥‥ 441

第 94 册目録

昭和二年(1927)調查報告(第二十四期生)

上海臨時法院二就テ

關於上海臨時法院　山田清一　第十四卷第一編‥‥‥‥‥‥‥‥‥‥‥‥‥‥ 1

上海二於ケル同業團體(附同鄉團體)

上海的同業團體(附同鄉團體)　第十四卷第二編 ‥‥‥‥‥‥‥‥‥‥‥‥‥ 295

上海ヲ中心トスル船舶業

以上海爲中心的船舶業　第十四卷第三編‥‥‥‥‥‥‥‥‥‥‥‥‥‥‥‥‥ 619

第95册目録

昭和二年(1927)調查報告(第二十四期生)

上海附近食料品市場

上海周邊的食品市場　奥出勇　第十四卷第四編‥‥‥‥‥‥‥‥‥‥‥‥‥ 1

國民政府司法制度と運用

國民政府的司法制度及其運用　張書明　第十四卷第五編‥‥‥‥‥‥‥‥ 103

中華民國國民政府の教育施設及び方針(上卷)

中華民國國民政府的教育設施及方針(上卷)

　洪水星　第十四卷第六編‥‥‥‥‥‥‥‥‥‥‥‥‥‥‥‥‥‥‥‥‥‥ 193

中華民國國民政府ノ教育施設及方針(下卷)

中華民國國民政府的教育設施及方針(下卷)

　洪水星　第十四卷第六編‥‥‥‥‥‥‥‥‥‥‥‥‥‥‥‥‥‥‥‥‥‥ 551

第96册目録

昭和三年(1928)調查報告(第25期生)

營口、安東市勢調查

營口、安東市情調查　金丸榮　第一卷第一編‥‥‥‥‥‥‥‥‥‥‥‥‥‥ 1

營口、安東ニ於ケル稅制

營口、安東的稅制　樺數一　第一卷第二編‥‥‥‥‥‥‥‥‥‥‥‥‥‥‥ 249

營口、安東ニ於ケル三品ノ取引慣習

營口、安東的三品交易習慣　稻城勝　第一卷第三編‥‥‥‥‥‥‥‥‥‥ 463

營口の過爐銀

營口的過爐銀　稻城勝　第一卷第四編‥‥‥‥‥‥‥‥‥‥‥‥‥‥‥‥ 503

安東ニ於ケル柞蠶、木材取引慣習

安東的柞蠶、木材交易習慣　稻域勝　第一卷第五編‥‥‥‥‥‥‥‥‥‥ 599

第 97 册目録

昭和三年(1928)調查報告(第 25 期生)

滿洲二於ケル高粱包米二關スル調査

對滿洲高粱、玉米的調查 鹽原長衛 第二卷第一編 ……………………………… 1

滿洲二於ケル支那ノ殖民(附支那農業人口、階級的分析)

中國在滿洲的殖民(附中國農業人口、階級的分析)

和田喜一郎 第二卷第二編 ………………………………… 177

打通線

打通線 新谷音二 第二卷第三編 …………………………………… 347

東部蒙古二於ケル甘草調查

對蒙古東部甘草的調查 百瀨清治 第二卷第四編 …………………… 439

東部內蒙古及東支沿線牧畜業調查報告

內蒙古東部及東支鐵路沿線畜牧業調查報告 鈴木常雄 第二卷第五編 …… 565

第 98 册目録

昭和三年(1928)調查報告(第 25 期生)

滿洲二於ケル阿片禁止二關スル問題

關於滿洲禁止鴉片的問題 新村寬 第三卷第一編 ………………… 1

滿洲二於ケル商業團體

滿洲的商業團體 佐藤治平 第三卷第二編 ……………………… 37

奉天省ノ稅制

奉天省的稅制 志田薰 第三卷第三編 ………………………… 169

滿洲二於ケル電氣事業

滿洲的電力事業 大西槐三 第四卷第一編 …………………… 291

滿蒙二於ケル羊毛羊皮

滿蒙的羊毛羊皮 大石義夫 第四卷第二編 …………………… 531

第 99 册目録

昭和三年（1928）調査報告（第 25 期生）

奉天同善堂及び大連、奉天、哈爾濱に於ける商業團體調査

對奉天同善堂及大連、奉天、哈爾濱的商業團體調查

酒家重好　第四卷第三編 …………………………………………………… 1

奉天省及吉林省ノ税制

奉天省及吉林省的税制　石田博　第四卷第四編 ………………………… 209

滿洲農村生活

滿洲農村生活　上西園操　第五卷第一編 ………………………………… 389

第 100 册目録

昭和三年（1928）調查報告（第 25 期生）

東三省鐵道調查

東三省鐵路調查　福井直　第五卷第二編 ………………………………… 1

滿洲養蜂

滿洲養蜂　牧山勲　第五卷第三編 ………………………………………… 97

東三省ニ於ケル電氣事業調查

東三省的電力事業調查　中村一雄　第六卷第一編 ……………………… 229

滿洲ニ於ケル水田

滿洲的水田　大坪英雄　第六卷第二編 …………………………………… 437

第 101 册目録

昭和三年（1928）調查報告（第 25 期生）

滿洲ニ於ケル柞蠶絹紬

滿洲的繭綢　門馬訂一郎　第六卷第三編 ………………………………… 1

東三省ニ於ケル特産物取引慣習ニ就テ

關於東三省的特産交易習慣　佐藤敏夫　第六卷第四編 ………………… 211

滿洲ニ於ケル商業團體

滿洲的商業團體　村上剛　第六卷第五編 ……………………………………… 317

吉會沿線交通調查

吉會沿線交通調查　津留直　第七卷第一編 ……………………………………… 445

在滿鮮農事情

滿洲的朝鮮農民情況　寺田孫次　第七卷第二編 ………………………………… 587

第 102 册目録

昭和三年（1928）調查報告（第 25 期生）

吉會沿線ノ林業

吉會沿線的林業　中倉倫平　第七卷第三編 ……………………………………… 1

在滿鮮人問題調查

在滿洲的朝鮮人問題調查　寺崎祐義　第七卷第四編 …………………………… 157

東三省教育調查

東三省教育調查　小濱繁　第七卷第五編 ………………………………………… 363

第 103 册目録

昭和三年（1928）調查報告（第 25 期生）

間島農業大勢

間島的農業發展趨勢　辻正一　第七卷第六編 …………………………………… 1

北滿ニ於ケル小麥並ニ製粉業

北滿的小麥及麵粉加工業　稻川三郎　第八卷第一編 …………………………… 171

北滿ニ於ケル阿片

北滿的鴉片　和田四郎　第八卷第二編 …………………………………………… 339

松花江ノ水運

松花江水運　松田博　第八卷第三編 ……………………………………………… 467

第 104 册目録

昭和三年 (1928) 調査報告 (第 25 期生)

北滿ニ於ケル家畜及畜産品

北滿的家畜及畜産品　根岸忌素　第八卷第四編 ·················· 1

北滿國境方面ニ於ケル農民生活狀態

北滿邊境地區的農民生活狀態　長谷川幾吉　第八卷第五編 ······· 177

北滿ニ於ケル露支國境貿易現況

北滿的蘇中國境貿易現狀　奧村實　第八卷第六編 ·············· 305

一九二四年露支協定ニ基ワ兩國人ノ國境通過上ヨリ見タル兩國勢力消長ノ現況

從蘇中兩國人民據一九二四年中蘇協定出入境情況看兩國勢力消長之現狀

岡一弘　第八卷第七編 ······································ 415

最近ニ於ケル露支陸路貿易事情

近來蘇中陸路貿易情況　城臺正　第九卷第一編 ················ 439

北滿ニ於ケル石炭業

北滿的煤炭業　青木真澄　第九卷第二編 ······················ 529

北滿ニ於ケル鐵道調査

北滿鐵路調査　廣瀬清　第九卷第三編 ························· 633

第 105 册目録

昭和三年 (1928) 調査報告 (第 25 期生)

松花江沿岸事情

松花江沿岸情況　伊藤善三　第九卷第四編 ···················· 1

直魯移民北滿進出之調査

直隸、山東移民北滿之調査　土屋彌之助　第九卷第五編 ·········· 99

雲南省緬甸街道ニ於ケル住民ノ生活狀況

雲南省緬甸街的居民生活狀況　安澤隆雄　第十卷第一編 ·········· 315

會館及公所ニツイテ

關於會館及公所　土井三子雄　第十卷第二編 ·· 487

雲南ヨリ八莫ニ至ル陸路調査

從雲南至八莫的陸路調查　山本日出一郎　第十卷第三編 ······················· 555

第 106 册目録

昭和三年 (1928) 調查報告 (第 25 期生)

雲南省ノ種族ニ關スル考察

對雲南省種族的考察　平山熊雄　第十卷第四編 ·· 1

雲南交通調查

雲南交通調查　志智新八郎　第十卷第五編 ··· 95

雲南省ニ於ケル綿絲布

雲南省的棉紗布　上野晈　第十卷第六編 ··· 211

香港、廣東海産物調查

香港、廣東的海産品調查　納富政彦　第十一卷第一編 ······························· 267

香港、廣東貿易調查

香港、廣東貿易調查　中原武雄　第十一卷第二編 ·· 385

南支那海運調查

華南海運調查　鶴谷忠治　第十一卷第三編 ··· 513

第 107 册目録

昭和三年 (1928) 調查報告 (第 25 期生)

香港廣東ニ於ケル商業團體調查

香港廣東的商業團體調查　長谷川靜夫　第十一卷第四編 ··························· 1

雲南省及ニ佛領印度支那ニ於ケル經濟形態

雲南省和法屬印度支那的經濟形態　山口慎一　第十二卷第一編 ············· 233

廣東及ビ雲南省ノ教育

廣東及雲南省的教育　日高清磨瑳　第十二卷第二編 ·································· 295

華南滇越ニ於ケル勞動狀況

華南滇越的勞動狀況　中崎一之　第十二卷第三編 …………………………………… 427

一九二六年度蒙自並ニ佛領印度支那貿易狀況

一九二六年度蒙自和法屬印度支那的貿易狀況

　森本辰治　第十二卷第四編 …………………………………………………… 523

東京風俗

東京習俗　佐佐木誠一　第十三卷第一編 ……………………………………… 623

第 108 册目録

昭和三年（1928）調查報告（第 25 期生）

印度支那東京州貿易調查

印度支那東京州貿易調查　小久保貞雄　第十三卷第二編 …………………………… 1

（佛領印度支那）銀行金融調查

（法屬印度支那）銀行金融調查　兒嶋真一郎　第十三卷第三編 …………… 291

佛領印度支那東京ノ漆及農礦産物

法屬印度支那東京的漆及農礦産物品　永井憲平　第十三卷第四編 ………… 409

佛領印度支那東京華僑調查

法屬印度支那東京華僑調查　丹吳恒平　第十三卷第五編 …………………… 633

第 109 册目録

昭和三年（1928）調查報告（第 25 期⺼）

交趾支那重要物産調查

交趾支那重要物産調查　河島次馬　第十四卷第一編 ………………………… 1

交趾支那貿易調查

交趾支那貿易調查　村上秋夫　第十四卷第二編 ……………………………… 83

交趾支那ニ於ケル華僑

交趾支那的華僑　安河内哲夫　第十四卷第三編 ……………………………… 181

比律賓政治事情

菲律賓政治情況　田中香苗　第十五卷第一編 ……………………………………… 243

交通機關(陸上)調査

交通機構(陸上)調査　金澤伍一　第十五卷第二編 ……………………………… 343

マニラ煙草

馬尼拉煙草　芥川正夫　第十五卷第三編 ……………………………………………… 453

比律賓ノ外國貿易

菲律賓的外國貿易　小坪昇三　第十五卷第四編 ………………………………… 531

第 110 册目録

昭和三年(1928)調查報告(第25期生)

比律賓群島ニ於ケルマニラ麻

菲律賓群島的蕉麻　引原二郎　第十五卷第五編 …………………………………… 1

比律賓教育調查

菲律賓教育調查　吉田金四郎　第十五卷第六編 ……………………………………… 149

比律賓ニ於ケル華僑同業組合及海運ニ付テ

菲律賓的華僑同業公會及海運　太宰守　第十五卷第七編 ………………………… 237

上海在留日本人人口調查

在滬日僑人口調查　　第十六卷第一編 ……………………………………………… 383

上海ニ於ケル製粉業

上海的麵粉加工業　　第十六卷第二編 ……………………………………………… 447

第 111 册目録

昭和四年(1929)調查報告(第26期生)

南支港勢調查

華南港口調查　百枝辰男　第一卷 …………………………………………………… 1

上海に於ける英國及米國の金融並投資機關

英美在滬金融及投資機構　橋口有恒　第二卷 …………………………………… 115

雲南省ニ於ケル金融問題：特ニ富滇銀行改革問題

雲南省的金融問題：尤其是富滇銀行改革問題　上村清記　第三卷 ………… 237

北支重要都市教育機關調查

華北重要城市教育機構調查　本多彦次　第四卷 …………………………… 351

四川藥材

四川藥材　矢尾勝治　第五卷 ………………………………………………… 439

膠濟、平綏鐵道釐金制度調查

膠濟、平綏鐵路釐金制度調查　中尾義男　第六卷 ………………………… 559

第 112 册目録

昭和四年(1929)調查報告(第 26 期生)

四川省ニ於ケル桐油

四川省的桐油　齋藤暉夫　第七卷 …………………………………………… 1

北支那ニ於ケル商企業狀態

華北的商業企業狀態　大工原亮　第八卷 …………………………………… 105

揚子江岸諸都市ニ於ケル菓子類ノ需供狀態

長江沿岸各城市的點心類供需狀態情況　林田誠一　第九卷 ……………… 263

雲南四川一般住民生活狀況

雲南四川普通居民的生活狀況　中下魁平　第十卷 ………………………… 377

揚子江本流ノ交通

長江幹流的交通　江口涉　第十一卷 ………………………………………… 501

揚子江沿岸ノ貿易

長江沿岸的貿易　福岡英明　第十二卷 ……………………………………… 563

第 113 册目録

昭和四年(1929)調查報告(第 26 期生)

吉敦沿線農業調查

吉敦沿線農業調查　田中玲瓏　第十三卷 …………………………………… 1

在滿鮮人問題獨立團ニ就キテ

關於滿洲的朝鮮人獨立團　西里龍夫　第十四卷 ……………………………… 77

内蒙古ニ於ケル牛乳

内蒙古的牛奶　勝川秀夫　第十五卷……………………………………………… 177

四川省ニ於ケル輸移入概況

四川省的進口概況　森口幸藏　第十六卷………………………………………… 223

松花江航行権ニ就テ

關於松花江航行權　木島清道　第十七卷………………………………………… 455

雲南四川兩省の交通調査

雲南四川兩省的交通調査　上田駿　第十八卷…………………………………… 547

北支ニ於ケル製造工業

華北的製造業　高橋龍夫　第十九卷……………………………………………… 589

第 114 册目録

昭和四年(1929)調查報告(第 26 期生)

津張地方ニ於ケル羊毛

津張地區的羊毛　武川信佐　第二十卷………………………………………………… 1

黑龍江省ニ於ケル家畜及牧畜

黑龍江省的家畜及牧畜　大久保英久　第二十一卷 …………………………… 83

雲南省ニ於ケル阿片、藥材調査

雲南省的鴉片、藥材調査　寺崎修三　第二十二卷 …………………………… 175

滿州農家經濟狀況

滿洲農戶的經濟狀況　永島良一　第二十三卷…………………………………… 239

滿洲ニ於ケル都會ノ施設

滿洲的城市設施　藤原昇　第二十四卷…………………………………………… 373

經濟的見地ヨリ觀タル奉海線ノ滿鐵ニ及ボス影響

從經濟角度看奉海線對滿鐵的影響　山本米雄　第二十五卷……………… 483

山東の葉煙草

山東之煙葉　福滿篤　第二十六卷 ‥‥‥‥‥‥‥‥‥‥‥‥‥‥‥‥‥‥‥‥ 589

第 115 册目録

昭和四年(1929)調查報告(第 26 期生)

張家口事情

張家口情況　三宅勳　第二十七卷 ‥‥‥‥‥‥‥‥‥‥‥‥‥‥‥‥‥‥‥ 1

南北滿洲勞動事情調查

南滿、北滿勞動情況調查　岩橋竹二　第二十八卷 ‥‥‥‥‥‥‥‥‥‥‥ 99

雲南、四川に於ける畜產品調查

雲南、四川的畜產品調查　長友利雄　第二十九卷 ‥‥‥‥‥‥‥‥‥‥‥ 285

雲南輸入綿製品調查

雲南進口棉製品調查　栗木鐵男　第三十卷 ‥‥‥‥‥‥‥‥‥‥‥‥‥‥ 345

太原、大同、張家口、石家莊に於ける金融事情

太原、大同、張家口、石家莊的金融情況　二川薰　第三十一卷 ‥‥‥‥ 445

第 116 册目録

昭和四年(1929)調查報告(第 26 期生)

南支那沿岸各港ニ於ケル住民生活狀態

華南沿海各港口居民的生活狀態　長谷勘　第三十二卷 ‥‥‥‥‥‥‥‥ 1

廣東地方ノ鹽業調查

廣東地區的鹽業調查　重松敏夫　第三十三卷 ‥‥‥‥‥‥‥‥‥‥‥‥‥ 293

山東省、河北省ノ棉花

山東省、河北省的棉花　石田武夫　第三十四卷 ‥‥‥‥‥‥‥‥‥‥‥‥ 423

遼河流域ニ於ケル阿片

遼河流域的鴉片　橫井幸重　第三十五卷 ‥‥‥‥‥‥‥‥‥‥‥‥‥‥‥ 537

天津ニ於ケル紡績業ノ研究

天津紡織業的研究　茂木有禎　第三十六卷 ‥‥‥‥‥‥‥‥‥‥‥‥‥‥ 597

第 117 册目録

昭和四年(1929)調查報告(第 26 期生)

膠濟鐵路及北平の長途汽車調査

膠濟鐵路及北平的長途汽車調查　岩井茂　第三十七卷⋯⋯⋯⋯⋯⋯⋯⋯⋯ 1

南支沿岸都市調查

華南沿海城市調查　杉原信一　第三十八卷⋯⋯⋯⋯⋯⋯⋯⋯⋯ 137

呼海鐵道卜沿線經濟事情

呼海鐵路及沿線經濟情況　若宮二郎　第三十九卷⋯⋯⋯⋯⋯⋯⋯⋯⋯ 303

南支港灣狀況調查

華南港灣狀況調查　牧野清　第四十卷⋯⋯⋯⋯⋯⋯⋯⋯⋯ 385

綏遠、直隷羊毛羊皮(附奉天市場ノ羊毛)

綏遠、直隷羊毛羊皮(附奉天市場的羊毛)　前田增三　第四十一卷 ⋯⋯⋯⋯ 447

山西省ニ於ケル村政ノ研究

山西省的村政研究　宮野茂邦　第四十二卷⋯⋯⋯⋯⋯⋯⋯⋯⋯ 613

第 118 册目録

昭和四年(1929)調查報告(第 26 期生)

廣東に於ける勞動組合及び勞動運動

廣東的工會及勞工運動　石田七郎　第四十三卷⋯⋯⋯⋯⋯⋯⋯⋯⋯ 1

北滿に於ける出稼に就て

關於北滿的外來勞工　川瀨德男　第四十四卷⋯⋯⋯⋯⋯⋯⋯⋯⋯ 137

京綏沿線ニ於ケル都市市勢調查

京綏沿線的城市情況調查　佐多直丸　第四十五卷⋯⋯⋯⋯⋯⋯⋯⋯⋯ 217

滿洲に於ける大豆の品種

滿洲的大豆品種　村松彰　第四十六卷⋯⋯⋯⋯⋯⋯⋯⋯⋯ 319

打通線ニ關スル調查

對打通線的調查　吳鷹之助　第四十七卷⋯⋯⋯⋯⋯⋯⋯⋯⋯ 391

佛領印度支那と雲南省との政治的關係

法屬印度支那與雲南省的政治關係　法林一麿　第四十八卷……………………… 465

最近北平に於ける下層社會の主なる金融機關と社會施設

近來北平下層社會的主要金融機構和社會設施　萩原藏六　第四十九卷…… 607

第 119 册目録

昭和四年(1929)調查報告(第 26 期生)

滇越鐵道沿線ニ於ケル雲南貿易調查

滇越鐵路沿線的雲南貿易調查　高松義雄　第五十卷……………………………… 1

雲南交通編旅行調查

雲南交通編旅行調查　林茂治　第五十一卷………………………………………… 127

東支鐵道調查

東支鐵路調查　榎原德三郎　第五十二卷………………………………………… 271

大同都市調查

大同城市調查　西村剛夫　第五十三卷…………………………………………… 329

山西省自動車交通

山西省汽車交通　前島岩男　第五十四卷………………………………………… 391

北滿ノ阿片

北滿的鴉片　伊東敏雄　第五十五卷……………………………………………… 457

北滿農業調查

北滿農業調查　橋本伊津美　第五十六卷………………………………………… 581

第 120 册目録

昭和四年(1929)調查報告(第 26 期生)

滿洲に於ける支那移民

滿洲的中國移民　河野七郎　第五十七卷………………………………………… 1

北滿に於ける自動車交通に關する調查

對北滿汽車交通的調查　伊藤正己　第五十八卷………………………………… 213

英領馬來對日貿易事情(過去十年間ニ於ケル)

英屬馬來對日貿易情況(過去十年間)　安武太郎　第五十九卷 ┈┈┈┈┈┈ 297

四川省ニ於ケル棕絲調查

四川省的棕絲調查　村部和義　第六十卷┈┈┈┈┈┈┈┈┈┈┈┈ 359

遼河流域並ニ四洮昂沿線交通

遼河流域及四洮昂沿線交通　井上榮太郎　第六十一卷┈┈┈┈┈┈ 409

四川鹽業調查(四川省ニ於ケル鹽務制度ニ付キテ)

四川鹽業調查(關於四川省的鹽務制度)　竹內喜久雄　第六十二卷 ┈┈┈ 485

東三省沿線市勢調查

東三省沿線城市情況調查　中島榮夫　第六十三卷┈┈┈┈┈┈┈┈┈ 553

第 121 册目録

昭和四年(1929)調查報告(第 26 期生)

蘭領印度對支貿易事情

荷屬東印度對華貿易情況　田路章　第六十四卷┈┈┈┈┈┈┈┈┈┈ 1

廈門、汕頭、香港、廣東に於ケル一般的施設之概略及其將來之計畫

廈門、汕頭、香港及廣東的一般性設施之概略及其將來之計劃

　小幡廣士　第六十五卷┈┈┈┈┈┈┈┈┈┈┈┈┈┈┈┈┈┈ 135

雲南、四川の工業調查

雲南、四川的工業調查　土田增夫　第六十六卷 ┈┈┈┈┈┈┈┈┈┈ 285

內蒙古政治經濟事情

內蒙古政治經濟情況　山名正孝　第六十七卷┈┈┈┈┈┈┈┈┈┈┈ 357

黑龍江省呼倫墨黑路沿線都市行政調查

黑龍江省呼倫墨黑路沿線城市行政調查　宮澤敞七　第六十八卷┈┈┈┈ 481

四川省交通調查

四川省交通調查　山下長次郎　第六十九卷┈┈┈┈┈┈┈┈┈┈┈┈ 629

第 122 册目録

昭和四年 (1929) 調査報告 (第 26 期生)

華僑

華僑　小山田繁　第七十卷 ……………………………………………………… 1

膠濟、津浦北段金融調査

膠濟、津浦線北段金融調査　松井幸人　第七十一卷 …………………………… 85

北滿ニ於ケル組合調査

北滿的行會調査　小田健三郎　第七十二卷 ……………………………………… 195

北平、天津ヲ中心トスル中小學教育調査

以北平、天津爲中心的中小學教育調査　久保寶次　第七十三卷 …………… 389

北滿に於ける都邑に就きて

關於北滿的城市　宇田政雄　第七十四卷 ………………………………………… 481

蘭領東印度及馬來半島の華僑

荷屬東印度及馬來半島的華僑　印牧眞一　第七十五卷 ……………………… 597

第 123 册目録

昭和四年 (1929) 調査報告 (第 26 期生)

雲南、四川省に於ける重要藥材

雲南、四川省的重要藥材　梶原英三　第七十六卷 …………………………… 1

四川各軍の概況及裁兵事情

四川各軍的概況及裁軍情況　尾崎莊太郎　第七十七卷 ……………………… 79

天津港過去、現在及ビ將來

天津港的過去、現在及將來　岡野八太郎　第七十八卷 ……………………… 193

支那の豚毛

中國的豬鬃　神河章三郎　第七十九卷 …………………………………………… 273

北滿地方の勞動狀態

北滿地區的勞動狀態　尾仲嘉助　第八十卷 …………………………………… 341

外蒙古貿易、交通、兵備狀況

外蒙古貿易、交通、兵備狀況　井上宗親　第八十一卷‥‥‥‥‥‥‥‥‥‥ 479

奉海鐵道ノ經濟的價值ト海龍領事館ノ使命

奉海鐵路的經濟價值及海龍領事館的使命　瀧口義精　第八十二卷‥‥‥‥ 563

第 124 册目録

昭和四年(1929)調查報告(第 26 期生)

北滿に於ける藥材

北滿的藥材　鳥山勉　第八十三卷‥‥‥‥‥‥‥‥‥‥‥‥‥‥‥‥‥‥‥ 1

松花江沿岸都會調查

松花江沿岸城市調查　田島清三郎　第八十四卷　‥‥‥‥‥‥‥‥‥‥‥‥ 63

上海に於ける海産物貿易狀況

上海的海產品貿易狀況　久保務　第八十五卷‥‥‥‥‥‥‥‥‥‥‥‥‥‥ 163

上海ヲ中心とする學生運動

以上海爲中心的學生運動　曽根喜久男　第八十六卷‥‥‥‥‥‥‥‥‥‥‥ 355

上海公設市場(虹口市場ヲ中心トシテ)

上海公設市場(以虹口市場爲中心)　波多江健兒　第八十七卷 ‥‥‥‥‥‥ 393

最近上海貿易概況

近來上海的貿易概況　今村三郎　第八十八卷‥‥‥‥‥‥‥‥‥‥‥‥‥‥ 453

第 125 册目録

昭和五年(1930)調查報告(第 27 期生)

犯罪瞥見

犯罪一瞥　清川瀬　第一卷‥‥‥‥‥‥‥‥‥‥‥‥‥‥‥‥‥‥‥‥‥‥ 1

滿洲に於ける出稼移民

滿洲的外來勞工移民　神谷清助　第二卷‥‥‥‥‥‥‥‥‥‥‥‥‥‥‥‥ 109

四川省岷涪流域礦業調查

四川省岷涪流域礦業調查　葉山生　第三卷‥‥‥‥‥‥‥‥‥‥‥‥‥‥‥ 181

四川省ノ産麻

四川省的產麻情況　　第四卷 ·· 245

四川省棕梠調查

四川省棕梠調查　鈴木脩司　第五卷 ··································· 319

長江流域ニ於ケル日本ノ經濟的地位

日本在長江流域的經濟地位　下川賢　第六卷 ······················· 351

熱河省ノ交通

熱河省的交通　加藤隆德　第七卷 ····································· 541

廣東地方ノ絲業調查

廣東地區的絲業調查　保科尚衛　第八卷 ······························ 669

第 126 册目録

昭和五年(1930)調查報告(第 27 期生)

青島港之調查

青島港之調查　村上重義　第九卷 ··· 1

四川省岷涪流域事情

四川省岷涪流域情況　兼松勝　第十卷 ································· 173

天津ニ於ケル民衆補習教育

天津的民衆補習教育　大平孝　第十一卷 ······························ 229

膠濟鐵道ニツイテ

關於膠濟鐵路　菅一弘　第十二卷 ····································· 315

滿蒙農業事情

滿蒙農業情況　真柄富治　第十三卷 ··································· 415

哈爾濱市場ヲ中心トスル北滿大豆

以哈爾濱市場爲中心的北滿大豆　村井美喜雄　第十四卷 ············· 557

第 127 册目録

昭和五年(1930)調査報告(第 27 期生)

京奉沿線重要毛皮集散市場概況

京奉沿線重要毛皮集散市場概況　小西勇　第十五卷……………………… 1

東蒙古ニ於ケル甘草、阿片調査(附東蒙古ニ於ケル衛生調査)

東蒙古的甘草、鴉片調査(附東蒙古的衛生調査)　江下清一　第十六卷 …… 63

東蒙古各種資源卜商取引ノ方法習慣及金融概論

東蒙古各種資源與交易方法、習慣及金融概論　古籔盛三　第十七卷 ……… 165

滿蒙の羊毛

滿蒙的羊毛　田中守造　第十八卷 ……………………………………………… 257

吉會豫定線沿線之經濟的現狀及將來

吉會豫定線沿線之經濟的現狀及將來　神棒真幸　第十九卷 ………………… 389

天津ニ於ケル錢莊

天津的錢莊　岩尾正利　第二十卷 …………………………………………… 497

北滿に於ける鐵道調査

北滿鐵路調査　竹田巳則　第二十一卷 ……………………………………… 581

第 128 册目録

昭和五年(1930)調査報告(第 27 期生)

漢口、長沙ニ於ケル金融調査

漢口、長沙的金融調査　田村三郎　第二十二卷 …………………………………… 1

北滿に於ける支那人の商業機關並に組織

北滿的中國人商業機構和組織　涉川悌美　第二十三卷 …………………… 131

天津ニ於ケル金融

天津的金融　長田陽一　第二十四卷 ………………………………………… 189

北京ニ於ケル救貧事業

北京的救濟事業　後藤隆三　第二十五卷 …………………………………… 295

東蒙古ニ於ケル礦山業

東蒙古的礦業　今泉正民　第二十六巻 ……………………………………………… 371

南支沿岸ニ於ケル電氣事業調査

華南沿海的電力事業調査　水沼博　第二十七巻 ………………………………… 497

揚子江流域都市金融調査

長江流域城市金融調査　竹岡彦次郎　第二十八巻 ……………………………… 543

第129册目録

昭和五年(1930)調査報告(第27期生)

葫蘆島築港問題

葫蘆島的港口建設問題　前田進　第二十九巻 …………………………………… 1

山西棉業調査

山西棉業調査　中島弘　第三十巻 ……………………………………………… 113

最近ニ於ケル青島の勞動事情

近來青島的勞動情況　町野大輔　第三十一巻 ………………………………… 231

滿蒙羊毛

滿蒙羊毛　淵邊元廣　第三十二巻 ……………………………………………… 353

在滿鮮人の政治的研究

對滿洲朝鮮人的政治研究　池田靜夫　第三十三巻 …………………………… 447

第130册目録

昭和五年(1930)調査報告(第27期生)

英領馬來對本邦貿易狀況

英屬馬來與我國的貿易狀況　德岡照　第三十四巻 …………………………… 1

廣東ニ於ケル貿易

廣東的貿易　成田英一　第三十五巻 ………………………………………… 53

四川省ニ於ケル豚毛調査

四川省的豬鬃調査　中濱三郎　第三十六巻 ………………………………… 133

江蘇、四川、湖北ノ蠶絲業

江蘇、四川、湖北的蠶絲業　宇敷正章　第三十七巻……………………………… 163

在滿鮮人問題ト間島警備ノ史的考察

滿洲的朝鮮人和間島警備的歷史考察　福山壽　　第三十八巻……………… 341

山東省に於ける漁業

山東省的漁業　伴重雄　第三十九巻…………………………………………… 465

山西省の棉花事情

山西省的棉花情況　楠本一夫　第四十巻……………………………………… 585

第 131 册目録

昭和五年(1930)調查報告(第 27 期生)

山西產天然木炭

山西產天然木炭　山下一　第四十一巻…………………………………………… 1

粵漢鐵路沿線經濟調查班貿易調查

粵漢鐵路沿線經濟調查班貿易調查　山中秀宣　第四十二巻 ……………… 43

武漢ニ於ケル英人企業大勢ニツイテ

武漢英資企業的趨勢　柿田琢磨　第四十三巻…………………………………… 175

北支諸港に於ける倉庫業

華北各港口的倉儲業　貴堂貞三　第四十四巻…………………………………… 233

北支各港ニ於ケル仲仕苦力調查

對華北各港口搬運工的調查　牛島俊作　第四十五巻………………………… 359

青島港貿易概況

青島港貿易概況　天野治邦　第四十六巻………………………………………… 501

第 132 册目録

昭和五年(1930)調查報告(第 27 期生)

支那農村の分析及び廣東省に於ける農民運動

中國農村的分析及廣東省農民運動　熊谷林之助　第四十七巻………………… 1

成都に於ける漢字新聞

成都的中文報紙　島津真三郎　第四十八卷 ············· 209

湖南、廣東ニ於ケル自動車交通

湖南、廣東的汽車交通　坂口久　第四十九卷 ············· 271

山東省ニ於ケル落花生及落花生油ニ就テ

山東省的花生及花生油　伏屋幹男　第五十卷 ············· 385

山西、綏遠ノ藥材調査

山西、綏遠的藥材調査　村田季雄　第五十一卷 ············· 479

北京書業調査

北京書業調査　吉岡四郎　第五十二卷 ············· 551

第 133 册目録

昭和五年(1930)調査報告(第 27 期生)

山西省及び天津に於ける紡績業

山西省及天津的紡織業　北村重英　第五十三卷 ············· 1

南滿農民生活狀況

南滿農民生活狀況　鵜飼藤一郎　第五十四卷 ············· 139

吉林省ノ林業

吉林省的林業　左近允武夫　第五十五卷 ············· 267

中部滿洲ニ於ケル金融市場

滿洲中部的金融市場　浦敏郎　第五十六卷 ············· 403

東蒙古都邑調査

東蒙古城市調査　橋本義雄　第五十七卷 ············· 463

第 134 册目録

昭和五年(1930)調査報告(第 27 期生)

正太沿線山西北部に於ける羊毛調査

正太沿線山西北部羊毛的調査　數对吉之助　第五十八卷 ············· 1

東蒙ノ牧畜

東蒙畜牧　根岸孝彦　第五十九卷 ······································· 135

東蒙古及北滿に於ける羊毛及皮革

東蒙古及北滿的羊毛和皮革　田添正嗣　第六十卷 ···················· 241

對日本貿易ヲ中心トセル南支沿岸各港ノ貿易調査

以對日貿易爲中心,對華南沿海各港口的貿易調查

　池江善治　　第六十一卷 ··· 373

廣東市場ニ於ケル土炭ノ地位：狗牙洞炭礦ニ就テ

土煤在廣東市場中的地位：關於狗牙洞煤礦　山崎長五郎　第六十二卷 ······ 503

北滿貿易調査

北滿貿易調查　岡村貞一　第六十三卷 ································· 575

第 135 册目録

昭和五年(1930)調查報告(第 27 期生)

滿洲ニ於ケル取引所ト錢鈔市場

滿洲的交易所及錢鈔市場　村山達太郎　第六十四卷 ···················· 1

南支商埠地に於ける通貨及金融機關

華南商埠地區的貨幣及金融機構　青山清　第六十五卷 ················· 79

哈爾濱を中心とする北滿の製粉業

以哈爾濱爲中心的北滿麵粉加工業　大屋保義　第六十六卷 ·············· 131

北支諸港ニ於ケル航運

華北各港口的航運　渡部修三　第六十七卷 ···························· 205

滿蒙交界地方に於ける主要物産集散狀態

滿蒙交界地區的主要物産集散狀態　中馬靖友　第六十八卷 ············· 313

山東省ニ於ケル石炭調査

山東省煤炭調查　中崎强　第六十九卷 ································· 455

滿洲に於ける紙の需要及製造狀況ニ就テ

關於滿洲的紙類需求及製造狀況　芝國重　第七十卷 ···················· 533

第 136 册目録

昭和五年(1930)調査報告(第 27 期生)

農村自治

農村自治　澤登譽　第七十一卷……………………………………………… 1

南支海產物調查

華南海產調查　桑島泰雄　第七十二卷………………………………… 139

間島に於ける水田

間島的水田　梅田潔　第七十三卷……………………………………… 295

天津絨氈事情

天津地毯情況　久重四郎　第七十四卷………………………………… 399

南支沿岸、佛領印度支那港灣調查

華南沿海、法屬印度支那港灣調查　蜂谷貞雄　第七十五卷………… 569

北平木業調查

北平木業調查　永安文三　第七十六卷………………………………… 649

天津に於ける硝子製品に就きて

天津的玻璃製品　陳濟昌　第七十七卷………………………………… 693

第 137 册目録

昭和五年(1930)調查報告(第 27 期生)

教育調查

教育調查　小林鈔　第七十八卷…………………………………………… 1

山西省義務教育現狀

山西省義務教育現狀　森田藤治　第七十九卷………………………… 153

南支那蠶絲業調查

華南蠶絲業調查　市川信治　第八十卷………………………………… 269

廣東に於ける學校教育

廣東的學校教育　辻橋佑吉　第八十一卷……………………………… 405

北支重要都市教育調査

華北重要城市教育調査　吉田九郎　第八十二卷…………………………………… 499

廣州市市政調査

廣州市市政調査　長谷川信吉　第八十三卷…………………………………… 581

第 138 册目録

昭和五年(1930)調査報告(第 27 期生)

南支沿岸佛領印度支那米穀調査

華南沿海法屬印度支那穀物調査　金田一郎　第八十四卷…………………………………… 1

揚子江流域各省農村經濟と農民運動に就いて

長江流域各省農村經濟與農民運動　鎌田龍男　第八十五卷…………………………………… 111

南支沿岸諸都市都市計畫

華南沿海各城市的城市規劃　元木數雄　第八十六卷…………………………………… 317

青島市勢調査

青島市城市情況調査　高橋宏　第八十七卷…………………………………… 435

成都及成都を中心としたる自動車道路

成都及以成都爲中心的公路　友添健策　第八十八卷…………………………………… 505

上海ヲ中心トスル外洋汽船航路

以上海爲中心的遠洋輪船航線　松尾博實　第八十九卷…………………………………… 523

上海ヲ中心トスル長江流域ノ菜種事情

以上海爲中心的長江流域的菜種情況　三吉瀧雄　第九十卷…………………………………… 649

第 139 册目録

昭和六年(1931)調査報告(第 28 期生)

北滿ニ於ケル支那人取引所

北滿的中國人交易所　橫田芳郎　森山宣夫　宇垚多命英　第一卷…………… 1

齊々哈爾背後地商業事情(附黑龍省農田ノ調査)

齊齊哈爾腹地的商業情況(附黑龍省農田調査)　高橋武雄　草野豐　石崎光

　　諸富好一　三木善吉　山口正助　第二卷……………………………………… 161

日本と佛領印度支那の通商關係
日本與法屬印度支那的通商關係　坪川榮吉　青木修二　南方嘉一郎　奧村榮
　　第三卷…………………………………………………………………………… 337

吉林省水田調查
吉林省水田調查　原口五郎　若林一郎　妻木正三　安念信弘　白井金彌
　　第四卷…………………………………………………………………………… 395

平津地方ノ同業團體
平津地區的同業團體　木場順平　橋本喜久哉　吉岡直　第五卷…………… 493

第 140 册目錄

昭和六年(1931)調查報告(第28期生)

東三省財政事情
東三省的財政情況　岩田由一　關家三男　莊子勇之助　第六卷………………… 1

濟南ニ於ケル外國商品
濟南的外國商品　岩下輝夫　石田幸三郎　石橋春男　長谷川稔　門井博
　　第七卷 …………………………………………………………………………… 47

濟南ニ於ケル會館公所
濟南的會館公所　岩下輝夫　石田幸三郎　石橋春男　長谷川稔　門井博
　　第八卷……………………………………………………………………………… 119

香港ヲ中心トシタ日貨ノ動キ
以香港爲中心的日貨動態　五島利一　第九卷……………………………………… 229

雲南敍州間の一般狀勢
雲南至敍州之間的大致情況　五十嵐利貞　大橋貞夫　田中辰一　宇野正四
　　遠藤進　第十卷…………………………………………………………………… 333

香港の市制・市勢
香港的城市制度和城市情況　平澤當彥　第十一卷………………………………… 393

福州港勢調査報告書

福州港情況調查報告書　白川俊三　岡本豊　上野宏　野中義雄　安達鬱太郎

　第十二卷 ……………………………………………………………………… 485

廣東省潮安縣ニ於ケル農業

廣東省潮安縣的農業　羅振麟　第十三卷 ……………………………………… 539

昭和七年（1932）調查報告（第 29 期生）

滿洲國内ニ於ケル通貨

"滿洲國"内的貨幣　第二十二卷 ……………………………………………… 597

昨年來ノ湖北大水災ニ就イテ

過去一年的湖北大水災　趙俊生　第七十八卷 …………………………………… 611

第 141 册目録

昭和八年（1933）調查報告（第 30 期生）

奉天省錦縣調查班

奉天省錦縣調查班　山田政勇　馬場伊助　山下保雄　第一卷 ……………… 1

通化縣調查班

通化縣調查班　井口易男　竹内照夫　第二卷 ………………………………… 129

海龍縣調查

海龍縣調查　中島浩　清利孝德　第三卷第一編 ……………………………… 279

柳河縣調查

柳河縣調查　中島浩　清利孝德　第三卷第二編 ……………………………… 383

清原縣調查

清原縣調查　中島浩　清利孝德　第三卷第三編 ……………………………… 419

瀋陽縣調查

瀋陽縣調查　山崎芳敷　石川繁二　田村五十彦　小林正治

　第四卷第一編 ………………………………………………………………… 483

撫順縣調查

撫順縣調查　山崎芳數　石川繁二　田村五十彦　小林正治
　第四卷第二編‧‧ 543

本溪縣調查

本溪縣調查　山崎芳數　石川繁二　田村五十彦　小林正治
　第四卷第三編‧‧ 589

第 142 册目録

昭和八年(1933)調查報告(第 30 期生)

遼陽縣調查

遼陽縣調查　山崎芳數　石川繁二　田村五十彦　小林正治
　第四卷第四編‧‧ 1

通遼縣調查班

通遼縣調查班　奧田誠二　安藤勝　野口孝行　第五卷 ‧‧‧‧‧‧‧‧‧‧‧‧‧‧‧‧‧‧‧ 89

法庫縣調查班

法庫縣調查班　信原信　生雲忠　第六卷 ‧‧‧‧‧‧‧‧‧‧‧‧‧‧‧‧‧‧‧‧‧‧‧‧‧‧‧‧‧‧‧‧ 173

西安縣調查班

西安縣調查班　迫田司　近藤與久　山本臣　第七卷第一編 ‧‧‧‧‧‧‧‧‧‧‧‧‧‧ 247

西安炭礦調查報告書

西安煤礦調查報告書　迫田司　近藤與久　山本臣　第七卷第二編‧‧‧‧‧‧‧‧‧ 347

洮南調查班

洮南調查班　瀧野貞明　福田百松　古根俊一　長瀨義一　第八卷 ‧‧‧‧‧‧‧‧ 375

阿城縣調查

阿城縣調查　加藤雄一郎　新崎盛良　第九卷第一編 ‧‧‧‧‧‧‧‧‧‧‧‧‧‧‧‧‧‧‧‧ 481

五常縣調查報告書

五常縣調查報告書　新崎盛良　加藤雄一郎　第九卷第二編‧‧‧‧‧‧‧‧‧‧‧‧‧‧ 545

永吉縣、吉林省城調查

永吉縣、吉林省城調查　吉元晴雄　牧野勇　小林省吾　泉喜一郎

林忠四郎　森本清治　第十卷第一編 ··· 595

第 143 册目録

昭和八年(1933)調査報告(第30期生)

敦化縣調査

敦化縣調査　吉元晴雄　牧野勇　小林省吾　第十卷第二編 ························· 1

磐石縣調査

磐石縣調査　泉喜一郎　林忠四郎　森本清治　第十卷第三編 ···················· 95

延吉縣調査

延吉縣調査　平林千幸　第十一卷第一編 ·· 261

和龍縣調査

和龍縣調査　廣田正　第十一卷第二編 ··· 485

汪清縣調査

汪清縣調査　平林千幸　第十一卷第三編 ·· 607

第 144 册目録

昭和八年(1933)調査報告(第30期生)

琿春縣調査報告書

琿春縣調査報告書　平林千幸　　第十一卷第四編 ···································· 1

甯安縣調査班

甯安縣調査班　高石茂利　熊野茂次　　第十二卷 ···································· 141

雙城縣調査報告書

雙城縣調査報告書　林俊政　千義弘三　三谷津久夫　林十平

　第十三卷 ··· 257

樺川縣調査

樺川縣調査　勝田一夫　城繁雄　吉田藤一　　第十四卷第一編 ················· 381

依蘭縣調査

依蘭縣調査　勝田一夫　城繁雄　吉田藤一　　第十四卷第二編 ················· 445

勃利縣略誌

勃利縣略誌　勝田一夫　城繁雄　吉田藤一　第十四卷第三編……………… 609

第 145 册目録

昭和八年(1933)調査報告(第30期生)

樺川縣調査

樺川縣調査　鈴木丹司　角旺正夫　和田一明　林太郎　第十四卷第四編…… 1

富錦縣調査

富錦縣調査　鈴木丹司　和田一明　角田正夫　林太郎　第十四卷第五編 … 41

珠河縣調查

珠河縣調查　塚原房生　志波王男　第十五卷第一編………………………… 169

葦河縣調查

葦河縣調查　塚原房生　志波正男　第十五卷第二編………………………… 245

呼蘭縣調查

呼蘭縣調查　第十六卷第一編…………………………………………………… 345

綏化縣調查

綏化縣調查　高谷靖輔　堀內健吾　乾祐二　第十六卷第二編……………… 425

海倫縣調查

海倫縣調查　高谷靖輔　堀內健吾　乾祐二　第十六卷第三編……………… 481

拜泉縣調查

拜泉縣調查　松尾芳二郎　最上二郎　杉利二　第十七卷第一編…………… 569

明水縣調查

明水縣調查　松尾芳二郎　最上二郎　杉利二　第十七卷第二編…………… 629

青岡縣調查報告書

青岡縣調查報告書　松尾芳二郎　最上二郎　杉利二　第十七卷第三編…… 659

第 146 册目録

昭和八年（1933）調査報告（第30期生）

克山縣調查

克山縣調查　涉谷勇造　山本純愚　竹內桂太郎　金子正雄
　第十八卷第一編 ……………………………………………… 1

通北縣調查

通北縣調查　涉谷勇造　山本純愚　竹內桂太郎　金子正雄
　第十八卷第二編 ……………………………………………… 73

克東縣調查

克東縣調查　涉谷勇造　山本純愚　竹內桂太郎　金子正雄
　第十八卷第三編 ……………………………………………… 127

黑龍江省安達縣調查班

黑龍江省安達縣調查班　中村弘　永友靈　第十九卷 ………… 219

泰來縣調查

泰來縣調查　替地大三　甲斐重良　前田睦夫　第二十卷第一編 ……… 317

大賚縣調查

大賚縣調查　替地大三　甲斐重良　前田睦夫　第二十卷第二編 ……… 381

通河縣調查

通河縣調查　降籏立喜　中島順一　野野山永次　第二十一卷第一編 ……… 417

木蘭縣調查

木蘭縣調查　降籏立喜　中島順一　野野山永次　第二十一卷第二編 ……… 471

巴彥縣調查

巴彥縣調查　降籏立喜　中島順一　野野山永次　第二十一卷第三編 ……… 579

第 147 册目録

昭和八年 (1933) 調査報告 (第 30 期生)

龍江縣調查

龍江縣調查　秋山洋造　森藏之助　松田亨　第二十二卷第一編 ……………………… 1

泰康縣調查

泰康縣調查　秋山洋造　松田亨　森藏之助　第二十二卷第二編 …………… 95

嫩江縣調查

嫩江縣調查　第二十三卷第一編 ………………………………………………… 127

訥河縣調查

訥河縣調查　第二十三卷第二編 ………………………………………………… 173

黑龍江省璦琿縣調查班

黑龍江省璦琿縣調查班　西木戶衛　近藤泉　下林千幸　第二十四卷……… 237

三河地方及ビ北部國境地方調查

三河地區及北部國境地區調查　阿部勝正　第二十五卷第一編 …………… 377

南部呼倫貝爾ノ概況

南部呼倫貝爾的概況　卜部義賢　第二十五卷第二編 ……………………… 533

呼倫貝爾ニ於ケル畜產調查

呼倫貝爾的畜產調查　卜部義賢　第二十五卷第三編 ……………………… 569

滿洲里概觀

滿洲里概觀　松見慶三郎　第二十五卷第四編 ……………………………… 615

海拉爾に於けるトルコタタールに就て(宗教)

海拉爾的突厥韃靼人(宗教)　松見慶三郎　第二十五卷第五編 …………… 631

日本植民政策の臺灣に及ぼせし影響

日本殖民政策對臺灣的影響　藤次博　第二十六卷…………………………… 641

日本對蘭領印度貿易調查

日本對荷屬東印度貿易調查　及川誠　千枝陸郎　佐藤金藏

第二十七卷 ··· 667

第 148 册目録

昭和八年（1933）調査報告（第 30 期生）

上海錢莊調査

上海錢莊調査　島田幸吉　第二十八卷 ··· 1

昭和九年（1934）調査報告（第 31 期生）

山東事情（主トシテ渤海沿岸ノ各都市）

山東情況（以渤海沿岸各城市爲中心）　栗田五郎　廣田恒雄　坂井義雄

第四卷 ·· 115

熱河省灤平縣調査

熱河省灤平縣調査　佐治好郎　加藤誠一　柴崎勝太郎　第九卷第一編 ······ 283

熱河省承德縣調査

熱河省承德縣調査　佐治好郎　加藤誠一　柴崎勝太郎　第九卷第二編 ······ 375

熱河省朝陽縣調査

熱河省朝陽縣調査　橋迫實　清田武　第十卷第一編 ································· 439

熱河省赤峰縣調査

熱河省赤峰縣調査　橋迫實　第十卷第二編 ·· 527

第 149 册目録

昭和九年（1934）調査報告（第 31 期生）

吉林省穆稜縣調査

吉林省穆稜縣調査　由井文人　永谷仁一　雨宮芳夫　第十一卷第一編 ········ 1

吉林省密山縣調査

吉林省密山縣調査　由井文人　永谷仁一　雨宮芳夫　第十一卷第二編 ······ 111

吉林省額穆縣調査

吉林省額穆縣調査　爲藤陽次郎　谷彌七　第十二卷 ································· 159

滿洲國三江省方正縣事情

"滿洲國"三江省方正縣情況　內田義雄　勝守仙次　第十三卷第一編 …… 311

滿洲國濱江省濱縣事情

"滿洲國"濱江省濱縣情況　勝守仙次　內田義雄　第十三卷第二編 ……… 379

吉林省九臺縣調查

吉林省九臺縣調查　松井成德　小松守司　第十四卷第一編………… 439

吉林省德惠縣調查

吉林省德惠縣調查　小松守司　松井成德　第十四卷第二編………… 527

第 150 册目録

昭和九年(1934)調查報告(第31期生)

吉林省農安縣調查

吉林省農安縣調查　德野外志男　第十五卷第一編……………………………… 1

吉林省扶餘縣調查

吉林省扶餘縣調查　津田一男　第十五卷第二編………………………… 133

奉天省新民縣彰武縣調查

奉天省新民縣彰武縣調查　下村明信　中山昌生　稻富正男　第十六卷…… 213

奉天省開通縣事情調查

奉天省開通縣情況調查　黑田正明　磯川武夫　第十七卷第一編………… 359

奉天省瞻榆縣事情調查

奉天省瞻榆縣情況調查　黑田正明　磯川武夫　第十七卷第二編………… 451

奉天省突泉縣事情調查

奉天省突泉縣情況調查　黑田正明　磯川武夫　第十七卷第三編………… 505

奉天省鎮東縣調查

奉天省鎮東縣調查　河原畑一美　羽立實夫　第十八卷……………… 571

第 151 册目録

昭和九年（1934）調査報告（第 31 期生）

興安東分省莫力達瓦旗調査

興安東分省莫力達瓦旗調査　辻武雄　淺野德太郎　富岡康　第十九卷⋯⋯⋯ 1

黑龍江省龍鎭縣調査

黑龍江省龍鎭縣調査　森岡昌利　吉田幸一　第二十卷第一編 ⋯⋯⋯⋯⋯ 75

黑龍江省德都縣調査

黑龍江省德都縣調査　森岡昌利　吉田幸一　第二十卷第二編⋯⋯⋯⋯ 121

湯原縣調査

湯原縣調査　中川義信　第二十一卷第一編⋯⋯⋯⋯⋯⋯ 173

滿洲炭礦株式會社調査

滿洲炭礦株式會社調査　小森藤雄　中川義信　第二十一卷第二編⋯⋯⋯ 241

黑龍江省林甸縣事情

黑龍江省林甸縣情況　染矢春雄　萩野康治　第二十二卷第一編⋯⋯⋯ 317

黑龍江省依安縣事情

黑龍江省依安縣情況　染矢春雄　萩野康治　第二十二卷第二編⋯⋯⋯⋯ 369

黑龍江省林甸縣、依安縣事情（其二）

黑龍江省林甸縣、依安縣情況（其二）　萩野康治　第二十二卷第三編 ⋯⋯ 421

黑龍江省望奎縣調査

黑龍江省望奎縣調査　宮內信武　藤本俊策　第二十三卷⋯⋯⋯⋯⋯⋯ 503

第 152 册目録

昭和九年（1934）調査報告（第 31 期生）

洮安縣事情調査

洮安縣情況調査　圓谷清治　山內英之　第二十四卷第一編⋯⋯⋯⋯⋯⋯ 1

吉扎嘎爾旗事情調査

吉扎嘎爾旗情況調査　圓谷清治　山內英之　第二十四卷第二編⋯⋯⋯⋯ 113

札蘭屯、免渡河調査

札蘭屯、免渡河調査　奧田重信　白石博　第二十五卷第一編 ················· 209

滿州里調査

滿州里調査　奧田重信　白石博　第二十五卷第二編 ····················· 271

興安省林西、林東一般事情調査

興安省林西、林東一般情況調査　三浦計太郎　中井川信雄　重松保德

　　第二十六卷 ··· 347

上海を中心とする最近の銀問題

近來以上海爲中心的白銀問題　林茂　第二十七卷第一編 ················· 429

上海を中心とする支那財閥の研究

對以上海爲中心的中國財閥的研究　森次勳　第二十七卷第二編 ············· 469

上海に於ける製粉業

上海的麵粉加工業　廉谷儀忽人　第二十七卷第三編 ····················· 549

第 153 册目錄

昭和十年(1935)調査報告(第 32 期生)

綏中縣、興城縣調査

綏中縣、興城縣調査　本多實　佐藤隆保　雄城要　第一卷 ················· 1

金川縣、輝南縣事情

金川縣、輝南縣情況　田原竹市　下柳田英造　第二卷 ··················· 197

伊通縣調査報告書

伊通縣調査報告書　芝寬　角田次郎　岡秀雄　第三卷 ··················· 447

平泉縣

平泉縣　福田克美　服部文彦　第四卷第一編 ··························· 585

第 154 册目録

昭和十年(1935)調查報告(第 32 期生)

凌源縣

凌源縣　福田克美　服部文彦　第四卷第二編 …………………………………… 1

龍江省景星縣事情

龍江省景星縣情況　久保田重男　雨宮治良　第五卷第一編 ………………… 79

龍江省泰康縣事情

龍江省泰康縣情況　久保田重男　雨宮治良　第五卷第二編………………… 175

濱江省東興縣

濱江省東興縣　柴田浩嗣　馬場三郎　渡邊次郎　第六卷第一編………… 261

三江省鳳山縣

三江省鳳山縣　柴田浩嗣　馬場三郎　渡邊次郎　第六卷第二編………… 381

黑河省漠河縣

黑河省漠河縣　馬場三郎　第六卷第三編………………………………… 431

濱江省慶城縣

濱江省慶城縣　植原了　中垣晉治　第七卷第一篇……………………… 493

濱江省鐵驪縣

濱江省鐵驪縣　植原了　中垣晉治　第七卷第二編……………………… 575

第 155 册目録

昭和十年(1935)調查報告(第 32 期生)

奇克、烏雲、佛山、蘿北各縣事情

奇克、烏雲、佛山、蘿北各縣情況　黑江道夫　栗坂健一　第八卷 ……………… 1

察哈爾省調查(附錄 A 至附錄 D)

察哈爾省調查(附錄 A 至附錄 D)　第十八卷 ……………………………… 227

雲南省、廣西省遊歷班*

雲南省、廣西省遊歷班　折橋大藏　間野護麓　飯田秀吉　佐藤正三

下雅夫　第二十一卷······ ·· 369

第 156 册目録

昭和十三年(1938)調査報告(第35期生)

佔領地域内ニ於ケル北支經濟ノ概況、北支金融工作

華北佔領區的經濟概況與金融工作　荻下利明　渡邊健次·················· 1

北支紡績業

華北紡織業　橫尾幸隆　本土敏夫　田浦正成 ···························· 137

北支那の農業に就て

關於華北的農業　細萱元四郎　細川正直 ································· 377

蒙疆地域に於ける金融經濟

蒙疆地區的金融經濟　望月今朝男　上野善臣　小川弘一　内坂旌旗········ 439

北支那經濟工作ノ發展

華北經濟工作的發展　新行内義兄　八木友愛····························· 489

第 157 册目録

昭和十三年(1938)調査報告(第35期生)

新民會

新民會　今里明　濱田守保 ··· 1

［太倉縣調査報告書］

［太倉縣調査報告書］　村上和夫　岩橋恒治　武藤義道　簑津豐 ·········· 59

吳縣調査報告書

吳縣調査報告書　翠田實　田村忌　河合一男 ···························· 127

常熟縣

常熟縣　井上喜三郎　小林安正　戶部茂 ································ 203

［揚州調査報告書］

［揚州調査報告書］　清水正德　增田忠治　植松清一　橘良高 ············ 277

青浦縣調查報告

青浦縣調查報告　瀨戶謙　妻木辰男 ……………………………………… 337

松江縣調查報告書

松江縣調查報告書　田中康稔　鳥田滿穗　牛島俊吉　村岡侃

　北野定雄 ……………………………………………………………………… 387

嘉興縣

嘉興縣　青井正親　宮永善二　德田計資 ………………………………… 431

［嘉善縣調查報告書］

［嘉善縣調查報告書］　長柄垚一郎　木谷達郎　吉田哲郎　服部晉二 …… 553

吳興縣調查報告書

吳興縣調查報告書　齋藤洲臣　伊藤哲三　水野學　水元健治郎 ………… 627

第 158 册目録

昭和十三年(1938)調查報告(第 35 期生)

杭州ニ於ケル經濟事情調查報告書

杭州的經濟情況調查報告書　吉賀後亮　深堀寬　後藤文治　芹澤五郎

　鈴木厲吉 ………………………………………………………………………… 1

江北南通調查

江北南通調查　富田清之助　菊地喜久治　橋本昇　中園靜雄　近光毅 …… 141

上海を中心とする中支通貨の問題——円紙變調の考察を視角として

以上海爲中心的華中貨幣問題——以圓紙變調的考察爲視角　渡邊長雄 …… 237

上海ノ工業ト日支事變

上海的工業與"日中事變"　小岩井忠勝 …………………………………… 295

事變下に於ける香港支那人の動向に就いて

事變爆發後香港中國人的動向　梅原和夫　田中徹雄　神邊開治

　河島恒夫 ………………………………………………………………………… 417

英領馬來華僑の現狀と其の動向

英屬馬來華僑的現狀與動向　北川林男　高橋立太　五十川統　河田要一

　　　　　古谷鐵衛　　增崎依正 ⋯⋯⋯⋯⋯⋯⋯⋯⋯⋯⋯⋯⋯⋯⋯⋯⋯⋯⋯ 499

　　〔暹羅華僑調査〕

　　〔暹羅華僑調査〕　坂下惣平　前田五郎　松原理一　中村源吉　濱和夫 ⋯ 649

第 159 册目録

昭和十四年（1939）調査報告（第 36 期生）

　　華興商業銀行

　　華興商業銀行　小西末一 ⋯⋯⋯⋯⋯⋯⋯⋯⋯⋯⋯⋯⋯⋯⋯⋯⋯⋯⋯⋯⋯ 1

　　上海交通調査

　　上海交通調査　鹿谷良太郎 ⋯⋯⋯⋯⋯⋯⋯⋯⋯⋯⋯⋯⋯⋯⋯⋯⋯⋯⋯⋯ 125

　　河北省冀東地帶ニ於ケル棉花

　　河北省冀東區的棉花　岡幸雄 ⋯⋯⋯⋯⋯⋯⋯⋯⋯⋯⋯⋯⋯⋯⋯⋯⋯⋯⋯ 209

　　河北省東北部物產の出迴、取引狀況

　　河北省東北部物產的流通及交易狀況　高橋克明 ⋯⋯⋯⋯⋯⋯⋯⋯⋯⋯⋯ 319

　　河北省東北部人口

　　河北省東北部的人口　角田三郎 ⋯⋯⋯⋯⋯⋯⋯⋯⋯⋯⋯⋯⋯⋯⋯⋯⋯⋯ 441

　　（河北省）貨幣金融狀況

　　（河北省）貨幣金融狀況　廣末治男 ⋯⋯⋯⋯⋯⋯⋯⋯⋯⋯⋯⋯⋯⋯⋯⋯ 511

第 160 册目録

昭和十四年（1939）調査報告（第 36 期生）

　　石家莊邦人商工業者活動狀況（附井陘炭礦礦務經營狀況）

　　石家莊的日本工商業者活動狀況（附井陘煤礦礦務經營狀況）　明野義夫 ⋯⋯ 1

　　河北省ニ於ケル教育事情

　　河北省的教育情況　佃正道 ⋯⋯⋯⋯⋯⋯⋯⋯⋯⋯⋯⋯⋯⋯⋯⋯⋯⋯⋯⋯ 65

　　蒙古地區物產の出迴、取引狀況

　　蒙古地區土物產的流通、交易狀況　仲俁秋夫 ⋯⋯⋯⋯⋯⋯⋯⋯⋯⋯⋯⋯ 195

蒙疆に於けるカトリック宣教師の活動狀況

蒙疆天主教傳教士的活動狀況　伊東重美……………………………381

蒙疆ニ於ケル日本人商工業者ノ活動情況

蒙疆日本工商業者的活動情況　櫻井善一……………………………423

蒙古聯盟自治政府管內ノ教育狀況

蒙古聯盟自治政府轄區內的教育狀況　房野博………………………515

蒙疆地域に於ける羊毛資源に就いて

蒙疆地區的羊毛資源　大澤康男………………………………………579

第 161 册目錄

昭和十四年(1939)調查報告(第 36 期生)

蒙疆金融事情

蒙疆的金融情況　淺川典生…………………………………………… 1

蒙疆教育概況

蒙疆的教育概況　宇野善藏 ………………………………………… 89

蒙疆地區に於ける支那人の對日感情

蒙疆地區中國人的對日感情　南恭輔………………………………… 167

山東省に於ける教育施設狀況に付て

山東省的教育設施　山口勝之………………………………………… 201

山東省の物產出迴り取引狀況に就いて

山東省土物產的流通及交易情況　田所善良………………………… 383

第 162 册目錄

昭和十四年(1939)調查報告(第 36 期生)

山東方言調查

山東方言調查　淺山益生……………………………………………… 1

事變下ニ於ケル北支棉花ノ生產ト需要

事變爆發後華北的棉花生產和需求　田中多四郎 …………………… 63

山東省交通狀況

山東省交通狀況　宮靜夫 ……………………………………………… 159

山東省人口

山東省人口　新野岩男 ……………………………………………… 369

山東羊毛

山東羊毛　原豐平 …………………………………………………… 417

山東煙草

山東煙草　原豐平 …………………………………………………… 499

山西省人口の統計的研究

山西省人口的統計研究　湯下良 …………………………………… 571

第 163 册目録

昭和十四年(1939)調査報告(第36期生)

山西省教育調査

山西省教育調査　津波古充誠 ……………………………………… 1

山西ニ於ケル對日感情報告

山西的對日感情報告　岡島永藏 …………………………………… 57

山西省(太原中心として)の金融事情

山西省(以太原爲中心)的金融情況　中澤多賀夫 ……………… 107

山西省の教育現況

山西省的教育現狀　石川久 ………………………………………… 225

山西省南部交通調査

山西省南部交通調査　若槻英敏 …………………………………… 279

山西省南部旅行調査班旅行報告書

山西省南部旅行調査班旅行報告書　水野義德 ………………… 313

山西省石炭調査

山西省煤炭調査　安田秀三 ………………………………………… 459

蒙疆に於ける交通狀況

蒙疆的交通狀況　安藤武治……………………………………… 529

第 164 册目録

昭和十四年（1939）調査報告（第 36 期生）

察哈爾人口調查報告誌

察哈爾人口調查報告誌　深澤治平…………………………………… 1

舊察南、晉北兩政權管內ニ於ケル教育狀況

舊察南、晉北兩政權轄區內的教育狀況　尾見博巳………………… 43

蘇州言語調查報告

蘇州語言調查報告　近幸一郎……………………………………… 113

南通教育概況

南通教育概況　春名和雄…………………………………………… 167

［南通交通］

［南通交通］奧田隆 ………………………………………………… 245

（揚州）鹽

（揚州）鹽　池田安正 ……………………………………………… 295

江蘇省江都縣教育概況調查報告

江蘇省江都縣教育概況調查報告　名倉光三………………………… 353

小麥ノ調查

小麥調查　岡崎巖…………………………………………………… 411

徐州海州地方交通狀況

徐州海州地區交通狀況　井唯信彦………………………………… 459

隴海沿線ニ於ケル人口調查

隴海沿線的人口調查　松田正人…………………………………… 571

第 165 册目録

昭和十四年(1939)調査報告(第36期生)

中支徐州一帶の教育事情に就いて(附開封附近の教育概況)

華中徐州一帶的教育情況(附開封周邊的教育概況)　河野龍雄 ……………… 1

安徽省長江流域ニ於ケル日本人商工業者ノ活動狀況

安徽省長江流域的日本工商業者活動狀況　今村一郎 ……………… 47

蕪湖、安慶の人口調査

蕪湖、安慶的人口調査　前川利雄 ……………… 207

安徽省に於ける物產出迴取引狀況調査(特に蕪湖、當塗、安慶、蚌埠を中心として)

安徽省物產的流通交易狀況調查(尤其以蕪湖、當塗、安慶、蚌埠爲中心)
　秋山安正 ……………… 321

江西省交通狀況調査

江西省交通狀況調查　松野稔 ……………… 525

(江西省)物產出迴取引狀況

(江西省)物產流通交易狀況　樹野阪治 ……………… 601

第 166 册目録

昭和十四年(1939)調査報告(第36期生)

皮革に就いて

關於皮革　野田久太郎 ……………… 1

漢口市場ニォケル豚毛

漢口市場上的豬鬃　市村克孝 ……………… 59

武漢地方に於ける外人宣教師の活動狀況

武漢地區外國傳教士的活動狀況　古賀六郎 ……………… 161

中支に於ける支那人の對日感情特に武漢を中心として

華中中國人的對日感情——尤其以武漢爲中心　光岡義男 ……………… 265

漢口市場を中心とする漆の調査報告

以漢口市場爲中心的油漆調査報告　江淵薫 ……………………………… 347

湖南省岳陽地方貨幣金融狀況調査

湖南省岳陽地區的貨幣金融狀況調査　松尾勇夫 …………………………… 391

岳陽城人口調査報告

岳陽城人口調査報告　山本尚長 ………………………………………………… 413

廣州市教育狀況

廣州市教育狀況　今西照男 ……………………………………………………… 475

廣州市に於ける第三□權益の特異性

廣州市第三□權益的特異性　大坪正十三 …………………………………… 531

第 167 册目録

昭和十四年 (1939) 調査報告 (第 36 期生)

廣州市に於ける人口の離散及復歸の狀態

廣州市的人口離散及回歸情況　鹿毛政人 ………………………………………… 1

廣州地方物資ノ出迴及取引狀況

廣州地區物資的流通及交易狀況　岡正住 ……………………………………… 73

廣東省ニ於ケル礦產資源ト鐵

廣東省的礦產資源和鐵　西村敏雄 …………………………………………… 169

廣東に於ける支那人の對日感情

廣東中國人的對日感情　土本邦雄 …………………………………………… 239

廣東の貨幣金融

廣東的貨幣金融　高相武彦 …………………………………………………… 273

廣東地方交通狀況

廣東地區交通狀況　古市清 ………………………………………………… 375

廣東ノ生絲

廣東的生絲　田尻親種 ……………………………………………………… 481

海南島金融經濟事情調查報告書

海南島金融經濟情況調查報告書　吉村英助 ………………………………… 541

香港華僑概說

香港華僑概說　下條義克 ……………………………………………………… 613

第 168 册目録

昭和十四年(1939)調査報告(第 36 期生)

香港に於ける支那人の對日感情

香港中國人的對日感情　中山一三 ……………………………………………… 1

香港ニ於ケル日本人商工業者ノ活動狀況

香港日本工商業者的活動情況　宮原正四郎 …………………………………… 49

香港ニ於ケル物產ノ出迴リ及ビ取引狀況

香港土物產的流通及交易狀況　堀深 …………………………………………… 123

香港華僑調査

香港華僑調査　田坂三雄 ………………………………………………………… 247

宣教師ノ活動狀況

傳教士的活動狀況　林正秋 ……………………………………………………… 355

香港に於ける外人權益に就て

關於香港的外國人權益　下垣内王典 …………………………………………… 401

香港及澳門に於ける交通狀況

香港及澳門的交通狀況　橫川武 ………………………………………………… 525

第 169 册目録

昭和十四年(1939)調査報告(第 36 期生)

香港ノ貨幣金融調査

香港貨幣金融調査　大峽一男 …………………………………………………… 1

廣東語一端

廣東話管見　田坂領甫 …………………………………………………………… 109

佛印勞働條件及びCalsを中心としたる一研究

法屬印度支那的勞働條件及以 Cals 爲中心的研究　岡田晃 ……………………… 153

佛領印度支那に於ける對日感情について

法屬印度支那的對日感情　大久保泰 ……………………………………………… 215

印度支那に於ける佛國植民政策の概況

印度支那的法國殖民政策概況　坂東薰 …………………………………………… 297

暹羅に於ける華僑の經濟的地位

暹羅華僑的經濟地位　田中信隆 …………………………………………………… 357

事變下に於ける暹羅華僑の動向

事變爆發後暹羅華僑的動向　河合祝男 …………………………………………… 389

［暹羅華僑調査］

［暹羅華僑調査］　松尾松一郎 …………………………………………………… 421

［暹羅調査］

［暹羅調査］　村岡正三 …………………………………………………………… 473

比島小賣市場に就て

菲律賓的零售市場　中輝雄 ………………………………………………………… 511

アバカ（マニラ麻）産業に就いて

Abaca（蕉麻）産業　松井端 ……………………………………………………… 539

日支事變下に於ける比律賓政府の動向

"日中事變"爆發後菲律賓政府的動向　岡島正 …………………………………… 593

獨立に對する比島人の自覺に就いて

菲律賓人的獨立意識　松木鷲 ……………………………………………………… 633

第 170 册目録

昭和十四年（1939）調査報告（第 36 期生）

　　［フイリッピン華僑調査］

　　［菲律賓華僑調査］　富岡健次 ………………………………………………… 1

比律賓獨立ノ經濟的ニ見タ可能性

從經濟角度觀察菲律賓獨立的可能性　鴨澤二郎 ……………………… 71

［馬來經濟問題］

［馬來經濟問題］　丹田四郎　上野陽 …………………………………… 107

海峽殖民地華僑の政治動向

海峽殖民地華僑的政治動向　小林保　岩間正雄 ………………………… 159

無職者問題チ中心トツタル海峽植民地ニ於ケル勞動問題

海峽殖民地的勞動問題——以無業者爲中心　長田憲一 ………………… 201

昭和十五年（1940）調查報告（第 37 期生）

上海租界內に於ける支那大學の現狀

上海租界內中國大學的現狀　橋坂隼登 …………………………………… 249

天津紡績業の現狀

天津紡織業的現狀　佐古廣利 ……………………………………………… 305

河北省を中心とする華北交通建設、建設事業概況

以河北省爲中心的華北交通建設、建設事業概況　金井正次 …………… 427

河北省に於ける教育狀況

河北省的教育狀況　風間金丸 ……………………………………………… 551

第 171 册目録

昭和十五年（1940）調查報告（第 37 期生）

北京に於ける絨氈工業

北京的地毯工業　日野原朝典 ……………………………………………… 1

河北省定縣の財政

河北省定縣的財政　齋藤保夫 ……………………………………………… 169

北支那經濟開發卜日支合作問題ニ就テ（一）

華北經濟開發與日中合作問題（一）　阿部善種 ………………………… 291

北支那經濟開發卜日支合作問題ニ就テ(二)

華北經濟開發與日中合作問題(二)　阿部善種 ……………………………… 411

北支那經濟開發卜日支合作問題ニ就テ(三)

華北經濟開發與日中合作問題(三)　阿部善種 ……………………………… 543

北支に於ける自動車交通に就いて

華北的汽車交通　蜂巢一郎 …………………………………………………… 677

第 172 册目録

昭和十五年(1940)調査報告(第 37 期生)

我が興亞政策の在支發展狀況

我國興亞政策的在華發展狀況　松坂賢 ………………………………………… 1

山西省教育復興狀況

山西省教育復興狀況　柴田武夫 ……………………………………………… 73

大同を中心とする晉北地方の交通

以大同爲中心的晉北地區交通　平田文次 …………………………………… 123

山西省陽曲縣に於ける財政

山西省陽曲縣的財政　村井光三 ……………………………………………… 187

事變前後に於ける山東紡績業に就いて

事變前後的山東紡織業　緒方正己 …………………………………………… 305

山東省貨幣金融狀況

山東省貨幣金融狀況　前山博延 ……………………………………………… 513

第 173 册目録

昭和十五年(1940)調査報告(第 37 期生)

蒙疆に於けるカトリック教勢

蒙疆的天主教　加藤咨郎 ………………………………………………………… 1

蒙疆に於ける通貨金融事情

蒙疆的貨幣金融情況　江藤茂樹 ……………………………………………… 59

戰後ノ蒙疆ニ於ケル物資出迴狀況

戰後蒙疆的物資流通狀況　吉田善次 ……………………………………… 147

蒙疆の戰後復興狀況

蒙疆的戰後復興狀況　八木了彦 …………………………………………… 337

杭州嘉興に於ける民船に就いて

杭州嘉興的民船　立花正平 ………………………………………………… 389

杭州に於ける工業

杭州的工業　石崎三郎 ……………………………………………………… 475

浙江省教育施設復興狀況に就いて

關於浙江省教育設施的復興　今村俊一 …………………………………… 559

第 174 册目録

昭和十五年 (1940) 調査報告 (第 37 期生)

杭州市地理調査

杭州市地理調査　宮木得行 ……………………………………………………… 1

江南地方に於ける民船

江南地區的民船　尋木愼一郎 …………………………………………………… 81

江蘇省內各都市の耶蘇教 (新教) を中心とする外人活動狀況

江蘇省內各城市以基督教 (新教) 爲中心的外國人活動狀況　松浦春男 …… 149

[浙江民船]

[浙江民船]　平田剛 …………………………………………………………… 255

杭州を中心とする貨幣金融狀況

以杭州爲中心的貨幣金融情況　井原雄治 …………………………………… 323

杭州に於ける主要紡績工業

杭州的主要紡織工業　森口薰 ………………………………………………… 421

湖州を中心とする商業調査

以湖州爲中心的商業調査　井上道高 ………………………………………… 589

事變後に於る安慶都市事情

事變爆發後安慶城市的情況　西山泰元 ·· 669

第 175 册目録

昭和十五年(1940)調査報告(第 37 期生)

安徽省の地方財政

安徽省的地方財政　吉村健次 ·· 1

安徽省に於ける礦產資源について

安徽省的礦產資源　吉本正男 ·· 43

安徽省に於ける商業及び商品について

安徽省的商業及商品　前田知德 ·· 87

安徽省の金融狀況(蕪湖を中心として)

安徽省的金融狀況(以蕪湖爲中心)　望月伸佐 ································· 195

安徽省蕪湖に於ける物資の出迴狀況(その輸送問題を中心として)

安徽省蕪湖的物資流通狀況(以運輸問題爲中心)　安藤公一 ·········· 245

中支に於ける棉花の生產並に分佈狀態

華中棉花的生產及分佈狀況　深堀吉郎 ··· 297

長江流域の麻

長江流域的麻　森博民 ··· 327

事變前後に於ける九江の工業を見る

對事變爆發前後九江工業的觀察　兒島駒吉 ···································· 411

江西省に於ける物資出迴り狀況

江西省的物資流通狀況　橫井秀信 ·· 485

南京を中心とする商品出迴りと其の統制に關する調査

以南京爲中心的商品流通及其管制方面的調查　宮脇彌七 ·············· 587

第 176 册目録

昭和十五年(1940)調査報告(第37期生)

興亞政策に於ける在支日本人の發展狀況

在華日本人在興亞政策下的發展狀況　田坂豊 …………………………………… 1

華中水電現況

華中水電現狀　田原勢典 ………………………………………………………… 105

漢口市場を中心とする湖北省の棉花に就いて

湖北省的棉花——以漢口市場爲中心　蘆澤實 ………………………………… 199

支那事變と漢口の物資

"中國事變"與漢口的物資　中村文雄 …………………………………………… 315

漢口に於ける商業調査

漢口的商業調査　淺野榮市 ……………………………………………………… 391

事變後の武漢三鎮を中心とした一般地理概況

事變後以武漢三鎮爲中心的一般地理概況　竹內馨 …………………………… 437

中支に於ける國策會社に就いて

華中的國策會社　佐藤勇 ………………………………………………………… 545

武漢に於ける教育復興狀況

武漢的教育復興情況　清水廣 …………………………………………………… 615

第 177 册目録

昭和十五年(1940)調查報告(第37期生)

廣東に於ける我が興亞政策の政治的經濟的發展

我國興亞政策在廣東政治經濟上的發展　森茂樹 ……………………………… 1

廣州市財政調查

廣州市財政調查　谷本忍 ………………………………………………………… 109

廣東省の貨幣金融に就いて

關於廣東省的貨幣金融　岡崎俊廣　三苫收 …………………………………… 169

廣東の戰後狀況

廣東的戰後狀況　藤村敬三 ……………………………………………………… 257

廣州地方物產の出迴及取引狀況

廣州地區物產的流通及交易狀況　宮野靜夫　瀧田實 …………………… 337

海南島の交通に就きて

海南島的交通　仲田茂 ………………………………………………………… 441

廣東に於ける貨幣金融狀況

廣東的貨幣金融狀況　山本貞文 ……………………………………………… 507

澳門に於ける教育狀況

澳門的教育狀況　赤堀清 ……………………………………………………… 619

第 178 册目録

昭和十六年 (1941) 調査報告 (第 38 期生)

上海共同租界警察機構に就いて

上海公共租界的警察機構　古橋賢次 ………………………………………… 1

上海居留民團の沿革に就いて

上海居留民團的歷史　原田留吉 ……………………………………………… 61

上海市中央市場に就いて

上海市中央市場　森五郎 ……………………………………………………… 121

事變後の北支鐵道に就いて

事變後的華北鐵路　山根良男 ………………………………………………… 173

合會の研究

合會的研究　稻野達郎 ………………………………………………………… 221

天津の工業に就いて

天津的工業　大森茂 …………………………………………………………… 429

北支の金融に就いて

華北的金融　森脇優登 ………………………………………………………… 509

河北省を中心とする華北自動車交通に就いて

以河北爲中心的華北汽車交通　松本鎭夫 …………………………… 561

包頭に於ける當鋪の研究

對包頭當鋪的研究　荒木茂　森精市 …………………………… 601

第 179 册目録

昭和十六年 (1941) 調査報告 (第 38 期生)

山西省の鐵道に就いて

山西省的鐵路　奥野重雄 …………………………… 1

山西省の教育に就いて

山西省的教育　高橋克夫 …………………………… 37

特別圓の性格と圓爲替集中制に就いて

特別圓的性質與圓匯兌集中制　有野芳郎 …………………………… 121

太原に於ける績布マニュに就いて

太原織布指南　藏岡習志 …………………………… 151

北支居留民團及び居留民會に關する調査

對華北居留民團及居留民會的調査　樋藤軍二　木村正三 …………………………… 229

山東省の教育復興狀況に就いて

山東省的教育復興狀況　坂井一 …………………………… 375

青島を中心とする日系煙草會社と英米トラストとの商業的角逐に就いて

以青島爲中心的日本煙草公司與英美煙草公司之間的商業角逐　永江和夫 … 457

第 180 册目録

昭和十六年 (1941) 調査報告 (第 38 期生)

青島に就いて

關於青島　山本君平 …………………………… 1

青島港を中心とする民船業に就いて

以青島港爲中心的民船業　岡田孝之 …………………………… 101

青島工業一般狀況

青島工業的大概狀況　齋藤裕三 ································· 207

厚和に於ける絨毯業

厚和的地毯業　秋貞健一 ································· 327

民族運動より見たる喇嘛に就いて

從民族運動的角度看喇嘛　中條康彰 ································· 411

蒙疆に於ける學校教育の現狀に就いて

蒙疆學校教育的現狀　尾藤昇 ································· 459

薩拉齊縣に就いて

關於薩拉齊縣　白井秀夫 ································· 517

鎮江縣の縣政に就いて

鎮江縣的縣政　山本隆 ································· 557

第 181 册目録

昭和十六年(1941)調査報告(第 38 期生)

江蘇省昆山縣を中心とせる物資の出迴り並に統制に就いて

以江蘇省昆山縣爲中心的物資流通及管制　岡幸雄　瀧石彰一 ···················· 1

昆山縣に於ける教育復興狀況

昆山縣的教育復興　山谷儔 ································· 111

江蘇省昆山縣の縣政に就いて

江蘇省昆山縣的縣政　久保田太郎 ································· 137

南京、蘇州を中心としたる支那側學校教育に就いて

中國人的學校教育——以南京、蘇州爲中心　山田順造 ··················· 241

南京、蘇州を中心とせる歐米人の教育事業復興狀況

歐美人教育事業的復興——以南京、蘇州爲中心　鈴木隆康 ··················· 451

鎮江縣に於ける教育復興狀況

鎮江縣的教育復興狀況　道旗林三郎 ································· 527

鎮江金融狀況

鎮江金融狀況　鈴木信 ·· 575

杭州市を中心とする經濟地理

以杭州市爲中心的經濟地理　新井寶雄 ······················· 613

第 182 册目録

昭和十六年(1941)調查報告(第 38 期生)

杭州市を中心とする浙江省交通一般狀況

浙江省交通的大概狀況——以杭州市爲中心　武藤義一 ·············· 1

蕪湖の土布工業に就いて

蕪湖的土布工業　小林三郎 ·································· 125

安徽省の教育狀況

安徽省的教育狀況　山崎正春 ································ 141

安徽省の政治概況

安徽省的政治概況　笠坊乙彦 ································ 243

事變前に於ける江西省行政制度概略と戰後の推移に就いて

事變前江西省行政制度概況及戰後的發展　泉澤尚太郎 ············ 389

景德鎮陶磁器の商業的調査

景德鎮陶磁器的商業調査　河本忠司 ·························· 453

南昌縣の財政

南昌縣的財政　尾形明 ······································ 483

戰時下に於ける九江の米穀に就いて

戰時九江的糧食問題　荒木勇 ································ 561

九江縣に於ける教育復興狀況

九江縣的教育復興狀況　工藤良憲 ···························· 605

第 183 册目録

昭和十六年(1941)調査報告(第38期生)

江西省德安縣の財政に就いて
江西省德安縣的財政　白子三郎 ………………………………………………………… 1

南昌方面に於ける物資出迴狀況に就いて
南昌方面的物資流通狀況　大脇秀次 ………………………………………………… 35

南昌に於ける工業に就いて
南昌的工業　清水健次郎 ……………………………………………………………… 63

南昌に於ける支那家族の組織に就いて
南昌中國家庭的組織　松本正 ………………………………………………………… 119

支那農村金融に於ける賴母子講
中國農村金融中的標會　宮原一 ……………………………………………………… 165

漢口の人口問題
漢口的人口問題　加藤幸男 …………………………………………………………… 173

湖北省棉花事情
湖北省的棉花情況　松下京平 ………………………………………………………… 229

湖北省各縣地方財政
湖北省各縣地方財政　平井勉 ………………………………………………………… 301

漢口に於ける金融調査
漢口的金融調査　青木繁男 …………………………………………………………… 405

漢口特別市政府の財政に就いて
漢口特別市政府的財政　荻原義久 …………………………………………………… 433

居留民團の調査
居留民團的調査　青柳星美 …………………………………………………………… 487

第 184 册目録

昭和十六年 (1941) 調査報告 (第 38 期生)

武漢工業調査
武漢工業調査　小澤潤一郎 ……………………………………………………… 1

湖北省漢陽縣縣政調査
湖北省漢陽縣縣政調査　宮坂喜雄 ……………………………………………… 89

武昌縣の縣政に就いて
武昌縣的縣政　三枝重雄 ………………………………………………………… 143

武漢地區の交通に就いて
武漢地區的交通　友野裕 ………………………………………………………… 213

武漢三鎭に於ける主要工業調査
對武漢三鎭主要工業的調査　安藤健吉 ………………………………………… 273

武漢を中心としたる湖北省教育調査
以武漢爲中心的湖北省教育調査　橋本清 ……………………………………… 405

漢口地方の物資交流と合作社に就いて
漢口地區的物資交流與合作社　窪田元次郎 …………………………………… 525

第 185 册目録

昭和十六年 (1941) 調査報告 (第 38 期生)

事變後の漢口市政に就いて
事變後的漢口市政　松崎茂夫 …………………………………………………… 1

漢口特別市に於ける教育復興狀況
漢口特別市的教育復興狀況　青山貢 …………………………………………… 77

湖北省々政調査
湖北省省政調査　井上俊一郎 …………………………………………………… 145

咸甯縣、蒲圻縣、岳陽縣及新堤縣地方の戰後狀況
咸甯縣、蒲圻縣、岳陽縣及新堤縣地區的戰後狀況　殿塚隆治 ………………… 197

廈門に於ける紙箔工業

廈門的紙箔工業　田尻泰正 ……………………………………………………………… 257

廈門の教育狀況（附鼓浪嶼教育狀況）

廈門的教育狀況（附鼓浪嶼教育狀況）　細豐治 ……………………………… 325

廈門に於ける米粉業

廈門的米粉業　伏木清吉 ………………………………………………………………… 387

廈門の貨幣金融及び華僑に就いて

廈門的貨幣金融及華僑　皿谷伊勢男 …………………………………………………… 567

第 186 册目録

昭和十六年（1941）調查報告（第 38 期生）

廈門人口問題に就いて

廈門的人口問題　高田武 ………………………………………………………………… 1

閩江流域の經濟に就いて

關於閩江流域的經濟　原田留吉 ………………………………………………………… 57

廈門の教育狀況

廈門的教育狀況　藤原敏夫 ……………………………………………………………… 87

廈門市商會の現狀に就いて（附廈門の貿易及び物資出迴狀況）

廈門市商會的現狀（附廈門貿易及物資流通狀況）　岡部賢一 ……………… 175

汕頭地方出身華僑最近の動向

汕頭籍華僑最近之動向　高屋孝之 ……………………………………………………… 245

汕頭市潮安縣、潮陽縣各地の教育狀況

汕頭市潮安縣、潮陽縣各地的教育狀況　三上量三郎 ……………………… 321

汕頭の錢莊に就いて

汕頭的錢莊　阿部博光 …………………………………………………………………… 403

廣州對外貿易事情

廣州對外貿易情況　鶴田正男 …………………………………………………………… 455

廣東地方の水上交通

廣東地區的水上交通　西村正介 ……………………………………… 485

廣東、香港商業ルートの現狀

廣東、香港商業渠道的現狀　木圧彌三旺 …………………………… 543

蚌埠皮革工業事情

蚌埠皮革工業情況　白柳義一…………………………………………… 599

第 187 册目録

昭和十六年（1941）調查報告（第 38 期生）

廣東貨幣金融調查

廣東貨幣金融調查　鹿又秀一…………………………………………… 1

廣東地方の交通に就いて

廣東地區的交通　池田陽二郎 ………………………………………… 103

廣東の居留民團に就いて

廣東的居留民團　新角俶郎 …………………………………………… 201

廣東省の教育に就いて

廣東省的教育　本鄉正雄 ……………………………………………… 281

廣東省に於けるタングステン取引狀況

廣東省的鎢交易狀況　綱木正昌 ……………………………………… 347

廣東地方に於ける米に就いて

廣東地區的大米　山領康夫…………………………………………… 417

廣東に於ける象牙業に就いて

廣東的象牙業　中島秀孝 ……………………………………………… 479

廣東の土布工業に就いて

廣東的土布工業　山口榮……………………………………………… 521

第 188 册目録

昭和十七年（1942）調查報告（第 39 期生）

主要都市に於ける金融機關及通貨の現狀

主要城市的金融機構及貨幣的現狀　高橋昇治　奧田隆春　黑木正吉⋯⋯⋯⋯ 1

包頭に於ける蒙古業（包頭市の經濟的機能の分析）

包頭的蒙古業（包頭市的經濟功能之分析）　佐藤泰司　高田宣夫　坂下雅章
　大島新吾 ⋯⋯⋯⋯⋯⋯⋯⋯⋯⋯⋯⋯⋯⋯⋯⋯⋯⋯⋯⋯⋯⋯⋯⋯⋯⋯⋯ 19

純蒙地域政治建設狀況

純蒙地域政治建設狀況　中村輝美　大江勝　吉田偉三　秋元伸一⋯⋯⋯⋯ 127

華北方面政治建設狀況調查報告書

華北方面政治建設狀況調查報告書　中村輝美　吉田偉三　大江勝
　秋元伸一 ⋯⋯⋯⋯⋯⋯⋯⋯⋯⋯⋯⋯⋯⋯⋯⋯⋯⋯⋯⋯⋯⋯⋯⋯⋯⋯⋯ 239

太原に於ける糧行につきて

太原的糧行　日野茂樹　內丸五典　宇佐美和彦　小野良章⋯⋯⋯⋯⋯⋯⋯ 277

華北に於ける政治建設狀況（新民會工作を中心として）

華北的政治建設狀況（以新民會工作爲中心）　福田經　德永速美　立見章三
　田沼菊彌　齊藤忠夫　松城弘⋯⋯⋯⋯⋯⋯⋯⋯⋯⋯⋯⋯⋯⋯⋯⋯⋯⋯ 407

北支政治建設

華北政治建設　富田定　平木義高　高宮敬⋯⋯⋯⋯⋯⋯⋯⋯⋯⋯⋯⋯⋯⋯ 471

第 189 册目録

昭和十七年（1942）調查報告（第 39 期生）

都市の經濟的機能の分析（石門）

城市的經濟功能分析（石門）　石丸俊雄　真下九五雄　古本祝　溝上慶治 ⋯ 1

支那に於ける現在の政治建設狀況

中國當前的政治建設狀況　阿部弘⋯⋯⋯⋯⋯⋯⋯⋯⋯⋯⋯⋯⋯⋯⋯⋯⋯⋯ 103

支那に於ける政治建設の狀況

中國政治建設狀況　坂本浩 ·· 159

北京を中心とした駱駝業の調査

對以北京爲中心的駱駝業的調查　西澤信男　中村益士　唐川博 ·········· 191

北京語補助動詞の研究

北京話補助動詞的研究　湊保　金丸一夫　宗方健二郎　絲谷禮輔 ·········· 261

天津舊英國租界

天津舊英租界　廣長敬太郎 ·· 383

新政權治下に於ける教育建設狀況

新政權管理下的教育建設狀況　凵田靜夫　橫田文眞　大久保啟三　鵜飼達哉

　杉山恭衛 ·· 609

第190册目録

昭和十七年(1942)調查報告(第39期生)

燕郊鎮の概略

燕郊鎮概況　芹澤五郎　內倉三郎　小島和雄 ···························· 1

大東亞戰爭の中國人並に在支外人に與へし影響

"大東亞戰爭"對中國人及在華外國人的影響　松尾七郎　石丸岩夫

　鈴木吉之　久保徹之 ·· 163

都市の經濟機能の分析

城市的經濟功能分析　三浦良男　岡秀彥　渡邊卓郎 ···················· 281

安慶の救濟事業

安慶的救濟事業　東輝夫 ·· 429

人民團體

人民團體　蜷木定輝　土田正治 ·· 481

第 191 册目録

昭和十七年(1942)調査報告(第 39 期生)

漢口地方の輕工業に就いて
漢口地區的輕工業　大森史郎　鈴木良介 ……………………………………… 1

漢口を中心とする棉花蒐荷制度
以漢口爲中心的棉花收購制度　緒方正義　安藤資郎　村田裕彦 …………… 103

農村生産物の蒐荷制度(蕪湖の米)
農村生産品的收購制度(蕪湖大米)　村田裕彦　安藤資郎　緒方正義 …… 185

北支、中支政治建設の狀況について
華北、華中政治建設狀況　阿久津房治　小野桂　門田功 …………………… 285

蘇州並びに蚌埠に於ける金融機關と通貨の現狀
蘇州及蚌埠的金融機構和貨幣現狀　百瀬源　田中市松　秋山征士
瀧本一夫 ……………………………………………………………………… 385

第 192 册目録

昭和十七年(1942)調査報告(第 39 期生)

英米在支權益の大東亞戰爭後に於ける歸趨
"大東亞戰爭"後英美在華權益的走向　佐伯朝春　玉村三夫 ………………… 1

清鄉工作及純正國民黨
清鄉工作及純正國民黨　堀口博國　北村清八郎　清野幸雄　岩尾諄一 …… 99

無錫縣々政調査
無錫縣縣政調査　宇佐忠人　楠井晃 …………………………………………… 211

寧波地方調査報告:錫箔業及び經濟一般事情
寧波地區調査報告:錫箔業及經濟的一般情況　馬殿幸次郎　賀來揚子郎 … 283

增産と蒐荷對策(華北棉)
增産和收購措施(華北棉花)　今田章　藤村正輝　綿引喜之 ………………… 315

杭州附近を中心とする棉花の蒐荷制度及一般棉花状況

以杭州周邊爲中心的棉花收購制度及棉花的一般情況　今田章　藤村正輝

　綿引喜之 ……………………………………………………… 357

花行の沿革と棉花一般銷流經路及北支棉花增產機構一覽表

花行的歷史和棉花一般經銷路徑及華北棉花增產機構一覽表　今田章

　藤村正輝　綿引喜之 …………………………………………… 431

杭州許氏祠堂、蘇州潘氏祠堂調査報告書

杭州許氏祠堂、蘇州潘氏祠堂調査報告書　乾正己　織本健二郎

　駒井輝男 ……………………………………………………… 457

第 193 册目録

昭和十七年(1942)調査報告(第 39 期生)

天津と中支間の經濟關係

天津與華中的經濟關係　鹿島達也　藤本博　中山節夫　中西芳一

　佐味謙太郎　蔭山恒義 ……………………………………………… 1

大東亞戰爭の中國人並に與へし影響

"大東亞戰爭"對一般中國人的影響　中山喜久藏　清水一夫　牧廣

　內山敬忠 ……………………………………………………… 199

滿洲國北安省綏稜縣第三次開拓團瑞穗村

"滿洲國"北安省綏稜縣第三次開拓團瑞穗村　松野谷夫　岡本健　高原茂美

　杉本出雲 ……………………………………………………… 269

英國皇領植民地時代に於ける香港の經濟機構(貿易　附皇軍佔領後の建設狀態)

英國殖民地時代的香港經濟機構(貿易　附日軍佔領後的建設狀態)

　田中卓也　小松秀吉　日野晃　重松盛二 ……………………… 357

第七次七虎力開拓團調査報告

第七次七虎力開拓團調査報告　星久次　深澤邦基　小野敏平 …………… 463

昭和十八年（1943）調査報告（第 40 期生）

（太倉）家族制度

（太倉）家族制度　山尾照芳 ‥‥‥‥‥‥‥‥‥‥‥‥‥‥‥‥‥‥‥‥ 595

（太倉）人口

（太倉）人口　山尾照芳 ‥‥‥‥‥‥‥‥‥‥‥‥‥‥‥‥‥‥‥‥‥‥‥ 609

太倉縣の沿革及び自然

太倉縣的歷史和自然　片岡正一‥‥‥‥‥‥‥‥‥‥‥‥‥‥‥‥‥‥‥ 623

第 194 册目録

昭和十八年（1943）調査報告（第 40 期生）

（太倉）縣政調査

（太倉）縣政調査　關屋重政 ‥‥‥‥‥‥‥‥‥‥‥‥‥‥‥‥‥‥‥‥‥ 1

（太倉）經濟（工業調査）

（太倉）經濟（工業調査）　久保田穰 ‥‥‥‥‥‥‥‥‥‥‥‥‥‥‥‥ 51

太倉縣下の訓練、出版物、宣傳及宗教

太倉縣的訓練、出版物、宣傳及宗教　山本孝雄 ‥‥‥‥‥‥‥‥‥‥‥ 75

（太倉）治安調査

（太倉）治安調査　內倉吉憲 ‥‥‥‥‥‥‥‥‥‥‥‥‥‥‥‥‥‥‥‥ 235

（丹陽）宗教

（丹陽）宗教　柘植大六 ‥‥‥‥‥‥‥‥‥‥‥‥‥‥‥‥‥‥‥‥‥‥ 279

丹陽縣清鄉工作黨務概況

丹陽縣清鄉工作黨務概況　川崎謙吉 ‥‥‥‥‥‥‥‥‥‥‥‥‥‥‥‥ 301

丹陽縣雙廟鄉史家村及同縣中仙鄉韋家坂に關する社會的考察一斑

對丹陽縣雙廟鄉史家村及同縣中仙鄉韋家坂的社會考察之一斑

　宮田一郎 ‥‥‥‥‥‥‥‥‥‥‥‥‥‥‥‥‥‥‥‥‥‥‥‥‥‥‥‥ 357

（丹陽）金融調査報告書（附通貨・物價）

（丹陽）金融調査報告（附貨幣、物價）　丸川辰生 ‥‥‥‥‥‥‥‥‥ 377

丹陽縣縣政調查報告

丹陽縣縣政調查報告　松田又一 ⋯⋯⋯⋯⋯⋯⋯⋯⋯⋯⋯⋯ 427

丹陽縣金融調查報告書

丹陽縣金融調查報告書　田中重信 ⋯⋯⋯⋯⋯⋯⋯⋯⋯⋯⋯⋯ 479

丹陽縣

丹陽縣　南里誠治 ⋯⋯⋯⋯⋯⋯⋯⋯⋯⋯⋯⋯⋯⋯⋯⋯⋯⋯⋯ 553

丹陽工業實態調查報告書

丹陽工業現狀調查報告書　甲斐照敏 ⋯⋯⋯⋯⋯⋯⋯⋯⋯⋯⋯⋯ 567

第 195 册目録

昭和十八年(1943)調查報告(第 40 期生)

(丹陽)文化宣傳、訓練、出版物

(丹陽)文化宣傳、訓練、出版物　丸尾忍 ⋯⋯⋯⋯⋯⋯⋯⋯⋯ 1

吳縣方言調查

吳縣方言調查　藤田信弘 ⋯⋯⋯⋯⋯⋯⋯⋯⋯⋯⋯⋯⋯⋯⋯⋯ 29

吳縣史地

吳縣史地　寺澤衛 ⋯⋯⋯⋯⋯⋯⋯⋯⋯⋯⋯⋯⋯⋯⋯⋯⋯⋯ 109

吳縣縣政

吳縣縣政　林勳 ⋯⋯⋯⋯⋯⋯⋯⋯⋯⋯⋯⋯⋯⋯⋯⋯⋯⋯⋯ 181

吳縣に於ける蒐荷及び配給調查報告大要(前篇)

吳縣的收購及配給調查報告概要(前篇)　松本和夫 ⋯⋯⋯⋯⋯ 269

吳縣教育、宗教調查報告

吳縣教育、宗教調查報告　橋本富士雄 ⋯⋯⋯⋯⋯⋯⋯⋯⋯⋯ 345

吳縣楓橋鎮內諸部落の社會的考察

吳縣楓橋鎮內各部落的社會考察　下隱登喜吉 ⋯⋯⋯⋯⋯⋯⋯ 395

吳縣ニ於ケル政治指導

吳縣的政治指導　加藤和 ⋯⋯⋯⋯⋯⋯⋯⋯⋯⋯⋯⋯⋯⋯⋯ 441

吳縣金融調查報告

吳縣金融調查報告　北村求 ·· 495

第 196 册目録

昭和十八年(1943)調査報告(第40期生)

蘇州工業調查報告

蘇州工業調查報告　谷山善夫 ··· 1

南通縣工業調查報告書

南通縣工業調查報告書　川村實 ·· 25

(南通)經濟

(南通)經濟　齋藤鐵彌 ··· 137

(南通)習俗言語一般

(南通)習俗語言梗概　高木芳郎 ··· 237

南通蒐荷配給

南通的收購及配給　小川清 ·· 245

南通教育調查報告書

南通教育調查報告書　石橋達郎 ·· 389

司法報告書(南通　第二部)

司法報告書(南通　第二部)　平尾尚 ·· 481

財政報告書(南通　第二部)

財政報告書(南通　第二部)　平尾尚 ·· 507

蘇北清鄉工作南通特別區行政調查報告

蘇北清鄉工作南通特別區行政調查報告　佐藤金人 ························ 557

第 197 册目録

昭和十八年(1943)調查報告(第40期生)

南通經濟班蒐荷配給ノ二

南通經濟班收購及配售之二　赤司武夫 ·· 1

支那家族制度

中國的家族制度　有野芳郎 ……………………………………………… 29

常熟縣集荷配給機構について

常熟縣收購及配給機構　金海政秀 ………………………………………… 71

(常熟)經濟──集荷及ビ配給ニツイテ

(常熟)經濟──收購及配給　吉澤仁 …………………………………… 257

常熟縣縣政調査

常熟縣縣政調査　龜井壯介 …………………………………………………… 263

常熟縣に於ける統制經濟ノ現況

常熟縣統制經濟的現狀　早瀬次雄 ………………………………………… 355

支那社會の實證的研究

中國社會的實證性研究　堤徹 ………………………………………………… 395

常熟縣金融機關調査報告

常熟縣金融機構調査報告　川崎濱太郎 …………………………………… 533

第 198 册目録

昭和十八年 (1943) 調査報告 (第 40 期生)

(常熟)人口ニ關スル報告

(常熟)人口的報告　吉川一郎 ……………………………………………… 1

常熟ニ於ケル金融 (通貨・物價)

常熟的金融 (貨幣、物價)　永野巖 ……………………………………… 41

[常熟言語、習俗]

[常熟語言、習俗]　小中清 ………………………………………………… 69

常熟縣教育調査報告

常熟縣教育調査報告　大屋英夫　數野泰吉 ……………………………… 81

常熟縣司法調査要綱

常熟縣司法調査綱要　馬場重定 …………………………………………… 149

（常熟）史地

（常熟）史地　高瀨恒一 ……………………………………………… 157

江蘇省常熟縣財政調查

江蘇省常熟縣財政調查 …………………………………………………… 167

（泰縣）治安

（泰縣）治安　黑澤貞夫　菅野俊作 ……………………………………… 289

泰縣に於ける宣傳調查報告

泰縣的宣傳調查報告　井澤寬 …………………………………………… 327

（泰縣）金融、物價調查報告

（泰縣）金融、物價調查報告　藤井芳彦 ………………………………… 343

泰縣宗教調查報告

泰縣宗教調查報告　秋山善三郎 ………………………………………… 387

泰縣方言調查報告

泰縣方言調查報告　秋山善三郎 ………………………………………… 439

泰縣人口家族制度

泰縣人口家族制度　峰岸慶六 …………………………………………… 457

江蘇省泰縣財政調查報告書

江蘇省泰縣財政調查報告書　清水好孝 ………………………………… 469

統制經濟

統制經濟　尾藤勝彦 ……………………………………………………… 475

（揚州）人口、家族制度

（揚州）人口、家族制度　高久七郎　今江壽孝 ………………………… 487

江都縣治安調查報告一部

江都縣治安調查報告一部　吉田正夫 …………………………………… 513

江都縣宗教

江都縣宗教　花井清二良 ………………………………………………… 547

江都縣鄉土藝術

江都縣鄉土藝術　花井清二良 ……………………………………… 583

江都縣經濟（集配）

江都縣經濟（收購及配給）　花井清二良　原田正人 …………… 603

第 199 册目録

昭和十八年（1943）調查報告（第 40 期生）

楊莊の社會的考察

楊莊的社會考察　增山惠三　江崎春太郎 ……………………………… 1

江都縣金融通貨物價概況

江都縣金融貨幣物價概況　柴田敏之 …………………………………… 33

（江都）風俗

（江都）風俗　小松康宏 …………………………………………………… 65

（江都）言語

（江都）語言　小松康宏 …………………………………………………… 71

江都縣行政組織

江都縣行政組織　鈴木俍 ………………………………………………… 81

江都縣に於ける教育概況

江都縣的教育概況　伊藤茂 ……………………………………………… 107

江都縣財政調查

江都縣財政調查　菊野幸夫 ……………………………………………… 129

（無錫）縣政調查報告

（無錫）縣政調查報告　中村信 ………………………………………… 135

無錫の金融機關について

無錫的金融機構　加藤美治 ……………………………………………… 175

無錫地區に於ける蒐荷及び配給の現況

無錫地區的收購及配給現狀　高曰富佐雄 …………………………… 235

無錫に於ける言語並に習俗

無錫的語言和習俗　田坂博能 ·· 261

（無錫）訓練、宣傳、出版物

（無錫）訓練、宣傳、出版物　山本福三 ···························· 315

無錫鄉土藝術

無錫鄉土藝術　市河正和 ·· 367

（崇明島）史地

（崇明島）史地　原不二郎　原英一 ·································· 385

崇明島金融調査報告書

崇明島金融調査報告書　笹田和夫 ···································· 411

崇明島調査班宗教調査報告

崇明島調査班宗教調査報告　青木正視 ································ 443

［崇明に於ける行政］

［崇明的行政］　高本恒男 ·· 477

崇明島教育調査報告

崇明島教育調査報告　比嘉定雄 ·· 525

［崇明島］

［崇明島］　河岡洋一 ·· 595

崇明島社會構成及ビ職業團體

崇明島社會結構及職業團體　藤井孝一 ································ 679

（崇明島）配給

（崇明島）配給　西多喜雄 ·· 711

第 200 册目録

昭和十八年（1943）調査報告（第 40 期生）

崇明島蒐荷調査報告書（二）

崇明島收購調査報告書（二）　高遠三郎 ································ 1

崇明政治班（財政）

崇明政治班（財政）　笠川幸雄 …………………………………………　47

崇明班治安調査

崇明班治安調査　柿崎守悌 ……………………………………………　101

崇明島の工業調査

崇明島的工業調査　小倉義信 …………………………………………　125

常州の金融機關

常州的金融機構　本里明 ………………………………………………　179

江蘇省武進縣教育調査報告書

江蘇省武進縣教育調査報告書　立上良美 ……………………………　237

（武進）訓練、宣傳、出版物

（武進）訓練、宣傳、出版物　宮本幹男 ………………………………　313

武進班（宗教篇）

武進班（宗教篇）　工藤俊一 …………………………………………　349

武進縣言語習俗調査報告

武進縣語言習俗調査報告　赤澤修二 …………………………………　377

（武進縣）人口、家族制度

（武進縣）人口、家族制度　向野貴文 …………………………………　427

武進縣に於ける統制經濟

武進縣的統制經濟　蒲池博 ……………………………………………　453

［武進史地］

［武進史地］　長島一夫 ………………………………………………　535

蘇北清鄉視察記

蘇北清鄉視察記　奥野珠雄 ……………………………………………　565

江蘇省海門縣言語調査報告

江蘇省海門縣語言調査報告　松尾長 …………………………………　585

索　引

篇名索引

0001 Abaca(蕉麻)產業

　　松井端　昭和十四年(1939)　第169冊　第539頁

A

0002 阿部博光旅行日誌

　　阿部博光　昭和十六年(1941)　第二十六班　第67冊　第175頁

0003 阿部弘旅行日誌

　　阿部弘　昭和十七年(1942)　第十班　第69冊　第465頁

0004 阿部善種旅行日誌

　　阿部善種　昭和十五年(1940)　河北第二班　第59冊　第163頁

0005 阿部勝正旅行日誌

　　阿部勝正　昭和八年(1933)　第二十五卷　第49冊　第465頁

0006 阿城縣調查

　　加藤雄一郎、新崎盛良　昭和八年(1933)　第九卷第一編　第142冊　第481頁

0007 阿久津房治旅行日誌

　　阿久津房治　昭和十七年(1942)　第二十五班　第72冊　第293頁

0008 安東的柞蠶、木材交易習慣

　　稻城勝　昭和三年(1928)　第一卷第五編　第96冊　第599頁

0009 安徽省長江流域的日本工商業者活動狀況

　　今村一郎　昭和十四年(1939)　第165冊　第47頁

0010 安徽省的地方財政

　　　吉村健次　昭和十五年(1940)　第 175 冊　第 1 頁

0011 安徽省的教育狀況

　　　山崎正春　昭和十六年(1941)　第 182 冊　第 141 頁

0012 安徽省的金融狀況(以蕪湖爲中心)

　　　望月伸佐　昭和十五年(1940)　第 175 冊　第 195 頁

0013 安徽省的礦產資源

　　　吉本正男　昭和十五年(1940)　第 175 冊　第 43 頁

0014 安徽省的商業及商品

　　　前田知德　昭和十五年(1940)　第 175 冊　第 87 頁

0015 安徽省的政治概況

　　　笠坊乙彥　昭和十六年(1941)　第 182 冊　第 243 頁

0016 安徽省蕪湖的物資流通狀況(以運輸問題爲中心)

　　　安藤公一　昭和十五年(1940)　第 175 冊　第 245 頁

0017 安徽省物產的流通交易狀況調查(尤其以蕪湖、當塗、安慶、蚌埠爲中心)

　　　秋山安正　昭和十四年(1939)　第 165 冊　第 321 頁

0018 安南人的生活狀態

　　　松田義雄　昭和二年(1927)　第十卷第三編　第 87 冊　第 355 頁

0019 安慶的救濟事業

　　　東輝夫　昭和十七年(1942)　第 190 冊　第 429 頁

0020 安藤公一旅行日誌

　　　安藤公一　昭和十五年(1940)　長江流域第四班　第 61 冊　第 2 頁

0021 安藤健吉旅行日誌

　　　安藤健吉　昭和十六年(1941)　第二十班　第 66 冊　第 171 頁

0022 安藤勝旅等旅行日誌

　　　安藤勝、野口孝行、與田誠二　昭和八年(1933)　第五卷　第 49 冊　第 239 頁

0023 安藤武治旅行日誌

　　　安藤武治　昭和十四年(1939)　察哈爾班　第 55 冊　第 467 頁

0024 安藤資郎旅行日誌

　　　安藤資郎　昭和十七年(1942)　第二十三班　第 72 冊　第 1 頁

128

0025　安田秀三旅行日誌

　　　安田秀三　昭和十四年(1939)　山西班　第 55 册　第 429 頁

0026　安武太郎旅行日誌

　　　安武太郎　昭和四年(1929)　第五十九卷　第 23 册　第 145 頁

0027　安澤隆雄旅行日誌

　　　安澤隆雄　昭和三年(1928)　第十卷第一編　第 13 册　第 455 頁

0028　奧村實旅行日誌

　　　奧村實　昭和三年(1928)　第八卷第六編　第 13 册　第 1 頁

0029　奧田隆春旅行日誌

　　　奧田隆春　昭和十七年(1942)　第一班　第 68 册　第 1 頁

0030　奧田隆旅行日誌

　　　奧田隆　昭和十四年(1939)　南通班　第 56 册　第 33 頁

0031　奧田重信等旅行日誌

　　　奧田重信、白石博　昭和九年(1934)　第二十五卷　第 51 册　第 495 頁

0032　奧野重雄旅行日誌

　　　奧野重雄　昭和十六年(1941)　第三班　第 63 册　第 633 頁

0033　奧野珠雄等旅行日誌

　　　奧野珠雄、足立澂朗　昭和十八年(1943)　海門班　第 75 册　第 585 頁

0034　澳門的教育狀況

　　　赤堀清　昭和十六年(1941)　第 177 册　第 619 頁

B

0035　八木了彦旅行日誌

　　　八木了彦　昭和十五年(1940)　綏遠班　第 60 册　第 125 頁

0036　巴彥縣調查

　　　降籏立喜、中島順一、野野山永次　昭和八年(1933)　第二十一卷第三編　第
　　　146 册　第 579 頁

0037　白川俊三等旅行日誌

　　　白川俊三、岡本豐、上野宏、野中義雄、安達鬱太郎　昭和六年(1931)　第十六
　　　卷　第 37 册　第 251 頁

0038　白井秀夫旅行日誌

　　　白井秀夫　昭和十六年(1941)　第八班　第64册　第383頁

0039　白柳義一旅行日誌

　　　白柳義一　昭和十六年(1941)　第二十七班　第67册　第247頁

0040　白子三郎旅行日誌

　　　白子三郎　昭和十六年(1941)　第十五班　第65册　第301頁

0041　百百増次郎旅行日誌

　　　百百増次郎　昭和七年(1932)　第四十八卷　第45册　第403頁

0042　百瀬清治旅行日誌

　　　百瀬清治　昭和三年(1928)　第二卷第四編　第10册　第485頁

0043　百瀬源旅行日誌

　　　百瀬源　昭和十七年(1942)　第二十六班　第72册　第411頁

0044　百瀬竹男旅行日誌

　　　百瀬竹男　昭和十五年(1940)　海南島第四班　第63册　第115頁

0045　百枝辰男旅行日誌

　　　百枝辰男　昭和四年(1929)　第一卷　第16册　第437頁

0046　柏村久雄旅行日誌

　　　柏村久雄　昭和十五年(1940)　海南島第四班　第63册　第73頁

0047　拜泉縣調査

　　　松尾芳二郎　最上二郎　杉利二　昭和八年(1933)　第十七卷第一編　第145
　　　册　第569頁

0048　坂本浩旅行日誌

　　　坂本浩　昭和十七年(1942)　第十班　第69册　第551頁

0049　坂本正明旅行日誌

　　　坂本正明　昭和十五年(1940)　廣東省第二班　第62册　第343頁

0050　坂井一旅行日誌

　　　坂井一　昭和十六年(1941)　第五班　第64册　第143頁

0051　坂口久旅行日誌

　　　坂口久　昭和五年(1930)　第四十九卷　第32册　第1頁

0052　坂下雅章旅行日誌

坂下雅章　昭和十七年（1942）　第二班　第 68 册　第 167 頁

0053　坂下惣平等旅行日誌

坂下惣平、前田五郎、松原理一、中村源吉、濱和夫　昭和十三年（1938）　暹羅班　第 54 册　第 109 頁

0054　伴重雄旅行日誌

伴重雄　昭和五年（1930）　第三十九卷　第 30 册　第 417 頁

0055　包頭的蒙古業（包頭市的經濟功能之分析）

佐藤泰司、高田宣夫、坂下雅章、大島新吾　昭和十七年（1942）　第 188 册　第 19 頁

0056　薄葉行雄旅行日誌

薄葉行雄　昭和十七年（1942）　第三十班　第 73 册　第 143 頁

0057　保科尚衛旅行日誌

保科尚衛　昭和五年（1930）　第八卷　第 27 册　第 1 頁

0058　北出太良旅行日誌

北出太良　昭和十七年（1942）　第十七班　第 71 册　第 131 頁

0059　北川林男等旅行日誌

北川林男、高橋立太、五十川統、河田要一、古谷鐵衛、增崎依正　昭和十三年（1938）　馬來班　第 54 册　第 93 頁

0060　北村清八郎旅行日誌

北村清八郎　昭和十七年（1942）　第二十八班　第 73 册　第 49 頁

0061　北村重英旅行日誌

北村重英　昭和五年（1930）　第五十三卷　第 32 册　第 221 頁

0062　北京的地毯工業

日野原朝典　昭和十五年（1940）　第 171 册　第 1 頁

0063　北京的救濟事業

後藤隆三　昭和五年（1930）　第二十五卷　第 128 册　第 295 頁

0064　北京的社會事業調查

飯村滿　昭和二年（1927）　第四卷第四編　第 80 册　第 171 頁

0065　北京電車

小室清志　昭和二年（1927）　第四卷第七編　第 80 册　第 511 頁

0066　北京話補助動詞的研究

　　　湊保、金丸一夫、宗方健二郎、絲谷禮輔　昭和十七年（1942）　第 189 冊　第 261 頁

0067　北京書業調查

　　　吉岡四郎　昭和五年（1930）　第五十二卷　第 132 冊　第 551 頁

0068　北京遊民及其救濟

　　　湯口重壽　昭和二年（1927）　第六卷第四編　第 82 冊　第 533 頁

0069　北滿邊境地區的農民生活狀態

　　　長谷川幾吉　昭和三年（1928）　第八卷第五編　第 104 冊　第 177 頁

0070　北滿的行會調查

　　　小田健三郎　昭和四年（1929）　第七十二卷　第 122 冊　第 195 頁

0071　北滿的家畜及畜產品

　　　根岸忠素　昭和三年（1928）　第八卷第四編　第 104 冊　第 1 頁

0072　北滿的煤炭業

　　　青木真澄　昭和三年（1928）　第九卷第二編　第 104 冊　第 529 頁

0073　北滿的蘇中國境貿易現狀

　　　奧村實　昭和三年（1928）　第八卷第六編　第 104 冊　第 305 頁

0074　北滿的小麥及麵粉加工業

　　　稻川三郎　昭和三年（1928）　第八卷第一編　第 103 冊　第 171 頁

0075　北滿的鴉片

　　　和田四郎　昭和三年（1928）　第八卷第二編　第 103 冊　第 339 頁

0076　北滿的鴉片

　　　伊東敏雄　昭和四年（1929）　第五十五卷　第 119 冊　第 457 頁

0077　北滿的藥材

　　　鳥山勉　昭和四年（1929）　第八十三卷　第 124 冊　第 1 頁

0078　北滿的中國人交易所

　　　橫田芳郎　森山宣夫　宇垚多命英　昭和六年（1931）　第一卷　第 139 冊　第 1 頁

0079　北滿的中國人商業機構和組織

　　　涉川悌美　昭和五年（1930）　第二十三卷　第 128 冊　第 131 頁

0080　北滿地區的勞動狀態

　　　尾仲嘉助　昭和四年(1929)　第八十卷　第 123 冊　第 341 頁

0081　北滿地區的小米生產及朝鮮進口滿洲小米的情況

　　　宮崎武雄　昭和二年(1927)　第 83 冊　第 1 頁

0082　北滿及東蒙古的稅

　　　千賀安太郎　昭和二年(1927)　第六卷第三編　第 82 冊　第 443 頁

0083　北滿間島金融

　　　山田國太郎　昭和二年(1927)　第十三卷第七編　第 93 冊　第 441 頁

0084　北滿貿易調查

　　　岡村貞一　昭和五年(1930)　第六十三卷　第 134 冊　第 575 頁

0085　北滿農業調查

　　　橋本伊津美　昭和四年(1929)　第五十六卷　第 119 冊　第 581 頁

0086　北滿鐵路調查

　　　廣瀨清　昭和三年(1928)　第九卷第三編　第 104 冊　第 633 頁

0087　北滿鐵路調查

　　　竹田已則　昭和五年(1930)　第二十一卷　第 127 冊　第 581 頁

0088　北平木業調查

　　　永安文三　昭和五年(1930)　第七十六卷　第 136 冊　第 649 頁

0089　北原筆吉旅行日誌

　　　北原筆吉　昭和十六年(1941)　第三十一班　第 67 冊　第 545 頁

0090　本多實等旅行日誌

　　　本多實、佐藤隆保、雄城要　昭和十年(1935)　第一卷　第 51 冊　第 557 頁

0091　本多彥次旅行日誌

　　　本多彥次　昭和四年(1929)　第四卷　第 16 冊　第 613 頁

0092　本溪縣調查

　　　山崎芳數、石川繁二、田村五十彥、小林正治　昭和八年(1933)　第四卷第三編

　　　第 141 冊　第 589 頁

0093　本鄉正雄旅行日誌

　　　本鄉正雄　昭和十六年(1941)　第二十九班　第 67 冊　第 321 頁

0094　蚌埠皮革工業情況

白柳義一　昭和十六年(1941)　第 186 冊　第 599 頁

0095　濱島曉旅行日誌

濱島曉　昭和十七年(1942)　第三十班　第 73 冊　第 187 頁

0096　濱江省東興縣

柴田浩嗣、馬場三郎、渡邊次郎　昭和十年(1935)　第六卷第一編　第 154 冊　第 261 頁

0097　濱江省慶城縣

植原了、中垣晉治　昭和十年(1935)　第七卷第一篇　第 154 冊　第 493 頁

0098　濱江省鐵驪縣

植原了、中垣晉治　昭和十年(1935)　第七卷第二編　第 154 冊　第 575 頁

0099　濱田清人等旅行日誌

濱田清人、岡山秀臣　昭和九年(1934)　第七卷　第 50 冊　第 641 頁

0100　濱田祥太郎旅行日誌

濱田祥太郎　昭和二年(1927)　第九卷第五編　第 7 冊　第 1 頁

0101　勃利縣略誌

勝田一夫、城繁雄、吉田藤一　昭和八年(1933)　第十四卷第三編　第 144 冊　第 609 頁

C

0102　財政報告書(南通第二部)

平尾尚　昭和十八年(1943)　第 196 冊　第 507 頁

0103　察哈爾人口調查報告誌

深澤治平　昭和十四年(1939)　第 164 冊　第 1 頁

0104　察哈爾省調查(附錄 A 至附錄 D)

昭和十年(1935)　第十八卷　第 155 冊　第 227 頁

0105　柴田浩嗣等旅行日誌

柴田浩嗣、馬場三郎、渡邊次郎　昭和十年(1935)　第六卷　第 51 冊　第 667 頁

0106　柴田敏之旅行日誌

柴田敏之　昭和十八年(1943)　江都班　第 75 冊　第 37 頁

0107　柴田武夫旅行日誌

　　　柴田武夫　昭和十五年(1940)　山西第一班　第 59 册　第 403 頁

0108　長坂毅旅行日誌

　　　長坂毅　昭和十七年(1942)　第十六班　第 71 册　第 57 頁

0109　長島一夫旅行日誌

　　　長島一夫　昭和十八年(1943)　武進班　第 75 册　第 569 頁

0110　長谷川芳夫旅行日誌

　　　長谷川芳夫　昭和二年(1927)　第一卷第四編　第 1 册　第 151 頁

0111　長谷川光雄旅行日誌

　　　長谷川光雄　昭和七年(1932)　第九卷　第 39 册　第 519 頁

0112　長谷川幾吉旅行日誌

　　　長谷川幾吉　昭和三年(1928)　第八卷第五編　第 12 册　第 571 頁

0113　長谷川靜夫旅行日誌

　　　長谷川靜夫　昭和三年(1928)　第十一卷第四編　第 14 册　第 475 頁

0114　長谷川勸旅行日誌

　　　長谷川勸　昭和四年(1929)　第三十二卷　第 20 册　第 175 頁

0115　長谷川信吉旅行日誌

　　　長谷川信吉　昭和五年(1930)　第八十三卷　第 35 册　第 247 頁

0116　長江幹流的交通

　　　江口涉　昭和四年(1929)　第十一卷　第 112 册　第 501 頁

0117　長江流域城市金融調查

　　　竹岡彥次郎　昭和五年(1930)　第二十八卷　第 128 册　第 543 頁

0118　長江流域的麻

　　　森博民　昭和十五年(1940)　第 175 册　第 327 頁

0119　長江流域各省農村經濟與農民運動

　　　鎌田龍男　昭和五年(1930)　第八十五卷　第 138 册　第 111 頁

0120　長江沿岸的貿易

　　　福岡英明　昭和四年(1929)　第十二卷　第 112 册　第 563 頁

0121　長江沿岸各城市的點心類供需狀態情況

　　　林田誠一　昭和四年(1929)　第九卷　第 112 册　第 263 頁

0122 長田憲一旅行日誌

　　　長田憲一　昭和十四年(1939)　海峽殖民地班　第58冊　第6頁

0123 長田陽一旅行日誌

　　　長田陽一　昭和五年(1930)　第二十四卷　第28冊　第569頁

0124 長友利雄旅行日誌

　　　長友利雄　昭和四年(1929)　第二十九卷　第19冊　第473頁

0125 長沼重輝旅行日誌

　　　長沼重輝　昭和二年(1927)　第六卷第一編　第3冊　第557頁

0126 常熟的金融(貨幣、物價)

　　　永野巖　昭和十八年(1943)　第198冊　第41頁

0127 (常熟)經濟——收購及配給

　　　吉澤仁　昭和十八年(1943)　第197冊　第257頁

0128 (常熟)人口的報告

　　　吉川一郎　昭和十八年(1943)　第198冊　第1頁

0129 (常熟)史地

　　　高瀨恒一　昭和十八年(1943)　第198冊　第157頁

0130 常熟縣

　　　井上喜三郎、小林安正、戶部茂　昭和十三年(1938)　第157冊　第203頁

0131 常熟縣教育調查報告

　　　大屋英夫、數野泰吉　昭和十八年(1943)　第198冊　第81頁

0132 常熟縣金融機構調查報告

　　　川崎滋太郎　昭和十八年(1943)　第197冊　第533頁

0133 常熟縣收購及配給機構

　　　金海政秀　昭和十八年(1943)　第197冊　第71頁

0134 常熟縣司法調查綱要

　　　馬場重定　昭和十八年(1943)　第198冊　第149頁

0135 常熟縣統制經濟的現狀

　　　早瀨次雄　昭和十八年(1943)　第197冊　第355頁

0136 常熟縣縣政調查

　　　龜井壯介　昭和十八年(1943)　第197冊　第263頁

0137　［常熟語言、習俗］

　　　小中清　昭和十八年（1943）　第 198 册　第 69 頁

0138　常州的金融機構

　　　本里明　昭和十八年（1943）　第 200 册　第 179 頁

0139　陳濟昌旅行日誌

　　　陳濟昌　昭和五年（1930）　第七十七卷　第 34 册　第 519 頁

0140　成都的中文報紙

　　　島津真三郎　昭和五年（1930）　第四十八卷　第 132 册　第 209 頁

0141　成都及以成都爲中心的公路

　　　友添健策　昭和五年（1930）　第八十八卷　第 138 册　第 505 頁

0142　成田英一旅行日誌

　　　成田英一　昭和五年（1930）　第三十五卷　第 30 册　第 1 頁

0143　城市的經濟功能分析

　　　三浦良男、岡秀彦、渡邊卓郎　昭和十七年（1942）　第 190 册　第 281 頁

0144　城市的經濟功能分析（石門）

　　　石丸俊雄、真下九五雄、古本祝、溝上慶治　昭和十七年（1942）　第 189 册　第
　　　1 頁

0145　城市及鴉片調査

　　　平野博　昭和二年（1927）　第四卷第一編　第 79 册　第 383 頁

0146　城臺正旅行日誌

　　　城臺正　昭和三年（1928）　第九卷第一編　第 13 册　第 143 頁

0147　池江善治旅行日誌

　　　池江善治　昭和五年（1930）　第六十一卷　第 33 册　第 225 頁

0148　池田安正旅行日誌

　　　池田安正　昭和十四年（1939）　揚州班　第 56 册　第 57 頁

0149　池田靜夫旅行日誌

　　　池田靜夫　昭和五年（1930）　第三十三卷　第 29 册　第 517 頁

0150　池田陽二郎旅行日誌

　　　池田陽二郎　昭和十六年（1941）　第二十八班　第 67 册　第 295 頁

0151　赤堀清旅行日誌

赤堀清　昭和十五年(1940)　澳門班　第 63 冊　第 223 頁

0152　赤澤修二旅行日誌

赤澤修二　昭和十八年(1943)　武進班　第 75 冊　第 529 頁

0153　重松敏夫旅行日誌

重松敏夫　昭和四年(1929)　第三十三卷　第 20 冊　第 263 頁

0154　重松盛二旅行日誌

重松盛二　昭和十七年(1942)　第三十七班　第 74 冊　第 345 頁

0155　崇明班治安調查

柿崎守悌　昭和十八年(1943)　第 200 冊　第 101 頁

0156　[崇明島]

河岡洋一　昭和十八年(1943)　第 199 冊　第 595 頁

0157　崇明島的工業調查

小倉義信　昭和十八年(1943)　第 200 冊　第 125 頁

0158　崇明島調查班宗教調查報告

青木正視　昭和十八年(1943)　第 199 冊　第 443 頁

0159　崇明島教育調查報告

比嘉定雄　昭和十八年(1943)　第 199 冊　第 525 頁

0160　崇明島金融調查報告書

笹田和夫　昭和十八年(1943)　第 199 冊　第 411 頁

0161　(崇明島)配給

西多喜雄　昭和十八年(1943)　第 199 冊　第 711 頁

0162　崇明島社會結構及職業團體

藤井孝一　昭和十八年(1943)　第 199 冊　第 679 頁

0163　(崇明島)史地

原不二郎、原英一　昭和十八年(1943)　第 199 冊　第 385 頁

0164　崇明島收購調查報告書(二)

高遠三郎　昭和十八年(1943)　第 200 冊　第 1 頁

0165　[崇明的行政]

高本恒男　昭和十八年(1943)　第 199 冊　第 477 頁

0166　崇明政治班(財政)

　　　　笠川幸雄　昭和十八年（1943）　第 200 冊　第 47 頁

0167　川村實旅行日誌

　　　　川村實　昭和十八年（1943）　南通班　第 75 冊　第 75 頁

0168　川口金三旅行日誌

　　　　川口金三　昭和十六年（1941）　第二十四班　第 67 冊　第 1 頁

0169　川口守親旅行日誌

　　　　川口守親　昭和十四年（1939）　廣東班　第 57 冊　第 271 頁

0170　川瀬德男旅行日誌

　　　　川瀬德男　昭和四年（1929）　第四十四卷　第 21 冊　第 359 頁

0171　川崎浤太郎旅行日誌

　　　　川崎浤太郎　昭和十八年（1943）　常熟班　第 75 冊　第 191 頁

0172　川崎謙吉旅行日誌

　　　　川崎謙吉　昭和十八年（1943）　丹陽班　第 74 冊　第 537 頁

0173　傳教士的活動狀況

　　　　林正秋　昭和十四年（1939）　第 168 冊　第 355 頁

0174　春名和雄旅行日誌

　　　　春名和雄　昭和十四年（1939）　南通班　第 56 冊　第 1 頁

0175　純蒙地域政治建設狀況

　　　　中村輝美、大江勝、吉田偉三、秋元伸一　昭和十七年（1942）　第 188 冊　第
　　　　127 頁

0176　從交易情況看爪哇糖業中的生產者公會

　　　　佐久間軍治郎　昭和二年（1927）　第十二卷第八編　第 91 冊　第 479 頁

0177　從經濟角度觀察菲律賓獨立的可能性

　　　　鴨澤二郎　昭和十四年（1939）　第 170 冊　第 71 頁

0178　從經濟角度看奉海線對滿鐵的影響

　　　　山本米雄　昭和四年（1929）　第二十五卷　第 114 冊　第 483 頁

0179　從民族運動的角度看喇嘛

　　　　中條康彰　昭和十六年（1941）　第 180 冊　第 411 頁

0180　從蘇中兩國人民據一九二四年中蘇協定出入境情況看兩國勢力消長之現狀

　　　　岡一弘　昭和三年（1928）　第八卷第七編　第 104 冊　第 415 頁

0181 從雲南至八莫的陸路調查
山本日出一郎 昭和三年(1928) 第十卷第三編 第105冊 第555頁

0182 湊保旅行日誌
湊保 昭和十七年(1942) 第十二班 第70冊 第117頁

0183 崔春甲旅行日誌
崔春甲 昭和十五年(1940) 河北第一班 第59冊 第1頁

0184 翠田實等旅行日誌
翠田實、田村忠、河合一男 昭和十三年(1938) 華中第三班 第53冊 第435頁

0185 村部和義旅行日誌
村部和義 昭和四年(1929) 第六十卷 第23冊 第189頁

0186 村井芳衛旅行日誌
村井芳衛 昭和七年(1932) 第十六卷 第41冊 第1頁

0187 村井光三旅行日誌
村井光三 昭和十五年(1940) 山西第二班 第59冊 第497頁

0188 村井美喜雄旅行日誌
村井美喜雄 昭和五年(1930) 第十四卷 第27冊 第483頁

0189 村山達太郎旅行日誌
村山達太郎 昭和五年(1930) 第六十四卷 第33冊 第479頁

0190 村上剛旅行日誌
村上剛 昭和三年(1928) 第六卷第五編 第11冊 第555頁

0191 村上秋夫旅行日誌
村上秋夫 昭和三年(1928) 第十四卷第二編 第15冊 第663頁

0192 村上通夫旅行日誌
村上通夫 昭和十五年(1940) 海南島第三班 第63冊 第43頁

0193 村上重義旅行日誌
村上重義 昭和五年(1930) 第九卷 第27冊 第33頁

0194 村松彰旅行日誌
村松彰 昭和四年(1929) 第四十六卷 第21冊 第477頁

0195 村田季雄旅行日誌

村田季雄　昭和五年（1930）　第五十一卷　第 32 册　第 93 頁

0196　村田裕彥旅行日誌

村田裕彥　昭和十七年（1942）　第二十三班　第 72 册　第 93 頁

D

0197　打通線

新谷音二　昭和三年（1928）　第二卷第三編　第 97 册　第 347 頁

0198　大村弘旅行日誌

大村弘　昭和十七年（1942）　第十八班　第 71 册　第 277 頁

0199　大島尚次旅行日誌

大島尚次　昭和七年（1932）　第十四卷　第 40 册　第 541 頁

0200　大島新吾旅行日誌

大島新吾　昭和十七年（1942）　第二班　第 68 册　第 151 頁

0201　"大東亞戰爭"對一般中國人的影響

中山喜久藏、清水一夫、牧廣、內山敬忠　昭和十七年（1942）　第 193 册　第 199 頁

0202　"大東亞戰爭"對中國人及在華外國人的影響

松尾七郎、石丸岩夫、鈴木吉之、久保徹之　昭和十七年（1942）　第 190 册　第 163 頁

0203　"大東亞戰爭"後英美在華權益的走向

佐伯朝春、玉村三夫　昭和十七年（1942）　第 192 册　第 1 頁

0204　大工原亮旅行日誌

大工原亮　昭和四年（1929）　第八卷　第 17 册　第 269 頁

0205　大贇縣調查

替地大三、甲斐重良、前田睦夫　昭和八年（1933）　第二十卷第二編　第 146 册　第 381 頁

0206　大江勝旅行日誌

大江勝　昭和十七年（1942）　第四班　第 68 册　第 429 頁

0207　大久保啟三旅行日誌

大久保啟三　昭和十七年（1942）　第十三班　第 70 册　第 363 頁

0208　大久保英久旅行日誌

　　　大久保英久　昭和四年(1929)　第二十一卷　第19册　第1頁

0209　大旅行指導調查旅行日誌

　　　上田信三　　第76册　第231頁

0210　大旅行指導旅行日誌報告

　　　內田直作　　第76册　第201頁

0211　大平孝旅行日誌

　　　大平孝　昭和五年(1930)　第十一卷　第27册　第247頁

0212　大坪隆平旅行日誌

　　　大坪隆平　昭和七年(1932)　第三十七卷　第44册　第47頁

0213　大坪英雄旅行日誌

　　　大坪英雄　昭和三年(1928)　第六卷第二編　第11册　第385頁

0214　大森創造旅行日誌

　　　大森創造　昭和十五年(1940)　長江流域第十一班　第61册　第535頁

0215　大森茂旅行日誌

　　　大森茂　昭和十六年(1941)　第一班　第63册　第459頁

0216　大森史郎旅行日誌

　　　大森史郎　昭和十七年(1942)　第二十二班　第71册　第563頁

0217　大森肆彥旅行日誌

　　　大森肆彥　昭和十五年(1940)　廣東省第一班　第62册　第99頁

0218　大石義夫旅行日誌

　　　大石義夫　昭和三年(1928)　第四卷第二編　第11册　第43頁

0219　大同城市調查

　　　西村剛夫　昭和四年(1929)　第五十三卷　第119册　第329頁

0220　大屋保義旅行日誌

　　　大屋保義　昭和五年(1930)　第六十六卷　第33册　第555頁

0221　大西槐三旅行日誌

　　　大西槐三　昭和三年(1928)　第四卷第一編　第11册　第1頁

0222　大峽一男旅行日誌

　　　大峽一男　昭和十四年(1939)　香港班　第58册　第291頁

0223 大脇浩六郎旅行日誌

大脇浩六郎　昭和二年(1927)　第八卷第一編　第 4 冊　第 341 頁

0224 大脇秀次旅行日誌

大脇秀次　昭和十六年(1941)　第十六班　第 65 冊　第 327 頁

0225 大澤康男旅行日誌

大澤康男　昭和十四年(1939)　蒙疆班　第 54 冊　第 441 頁

0226 丹田四郎旅行日誌

丹田四郎　昭和十四年(1939)　馬來班　第 58 冊　第 555 頁

0227 丹吳恒平旅行日誌

丹吳恒平　昭和三年(1928)　第十三卷第五編　第 15 冊　第 521 頁

0228 丹陽工業現狀調查報告書

甲斐照敏　昭和十八年(1943)　第 194 冊　第 567 頁

0229 (丹陽)金融調查報告(附貨幣、物價)

九川辰生　昭和十八年(1943)　第 194 冊　第 377 頁

0230 (丹陽)文化宣傳、訓練、出版物

九尾忍　昭和十八年(1943)　第 195 冊　第 1 頁

0231 丹陽縣

南里誠治　昭和十八年(1943)　第 194 冊　第 553 頁

0232 丹陽縣金融調查報告書

田中重信　昭和十八年(1943)　第 194 冊　第 479 頁

0233 丹陽縣清鄉工作黨務概況

川崎謙吉　昭和十八年(1943)　第 194 冊　第 301 頁

0234 丹陽縣縣政調查報告

松田又一　昭和十八年(1943)　第 194 冊　第 427 頁

0235 (丹陽)宗教

柘植大六　昭和十八年(1943)　第 194 冊　第 279 頁

0236 島津真三郎旅行日誌

島津真三郎　昭和五年(1930)　第四十八卷　第 31 冊　第 243 頁

0237 道旗林三郎旅行日誌

道旗林三郎　昭和十六年(1941)　第十一班　第 64 冊　第 603 頁

0238　稻城勝旅行日誌

　　　稻城勝　昭和三年(1928)　第一卷第五編　第 10 冊　第 113 頁

0239　稻川三郎旅行日誌

　　　稻川三郎　昭和三年(1928)　第八卷第一編　第 12 冊　第 273 頁

0240　稻野達郎旅行日誌

　　　稻野達郎　昭和十六年(1941)　第一班　第 63 冊　第 409 頁

0241　稻葉幸衛旅行日誌

　　　稻葉幸衛　昭和七年(1932)　第一卷　第 38 冊　第 117 頁

0242　稻垣信行旅行日誌

　　　稻垣信行　昭和七年(1932)　第七十二卷　第 48 冊　第 465 頁

0243　德岡照旅行日誌

　　　德岡照　昭和五年(1930)　第三十四卷　第 29 冊　第 631 頁

0244　德山春宣旅行日誌

　　　德山春宣　昭和二年(1927)　第九卷第七編　第 7 冊　第 139 頁

0245　德野外志男等旅行日誌

　　　德野外志男、津田一男　昭和九年(1934)　第十五卷　第 51 冊　第 243 頁

0246　德永速美旅行日誌

　　　德永速美　昭和十七年(1942)　第七班　第 69 冊　第 223 頁

0247　荻下利明等旅行日誌

　　　荻下利明、渡邊健治　昭和十三年(1938)　華北第一班　第 53 冊　第 331 頁

0248　荻原義久旅行日誌

　　　荻原義久　昭和十六年(1941)　第十九班　第 66 冊　第 1 頁

0249　第七次七虎力開拓團調查報告

　　　星久次、深澤邦基、小野敏乎　昭和十七年(1942)　第 193 冊　第 463 頁

0250　滇越鐵路沿線的雲南貿易調查

　　　高松義雄　昭和四年(1929)　第五十卷　第 119 冊　第 1 頁

0251　佃正道旅行日誌

　　　佃正道　昭和十四年(1939)　河北第二班　第 54 冊　第 291 頁

0252　殿塚隆治旅行日誌

　　　殿塚隆治　昭和十六年(1941)　第二十二班　第 66 冊　第 415 頁

0253　東輝夫旅行日誌

　　東輝夫　昭和十七年（1942）　第二十一班　第71册　第479頁

0254　東京習俗

　　佐佐木誠一　昭和三年（1928）　第十三卷第一編　第107册　第623頁

0255　東滿間島鐵路天圖、吉敦、吉會、寧海調查報告

　　福田繁一　昭和二年（1927）　第十三卷第五編　第93册　第1頁

0256　東蒙畜牧

　　根岸孝彦　昭和五年（1930）　第五十九卷　第134册　第135頁

0257　東蒙古城市調查

　　橋本義雄　昭和五年（1930）　第五十七卷　第133册　第463頁

0258　東蒙古的甘草、鴉片調查（附東蒙古的衛生調查）

　　江下清一　昭和五年（1930）　第十六卷　第127册　第63頁

0259　東蒙古的礦業

　　今泉正民　昭和五年（1930）　第二十六卷　第128册　第371頁

0260　東蒙古各種資源與交易方法、習慣及金融概論

　　古籔盛三　昭和五年（1930）　第十七卷　第127册　第165頁

0261　東蒙古及北滿的羊毛和皮革

　　田添正嗣　昭和五年（1930）　第六十卷　第134册　第241頁

0262　東三省的財政情況

　　岩田由一、關家三男、莊子勇之助　昭和六年（1931）　第六卷　第140册　第1頁

0263　東三省的電力事業調查

　　中村一雄　昭和三年（1928）　第六卷第一編　第100册　第229頁

0264　東三省的鴉片

　　古賀吾郎　昭和二年（1927）　第十三卷第六編　第93册　第227頁

0265　東三省教育調查

　　小濱繁　昭和三年（1928）　第七卷第五編　第102册　第363頁

0266　東三省鐵路調查

　　福井直　昭和三年（1928）　第五卷第二編　第100册　第1頁

0267　東三省沿線城市情況調查

中島榮夫　昭和四年(1929)　第六十三卷　第120冊　第553頁

0268　東支鐵路調查

榎原德三郎　昭和四年(1929)　第五十二卷　第119冊　第271頁

0269　棟元榮次等旅行日誌

棟元榮次、日高輝雄　昭和十年(1935)　第十五卷　第52冊　第581頁

0270　渡邊正吾旅行日誌

渡邊正吾　昭和二年(1927)　第四卷第八編　第3冊　第95頁

0271　渡邊卓郎旅行日誌

渡邊卓郎　昭和十七年(1942)　第二十班　第71冊　第399頁

0272　渡部修三旅行日誌

渡部修三　昭和五年(1930)　第六十七卷　第33冊　第599頁

0273　碓水純男旅行日誌

碓水純男　昭和十七年(1942)　第十九班　第71冊　第355頁

0274　對包頭當鋪的研究

荒木茂、森精市　昭和十六年(1941)　第178冊　第601頁

0275　對北滿汽車交通的調查

伊藤正己　昭和四年(1929)　第五十八卷　第120冊　第213頁

0276　對打通線的調查

吳鷹之助　昭和四年(1929)　第四十七卷　第118冊　第391頁

0277　對丹陽縣雙廟鄉史家村及同縣中仙鄉韋家坂的社會考察之一斑

宮田一郎　昭和十八年(1943)　第194冊　第357頁

0278　對奉天同善堂及大連、奉天、哈爾濱的商業團體調查

酒家重好　昭和三年(1928)　第四卷第三編　第99冊　第1頁

0279　對華北各港口搬運工的調查

牛島俊作　昭和五年(1930)　第四十五卷　第131冊　第359頁

0280　對華北居留民團及居留民會的調查

樋藤軍二、木村正三　昭和十六年(1941)　第179冊　第229頁

0281　對滿洲朝鮮人的政治研究

池田靜夫　昭和五年(1930)　第三十三卷　第129冊　第447頁

0282　對滿洲高粱、玉米的調查

146

鹽原長衛　昭和三年(1928)　第二卷第一編　第 97 冊　第 1 頁

0283　對蒙古東部甘草的調查

百瀨清治　昭和三年(1928)　第二卷第四編　第 97 冊　第 439 頁

0284　對事變爆發前後九江工業的觀察

兒島駒吉　昭和十五年(1940)　第 175 冊　第 411 頁

0285　對武漢三鎮主要工業的調查

安藤健吉　昭和十六年(1941)　第 184 冊　第 273 頁

0286　對以北京爲中心的駱駝業的調查

富田定、平木義高、高宮敬　昭和十七年(1942)　第 189 冊　第 191 頁

0287　對以上海爲中心的中國財閥的研究

森次勳　昭和九年(1934)　第二十七卷第二編　第 152 冊　第 469 頁

0288　對雲南省種族的考察

平山熊雄　昭和三年(1928)　第十卷第四編　第 106 冊　第 1 頁

0289　敦化縣調查

吉元晴雄、牧野勇、小林省吾　昭和八年(1933)　第十卷第二編　第 143 冊
第 1 頁

0290　多賀重孝旅行日誌

多賀重孝　昭和十五年(1940)　山西第一班　第 59 冊　第 421 頁

0291　多田六右衛門旅行日誌

多田六右衛門　昭和七年(1932)　第七十七卷　第 49 冊　第 81 頁

0292　多田作四郎等旅行日誌

多田作四郎、出口將夫　昭和十年(1935)　第十一卷　第 52 冊　第 223 頁

E

0293　兒島駒吉旅行日誌

兒島駒吉　昭和十五年(1940)　長江流域第五班　第 61 冊　第 9 頁

0294　兒嶋真一郎旅行日誌

兒嶋真一郎　昭和三年(1928)　第十三卷第三編　第 15 冊　第 335 頁

0295　二川薰旅行日誌

二川薰　昭和四年(1929)　第三十一卷　第 20 冊　第 1 頁

0296　二井内泰彦旅行日誌

二井內泰彥　昭和二年(1927)　第十一卷第五編　第 8 冊　第 497 頁

F

0297　法庫縣調查班

信原信、生雲忠　昭和八年(1933)　第六卷　第 142 冊　第 173 頁

0298　法林一麿旅行日誌

法林一麿　昭和四年(1929)　第四十八卷　第 22 冊　第 1 頁

0299　法屬印度支那大米調查

瓦本勝利　昭和二年(1927)　第十卷第五編　第 88 冊　第 127 頁

0300　法屬印度支那的對日感情

大久保泰　昭和十四年(1939)　第 169 冊　第 215 頁

0301　法屬印度支那的勞動條件及以 Cals 爲中心的研究

岡田晃　昭和十四年(1939)　第 169 冊　第 153 頁

0302　法屬印度支那東京的漆及農礦產物品

永井憲平　昭和三年(1928)　第十三卷第四編　第 108 冊　第 409 頁

0303　法屬印度支那東京華僑調查

丹吳恒平　昭和三年(1928)　第十三卷第五編　第 108 冊　第 633 頁

0304　法屬印度支那及暹羅華僑的經濟活動

小島正英　昭和二年(1927)　第十卷第一編　第 87 冊　第 1 頁

0305　法屬印度支那交通、暹羅鐵路調查(二)

山本治　昭和二年(1927)　第十卷第四編　第 88 冊　第 1 頁

0306　法屬印度支那交通、暹羅鐵路調查(一)

山本治　昭和二年(1927)　第十卷第四編　第 87 冊　第 499 頁

0307　法屬印度支那貿易調查

藤田良次　昭和二年(1927)　第十卷第二編　第 87 冊　第 93 頁

0308　(法屬印度支那)銀行金融調查

兒嶋眞一郞　昭和三年(1928)　第十三卷第三編　第 108 冊　第 291 頁

0309　法屬印度支那與雲南省的政治關係

法林一麿　昭和四年(1929)　第四十八卷　第 118 冊　第 465 頁

148

0310　犯罪一瞥

　　　清川瀨　昭和五年（1930）　第一卷　第 125 冊　第 1 頁

0311　飯村滿旅行日誌

　　　飯村滿　昭和二年（1927）　第四卷第四編　第 2 冊　第 547 頁

0312　飯野雄吉等旅行日誌

　　　飯野雄吉、林田徹、中西亨　昭和十年（1935）　第九卷　第 52 冊　第 1 頁

0313　房野博旅行日誌

　　　房野博　昭和十四年（1939）　蒙疆班　第 54 冊　第 411 頁

0314　菲律賓的華僑金融及其機構

　　　二井內泰彥　昭和二年（1927）　第十一卷第五編　第 89 冊　第 97 頁

0315　菲律賓的華僑事業

　　　岡田信一　昭和二年（1927）　第十一卷第四編　第 89 冊　第 1 頁

0316　菲律賓的華僑同業公會及海運

　　　太宰守　昭和三年（1928）　第十五卷第七編　第 110 冊　第 237 頁

0317　菲律賓的零售市場

　　　中輝雄　昭和十四年（1939）　第 169 冊　第 511 頁

0318　菲律賓的外國貿易

　　　小坪昇三　昭和三年（1928）　第十五卷第四編　第 109 冊　第 531 頁

0319　菲律賓華僑的生活狀態

　　　鎌田健吉　昭和二年（1927）　第十一卷第三編　第 88 冊　第 479 頁

0320　［菲律賓華僑調查］

　　　富岡健次　昭和十四年（1939）　第 170 冊　第 1 頁

0321　菲律賓教育調查

　　　吉田金四郎　昭和三年（1928）　第十五卷第六編　第 110 冊　第 149 頁

0322　菲律賓貿易調查

　　　木谷安熊　昭和二年（1927）　篤十一卷第一編　第 88 冊　第 261 頁

0323　菲律賓群島的菲律賓非基督教種族的混血問題

　　　宮脇小源太　昭和二年（1927）　第十一卷第二編　第 88 冊　第 315 頁

0324　菲律賓群島的蕉麻

　　　引原二郎　昭和三年（1928）　篤十五卷第五編　第 110 冊　第 1 頁

0325 菲律賓人的獨立意識

　　松木鷲　昭和十四年(1939)　第 169 冊　第 633 頁

0326 菲律賓政治情況

　　田中香苗　昭和三年(1928)　第十五卷第一編　第 109 冊　第 243 頁

0327 風間金丸旅行日誌

　　風間金丸　昭和十五年(1940)　河北第一班　第 59 冊　第 91 頁

0328 蜂巢一郎旅行日誌

　　蜂巢一郎　昭和十五年(1940)　河北第二班　第 59 冊　第 253 頁

0329 蜂谷貞雄旅行日誌

　　蜂谷貞雄　昭和五年(1930)　第七十五卷　第 34 冊　第 415 頁

0330 豐川永玉旅行日誌

　　豐川永玉　昭和十八年(1943)　武進班　第 75 冊　第 525 頁

0331 奉海鐵路的經濟價值及海龍領事館的使命

　　瀧口義精　昭和四年(1929)　第八十二卷　第 123 冊　第 563 頁

0332 奉天省的稅制

　　志田薰　昭和三年(1928)　第三卷第三編　第 98 冊　第 169 頁

0333 奉天省及吉林省的稅制

　　石田博　昭和三年(1928)　第四卷第四編　第 99 冊　第 209 頁

0334 奉天省錦縣調查班

　　山田政勇、馬場伊助、山下保雄　昭和八年(1933)　第一卷　第 141 冊　第 1 頁

0335 奉天省開通縣情況調查

　　黑田正明、磯川武夫　昭和九年(1934)　第十七卷第一編　第 150 冊　第 359 頁

0336 奉天省突泉縣情況調查

　　黑田正明、磯川武夫　昭和九年(1934)　第十七卷第三編　第 150 冊　第 505 頁

0337 奉天省新民縣彰武縣調查

　　下村明信、中山昌生、稻富正男　昭和九年(1934)　第十六卷　第 150 冊　第 213 頁

0338 奉天省瞻榆縣情況調查

黑田正明、磯川武夫　昭和九年（1934）　第十七卷第二編　第 150 冊　第 451
頁

0339　奉天省鎮東縣調查

河原畑一、美羽立實夫　昭和九年（1934）　第十八卷　第 150 冊　第 571 頁

0340　伏木清吉旅行日誌

伏木清吉　昭和十六年（1941）　第二十三班　第 66 冊　第 553 頁

0341　伏屋幹男旅行日誌

伏屋幹男　昭和五年（1930）　第五十卷　第 32 冊　第 59 頁

0342　服部文彥旅行日誌

服部文彥　昭和十年（1935）　第四卷　第 51 冊　第 635 頁

0343　福岡英明旅行日誌

福岡英明　昭和四年（1929）　第十二卷　第 17 冊　第 549 頁

0344　福井直旅行日誌

福井直　昭和三年（1928）　第五卷第二編　第 11 冊　第 227 頁

0345　福滿篤旅行日誌

福滿篤　昭和四年（1929）　第二十六卷　第 19 冊　第 317 頁

0346　福山壽旅行日誌

福山壽　昭和五年（1930）　第三十八卷　第 30 冊　第 365 頁

0347　福田繁一旅行日誌

福田繁一　昭和二年（1927）　第十三卷第五編　第 9 冊　第 549 頁

0348　福田經旅行日誌

福田經　昭和十七年（1942）　第七班　第 69 冊　第 289 頁

0349　福田克美旅行日誌

福田克美　昭和十年（1935）　第四卷　第 51 冊　第 617 頁

0350　福田清旅行日誌

福田清　昭和七年（1932）　第五十三卷　第 46 冊　第 127 頁

0351　福州港情況調查報告書

白川俊三、岡本豐、上野宏、野中義雄、安達鬱太郎　昭和六年（1931）　第十二
卷　第 140 冊　第 485 頁

0352　撫順縣調查

山崎芳數、石川繁二、田村五十彥、小林正治　昭和八年(1933)　第四卷第二編
　　第 141 册　第 543 頁

0353　富錦縣調查
鈴木丹司、和田一明、角田正夫、林太郎　昭和八年(1933)　第十四卷第五編
第 145 册　第 41 頁

0354　富田定旅行日誌
富田定　昭和十七年(1942)　第八班　第 69 册　第 367 頁

G

0355　岡本健旅行日誌
岡本健　昭和十七年(1942)　第三十七班　第 74 册　第 287 頁

0356　岡本勇等旅行日誌
岡本勇、室屋光義、濟木健次　昭和十年(1935)　第十六卷　第 53 册　第 1 頁

0357　岡部俊雄旅行日誌
岡部俊雄　昭和二年(1927)　第七卷第二編　第 4 册　第 253 頁

0358　岡部善修等旅行日誌
岡部善修、鈴木秋義、淺野修、藤田薰、田中純愛　昭和六年(1931)　第十七卷
　　第 37 册　第 295 頁

0359　岡部賢一旅行日誌
岡部賢一　昭和十六年(1941)　第二十五班　第 67 册　第 101 頁

0360　岡部照夫旅行日誌
岡部照夫　昭和十七年(1942)　第三十五班　第 74 册　第 1 頁

0361　岡村貞一旅行日誌
岡村貞一　昭和五年(1930)　第六十三卷　第 33 册　第 415 頁

0362　岡島永藏旅行日誌
岡島永藏　昭和十四年(1939)　山西班　第 55 册　第 175 頁

0363　岡島正旅行日誌
岡島正　昭和十四年(1939)　菲律賓班　第 58 册　第 485 頁

0364　岡崎俊廣旅行日誌
岡崎俊廣　昭和十五年(1940)　廣東省第一班　第 62 册　第 301 頁

0365　岡崎巖旅行日誌

　　　　岡崎巖　昭和十四年(1939)　揚州班　第 56 冊　第 127 頁

0366　岡田晃等旅行日誌

　　　　岡田晃、大久保泰、坂東薰　昭和十四年(1939)　法屬印度支那班　第 58 冊
　　　　第 345 頁

0367　岡田孝之旅行日誌

　　　　岡田孝之　昭和十六年(1941)　第六班　第 64 冊　第 233 頁

0368　岡田信一旅行日誌

　　　　岡田信一　昭和二年(1927)　第十一卷第四編　第 8 冊　第 427 頁

0369　岡田卓穗旅行日誌

　　　　岡田卓穗　昭和七年(1932)　第十七卷　第 41 冊　第 159 頁

0370　岡幸雄旅行日誌

　　　　岡幸雄　昭和十四年(1939)　河北第一班　第 54 冊　第 119 頁

0371　岡幸雄旅行日誌

　　　　岡幸雄　昭和十六年(1941)　第九班　第 64 冊　第 433 頁

0372　岡秀彥旅行日誌

　　　　岡秀彥　昭和十七年(1942)　第二十班　第 71 冊　第 433 頁

0373　岡野八太郎旅行日誌

　　　　岡野八太郎　昭和四年(1929)　第七十八卷　第 25 冊　第 397 頁

0374　岡一弘旅行日誌

　　　　岡一弘　昭和三年(1928)　第八卷第七編　第 13 冊　第 83 頁

0375　岡正住旅行日誌

　　　　岡正住　昭和十四年(1939)　廣東班　第 57 冊　第 373 頁

0376　綱木正昌旅行日誌

　　　　綱木正昌　昭和十六年(1941)　第二十九班　第 67 冊　第 365 頁

0377　高本恒男旅行日誌

　　　　高本恒男　昭和十八年(1943)　崇明班　第 75 冊　第 461 頁

0378　高倉授旅行日誌

　　　　高倉授　昭和十七年(1942)　第二十四班　第 72 冊　第 189 頁

0379　高次友惠旅行日誌

高次友惠　昭和二年(1927)　第五卷第四編　第 3 册　第 443 頁

0380　高根一顯旅行日誌

高根一顯　昭和七年(1932)　第三十卷　第 42 册　第 355 頁

0381　高宮敬旅行日誌

高宮敬　昭和十七年(1942)　第八班　第 69 册　第 351 頁

0382　高谷靖輔等旅行日誌

高谷靖輔、堀內健吾、乾祐示　昭和八年(1933)　第十六卷　第 49 册　第 403 頁

0383　高瀨鐵雄等旅行日誌

高瀨鐵雄、小谷稔、佐野三治郎、粟田定吾　昭和十三年(1938)　華中第九班
第 53 册　第 565 頁

0384　高木荒助旅行日誌

高木荒助　昭和七年(1932)　第五十七卷　第 46 册　第 469 頁

0385　高橋房男等旅行日誌

高橋房男、柴崎章雄、本田祥三、西由五郎　昭和六年(1931)　第二十卷　第 37
册　第 529 頁

0386　高橋宏旅行日誌

高橋宏　昭和五年(1930)　第八十七卷　第 36 册　第 1 頁

0387　高橋嘉夫旅行日誌

高橋嘉夫　昭和十七年(1942)　第五班　第 68 册　第 537 頁

0388　高橋克夫旅行日誌

高橋克夫　昭和十六年(1941)　第四班　第 64 册　第 1 頁

0389　高橋克明旅行日誌

高橋克明　昭和十四年(1939)　河北第一班　第 54 册　第 165 頁

0390　高橋龍夫旅行日誌

高橋龍夫　昭和四年(1929)　第十九卷　第 18 册　第 447 頁

0391　高橋昇治旅行日誌

高橋昇治　昭和十七年(1942)　第一班　第 68 册　第 43 頁

0392　高橋欽次郎等旅行日誌

高橋欽次郎、篠倉良雄、雪本新吉　昭和九年(1934)　第二卷　第 50 册　第 1

頁

0393　高石茂利等旅行日誌

　　　　高石茂利、熊野茂次　昭和八年(1933)　第十二卷　第49冊　第323頁

0394　高松義雄旅行日誌

　　　　高松義雄　昭和四年(1929)　第五十卷　第22冊　第149頁

0395　高田利德旅行日誌

　　　　高田利德　昭和二年(1927)　第八卷第八編　第5冊　第521頁

0396　高田武旅行日誌

　　　　高田武　昭和十六年(1941)　第二十四班　第67冊　第43頁

0397　高田宣夫旅行日誌

　　　　高田宣夫　昭和十七年(1942)　第二班　第68冊　第121頁

0398　高屋孝之旅行日誌

　　　　高屋孝之　昭和十六年(1941)　第二十六班　第67冊　第135頁

0399　高相武彦旅行日誌

　　　　高相武彦　昭和十四年(1939)　廣東班　第57冊　第449頁

0400　高須賀恒重旅行日誌

　　　　高須賀恒重　昭和七年(1932)　第十三卷　第40冊　第401頁

0401　高原茂美旅行日誌

　　　　高原茂美　昭和十七年(1942)　第三十七班　第74冊　第265頁

0402　根岸孝彦旅行日誌

　　　　根岸孝彦　昭和五年(1930)　第五十九卷　第33冊　第1頁

0403　根岸忠素旅行日誌

　　　　根岸忠素　昭和三年(1928)　第八卷第四編　第12冊　第493頁

0404　工藤俊一旅行日誌

　　　　工藤俊一　昭和十八年(1943)　武進班　第75冊　第513頁

0405　工藤良憲旅行日誌

　　　　工藤良憲　昭和十六年(1941)　第十五班　第65冊　第267頁

0406　宮坂喜雄旅行日誌

　　　　宮坂喜雄　昭和十六年(1941)　第二十班　第66冊　第79頁

0407　宮島英三旅行日誌

宮島英三　昭和十七年(1942)　第二十一班　第71册　第515頁

0408　宮靜夫旅行日誌

宮靜夫　昭和十四年(1939)　山東班　第55册　第37頁

0409　宮木得行旅行日誌

宮木得行　昭和十五年(1940)　浙江班　第60册　第279頁

0410　宮內信武等旅行日誌

宮內信武、藤本俊策　昭和九年(1934)　第二十三卷　第51册　第477頁

0411　宮崎武雄旅行日誌

宮崎武雄　昭和二年(1927)　第六卷第五編　第4册　第119頁

0412　宮田一郎旅行日誌

宮田一郎　昭和十八年(1943)　丹陽班　第74册　第547頁

0413　宮脇彌七旅行日誌

宮脇彌七　昭和十五年(1940)　長江流域第六班　第61册　第1頁

0414　宮脇小源太旅行日誌

宮脇小源太　昭和二年(1927)　第十一卷第二編　第8册　第175頁

0415　宮野靜夫旅行日誌

宮野靜夫　昭和十五年(1940)　廣東省第三班　第62册　第549頁

0416　宮野茂邦旅行日誌

宮野茂邦　昭和四年(1929)　第四十二卷　第21册　第235頁

0417　宮原豐等旅行日誌

宮原豐、三好宏、濱中隆昌、井口保夫　昭和六年(1931)　第十九卷　第37册
　　　第439頁

0418　宮原一旅行日誌

宮原一　昭和十六年(1941)　第十六班　第65册　第439頁

0419　宮原正四郎旅行日誌

宮原正四郎　昭和十四年(1939)　香港班　第58册　第111頁

0420　宮澤敞七旅行日誌

宮澤敞七　昭和四年(1929)　第六十八卷　第24册　第183頁

0421　宮澤宏旅行日誌

宮澤宏　昭和十五年(1940)　長江流域第十班　第61册　第489頁

0422　溝上慶治旅行日誌

溝上慶治　昭和十七年(1942)　第九班　第 69 册　第 431 頁

0423　古郝正義旅行日誌

古郝正義　昭和十四年(1939)　江蘇班　第 55 册　第 613 頁

0424　古賀久生旅行日誌

古賀久生　昭和十五年(1940)　山西第二班　第 59 册　第 527 頁

0425　古賀六郎旅行日誌

古賀六郎　昭和十四年(1939)　湖北班　第 56 册　第 599 頁

0426　古賀吾郎旅行日誌

古賀吾郎　昭和二年(1927)　第十三卷第六編　第 9 册　第 605 頁

0427　古市清旅行日誌

古市清　昭和十四年(1939)　廣東班　第 57 册　第 497 頁

0428　古籔盛三旅行日誌

古籔盛三　昭和五年(1930)　第十七卷　第 28 册　第 177 頁

0429　古野融旅行日誌

古野融　昭和七年(1932)　第七卷　第 39 册　第 287 頁

0430　谷本誠等旅行日誌

谷本誠　岡田米作　松本達雄　昭和十三年(1938)　華中第四班　第 53 册

第 443 頁

0431　谷本忍旅行日誌

谷本忍　昭和十五年(1940)　廣東省第一班　第 62 册　第 77 頁

0432　關於北京的會館

芹澤赳夫　昭和二年(1927)　第四卷第二編　第 79 册　第 599 頁

0433　關於北滿的城市

宇田政雄　昭和四年(1929)　第七十四卷　第 122 册　第 481 頁

0434　關於北滿的外來勞工

川瀬德男　昭和四年(1929)　第四十四卷　第 118 册　第 137 頁

0435　關於北滿及東蒙古的特產運輸

黑川湊　昭和二年(1927)　第六卷第二編　第 82 册　第 121 頁

0436　關於東三省的特產交易習慣

佐藤敏夫　昭和三年(1928)　第六卷第四編　第 101 冊　第 211 頁

0437　關於奉天省的禁煙局

　　岩田良一　昭和二年(1927)　第二卷第三編　第 78 冊　第 1 頁

0438　關於廣東省的貨幣金融

　　岡崎俊廣　三苫收　昭和十六年(1941)　第 177 冊　第 169 頁

0439　關於華北、北滿的鴉片取締

　　長沼重輝　昭和二年(1927)　第六卷第一編　第 82 冊　第 55 頁

0440　關於華北的農業

　　細萱元四郎　細川正直　昭和十三年(1938)　第 156 冊　第 377 頁

0441　關於會館及公所

　　尾野四郎　昭和二年(1927)　第三卷第一編　第 78 冊　第 279 頁

0442　關於會館及公所

　　土井三子雄　昭和三年(1928)　第十卷第二編　第 105 冊　第 487 頁

0443　關於膠濟鐵路

　　菅一弘　昭和五年(1930)　第十二卷　第 126 冊　第 315 頁

0444　關於滿洲的朝鮮人獨立團

　　西里龍夫　昭和四年(1929)　第十四卷　第 113 冊　第 77 頁

0445　關於滿洲的紙類需求及製造狀況

　　芝國重　昭和五年(1930)　第七十卷　第 135 冊　第 533 頁

0446　關於滿洲禁止鴉片的問題

　　新村寬　昭和三年(1928)　第三卷第一編　第 98 冊　第 1 頁

0447　關於閩江流域的經濟

　　原田留吉　昭和十六年(1941)　第 186 冊　第 57 頁

0448　關於皮革

　　野田久太郎　昭和十四年(1939)　第 166 冊　第 1 頁

0449　關於青島

　　山本君平　昭和十六年(1941)　第 180 冊　第 1 頁

0450　關於薩拉齊縣

　　白井秀夫　昭和十六年(1941)　第 180 冊　第 517 頁

0451　關於上海臨時法院

山田清一　昭和二年（1927）　第十四卷第一編　第 94 册　第 1 頁

0452　關於松花江航行權

木島清道　昭和四年（1929）　第十七卷　第 113 册　第 455 頁

0453　關於香港的外國人權益

下垣內正典　昭和十四年（1939）　第 168 册　第 401 頁

0454　關於印花稅（附京兆警捐）

梶村正義　昭和二年（1927）　第一卷第三編　第 77 册　第 225 頁

0455　關於浙江省教育設施的復興

今村俊一　昭和十五年（1940）　第 173 册　第 559 頁

0456　光岡義男旅行日誌

光岡義男　昭和十四年（1939）　湖北班　第 56 册　第 625 頁

0457　廣長敬太郎旅行日誌

廣長敬太郎　昭和十七年（1942）　第十三班　第 70 册　第 227 頁

0458　廣川縫之助旅行日誌

廣川縫之助　昭和七年（1932）　第二十卷　第 41 册　第 473 頁

0459　廣東、香港商業渠道的現狀

木田彌三旺　昭和十六年（1941）　第 186 册　第 543 頁

0460　廣東的工會及勞工運動

石田七郎　昭和四年（1929）　第四十三卷　第 118 册　第 1 頁

0461　廣東的貨幣金融

高相武彥　昭和十四年（1939）　第 167 册　第 273 頁

0462　廣東的貨幣金融狀況

山本貞文　昭和十六年（1941）　第 177 册　第 507 頁

0463　廣東的居留民團

新角傚郎　昭和十七年（1942）　第 187 册　第 201 頁

0464　廣東的貿易

成田英一　昭和五年（1930）　笰三十五卷　第 130 册　第 53 頁

0465　廣東的生絲

田尻親種　昭和十四年（1939）　第 167 册　第 481 頁

0466　廣東的土布工業

　　　　山口榮　昭和十七年(1942)　第 187 冊　第 521 頁

0467　廣東的象牙業

　　　　中島秀孝　昭和十七年(1942)　第 187 冊　第 479 頁

0468　廣東的學校教育

　　　　辻橋佑吉　昭和五年(1930)　第八十一卷　第 137 冊　第 405 頁

0469　廣東的養鹽業

　　　　秦儀三郎　昭和二年(1927)　第八卷第三編　第 84 冊　第 103 頁

0470　廣東的戰後狀況

　　　　藤村敬三　昭和十六年(1941)　第 177 冊　第 257 頁

0471　廣東地區的鹽業調查

　　　　重松敏夫　昭和四年(1929)　第三十三卷　第 116 冊　第 293 頁

0472　廣東地區的大米

　　　　山領康夫　昭和十七年(1942)　第 187 冊　第 417 頁

0473　廣東地區的交通

　　　　池田陽二郎　昭和十七年(1942)　第 187 冊　第 103 頁

0474　廣東地區的水上交通

　　　　西村正介　昭和十六年(1941)　第 186 冊　第 485 頁

0475　廣東地區的絲業調查

　　　　保科尚衛　昭和五年(1930)　第八卷　第 125 冊　第 669 頁

0476　廣東地區交通狀況

　　　　古市清　昭和十四年(1939)　第 167 冊　第 375 頁

0477　廣東國民政府的煙酒印花稅

　　　　林清人　昭和二年(1927)　第八卷第五編　第 84 冊　第 303 頁

0478　廣東話管見

　　　　田坂領甫　昭和十四年(1939)　第 169 冊　第 109 頁

0479　廣東貨幣金融調查

　　　　鹿又秀一　昭和十七年(1942)　第 187 冊　第 1 頁

0480　廣東及雲南省的教育

　　　　日高清磨瑳　昭和三年(1928)　第十二卷第二編　第 107 冊　第 295 頁

0481　廣東省潮安縣的農業

　　　　羅振麟　昭和六年(1931)　第十三卷　第 140 冊　第 539 頁

0482　廣東省的教育

　　　　本鄉正雄　昭和十七年(1942)　第 187 冊　第 281 頁

0483　廣東省的礦產資源和鐵

　　　　西村敏雄　昭和十四年(1939)　第 167 冊　第 169 頁

0484　廣東省的鎢交易狀況

　　　　綱木正昌　昭和十七年(1942)　第 187 冊　第 347 頁

0485　廣東中國人的對日感情

　　　　土本邦雄　昭和十四年(1939)　第 167 冊　第 239 頁

0486　廣瀨清旅行日誌

　　　　廣瀨清　昭和三年(1928)　第九卷第三編　第 13 冊　第 235 頁

0487　廣末治男旅行日誌

　　　　廣末治男　昭和十四年(1939)　河北第二班　第 54 冊　第 235 頁

0488　廣州地區物產的流通及交易狀況

　　　　宮野靜夫、瀧田實　昭和十六年(1941)　第 177 冊　第 337 頁

0489　廣州地區物資的流通及交易狀況

　　　　岡正住　昭和十四年(1939)　第 167 冊　第 73 頁

0490　廣州對外貿易情況

　　　　鶴田正男　昭和十六年(1941)　第 186 冊　第 455 頁

0491　廣州市財政調查

　　　　谷本忍　昭和十六年(1941)　第 177 冊　第 109 頁

0492　廣州市的人口離散及回歸情況

　　　　鹿毛政人　昭和十四年(1939)　第 167 冊　第 1 頁

0493　廣州市第三□權益的特異性

　　　　大坪正十三　昭和十四年(1939)　第 166 冊　第 531 頁

0494　廣州市教育狀況

　　　　今西照男　昭和十四年(1939)　第 166 冊　第 475 頁

0495　廣州市市政調查

　　　　長谷川信吉　昭和五年(1930)　第八十三卷　第 137 冊　第 581 頁

0496　龜井壯介旅行日誌

龜井壯介　昭和十八年(1943)　常熟班　第 75 冊　第 179 頁

0497　貴堂貞三旅行日誌

貴堂貞三　昭和五年(1930)　第四十四卷　第 31 冊　第 51 頁

0498　國吉勳旅行日誌

國吉勳　昭和十六年(1941)　第三十一班　第 67 冊　第 519 頁

0499　國民政府的司法制度及其運用

張書明　昭和二年(1927)　第十四卷第五編　第 95 冊　第 103 頁

0500　國澤德滿旅行日誌

國澤德滿　昭和七年(1932)　第五卷　第 39 冊　第 1 頁

0501　過去一年的湖北大水災

趙俊生　昭和七年(1932)　第七十八卷　第 140 冊　第 611 頁

H

0502　海拉爾的突厥韃靼人(宗教)

松見慶三郎　昭和八年(1933)　第二十五卷第五編　第 147 冊　第 631 頁

0503　海龍縣調查

中島浩、清利孝德　昭和八年(1933)　第三卷第一編　第 141 冊　第 279 頁

0504　海倫縣調查

高谷靖輔、堀內健吾、乾祐二　昭和八年(1933)　第十六卷第三編　第 145 冊
　　第 481 頁

0505　海門班(金融)

上野肇、光安彥臣　昭和十八年(1943)　第 200 冊　第 605 頁

0506　海門的收購及配給狀況

福島茂、松尾悅夫　昭和十八年(1943)　第 200 冊　第 683 頁

0507　海門調查班(宣傳、訓練、出版物)

益田憲吉　昭和十八年(1943)　第 200 冊　第 655 頁

0508　海南島的交通

仲田茂　昭和十六年(1941)　第 177 冊　第 441 頁

0509　海南島金融經濟情況調查報告書

吉村英助　昭和十四年(1939)　第 167 冊　第 541 頁

0510 海峽殖民地的勞動問題——以無業者爲中心

　　　長田憲一　昭和十四年(1939)　第 170 冊　第 201 頁

0511 海峽殖民地華僑的政治動向

　　　小林保、岩間正雄　昭和十四年(1939)　第 170 冊　第 159 頁

0512 漢口、長沙的金融調查

　　　田村三郎　昭和五年(1930)　第二十二卷　第 128 冊　第 1 頁

0513 漢口的金融調查

　　　青木繁男　昭和十六年(1941)　第 183 冊　第 405 頁

0514 漢口的人口問題

　　　加藤幸男　昭和十六年(1941)　第 183 冊　第 173 頁

0515 漢口的商業調查

　　　淺野榮市　昭和十五年(1940)　第 176 冊　第 391 頁

0516 漢口地區的輕工業

　　　大森史郎、鈴木良介　昭和十七年(1942)　第 191 冊　第 1 頁

0517 漢口地區的物資交流與合作社

　　　窪田元次郎　昭和十六年(1941)　第 184 冊　第 525 頁

0518 漢口市場上的豬鬃

　　　市村克孝　昭和十四年(1939)　第 166 冊　第 59 頁

0519 漢口特別市的教育復興狀況

　　　青山貢　昭和十六年(1941)　第 185 冊　第 77 頁

0520 漢口特別市政府的財政

　　　荻原義久　昭和十六年(1941)　第 183 冊　第 433 頁

0521 杭州的工業

　　　石崎三郎　昭和十五年(1940)　第 173 冊　第 475 頁

0522 杭州的經濟情況調查報告書

　　　吉賀後亮、深堀寬、後藤文治、芹澤五郎、鈴木屬吉　昭和十三年(1938)　第 158

　　　冊　第 1 頁

0523 杭州的主要紡織工業

　　　森口薰　昭和十五年(1940)　第 174 冊　第 421 頁

0524 杭州許氏祠堂、蘇州潘氏祠堂調查報告書

乾正己、織本健二郎、駒井輝男　昭和十七年(1942)　第 192 册　第 457 頁

0525　杭州嘉興的民船

立花正平　昭和十五年(1940)　第 173 册　第 389 頁

0526　杭州市地理調查

宮木得行　昭和十五年(1940)　第 174 册　第 1 頁

0527　合會的研究

稻野達郎　昭和十六年(1941)　第 178 册　第 221 頁

0528　和多田介英旅行日誌

和多田介英　昭和二年(1927)　第九卷第四編　第 6 册　第 561 頁

0529　和龍縣調查

廣田正　昭和八年(1933)　第十一卷第二編　第 143 册　第 485 頁

0530　和田四郎旅行日誌

和田四郎　昭和三年(1928)　第八卷第二編　第 12 册　第 367 頁

0531　和田喜一郎旅行日誌

和田喜一郎　昭和三年(1928)　第二卷第二編　第 10 册　第 241 頁

0532　河北省的教育情況

佃正道　昭和十四年(1939)　第 160 册　第 65 頁

0533　河北省的教育狀況

風間金九　昭和十四年(1939)　第 170 册　第 551 頁

0534　河北省定縣的財政

齋藤保夫　昭和十五年(1940)　第 171 册　第 169 頁

0535　河北省東北部的人口

角田三郎　昭和十四年(1939)　第 159 册　第 441 頁

0536　河北省東北部物產的流通及交易狀況

高橋克明　昭和十四年(1939)　第 159 册　第 319 頁

0537　(河北省)貨幣金融狀況

廣末治男　昭和十四年(1939)　第 159 册　第 511 頁

0538　河北省冀東區的棉花

岡幸雄　昭和十四年(1939)　第 159 册　第 209 頁

0539　河本忠雄旅行日誌

河本忠雄　昭和十六年（1941）　第十四班　第65冊　第157頁

0540　河島次馬旅行日誌

河島次馬　昭和三年（1928）　第十四卷第一編　第15冊　第615頁

0541　河岡洋一旅行日誌

河岡洋一　昭和十八年（1943）　崇明班　第75冊　第473頁

0542　河內亮旅行日誌

河內亮　昭和七年（1932）　第二十三卷　第41冊　第595頁

0543　河野龍雄旅行日誌

河野龍雄　昭和十四年（1939）　徐州海州班　第56冊　第271頁

0544　河野七郎旅行日誌

河野七郎　昭和四年（1929）　第五十七卷　第23冊　第1頁

0545　河野武彥等旅行日誌

河野武彥、鵐田藤太郎、簡昆田　昭和十三年（1938）　華中第十二班　第53冊
　　第619頁

0546　河原畑一美等旅行日誌

河原畑一美、羽立實夫　昭和九年（1934）　第十八卷　第51冊　第315頁

0547　荷屬東印度對華貿易情況

田路章　昭和四年（1929）　第六十四卷　第121冊　第1頁

0548　荷屬東印度及馬來半島的華僑

印牧真一　昭和四年（1929）　笇七十五卷　第122冊　第597頁

0549　賀來揚子郎旅行日誌

賀來揚子郎　昭和十七年（1942）　第三十一班　第73冊　第217頁

0550　鶴谷忠治旅行日誌

鶴谷忠治　昭和三年（1928）　第十一卷第三編　第14冊　第427頁

0551　黑川湊旅行日誌

黑川湊　昭和二年（1927）　第六卷第二編　第3冊　第617頁

0552　黑河省漠河縣

馬場三郎　昭和十年（1935）　第六卷第三編　第154冊　第431頁

0553　黑江道夫等旅行日誌

黑江道夫、栗坂健一　昭和十年（1935）　第八卷　第51冊　第695頁

0554　黑龍江省璦琿縣調查班
　　　西木戶衛、近藤泉下、林千幸　昭和八年(1933)　第二十四卷　第147冊　第237頁

0555　黑龍江省安達縣調查班
　　　中村弘、永友靈　昭和八年(1933)　第十九卷　第146冊　第219頁

0556　黑龍江省德都縣調查
　　　森岡昌利、吉田幸一　昭和九年(1934)　第二十卷第二編　第151冊　第121頁

0557　黑龍江省的家畜及牲畜
　　　大久保英久　昭和四年(1929)　第二十一卷　第114冊　第83頁

0558　黑龍江省呼倫墨黑路沿線城市行政調查
　　　宮澤敞七　昭和四年(1929)　第六十八卷　第121冊　第481頁

0559　黑龍江省林甸縣、依安縣情況(其二)
　　　荻野康治　昭和九年(1934)　第二十二卷第三編　第151冊　第421頁

0560　黑龍江省林甸縣情況
　　　染矢春雄、荻野康治　昭和九年(1934)　第二十二卷第一編　第151冊　第317頁

0561　黑龍江省龍鎮縣調查
　　　森岡昌利、吉田幸一　昭和九年(1934)　第二十卷第一編　第151冊　第75頁

0562　黑龍江省望奎縣調查
　　　宮內信武、藤本俊策　昭和九年(1934)　第二十三卷　第151冊　第503頁

0563　黑龍江省依安縣情況
　　　染矢春雄、荻野康治　昭和九年(1934)　第二十二卷第二編　第151冊　第369頁

0564　黑木正吉旅行日誌
　　　黑木正吉　昭和十七年(1942)　第一班　第68冊　第63頁

0565　黑田正明等旅行日誌
　　　黑田正明、磯川武夫　昭和九年(1934)　第十七卷　第51冊　第285頁

0566　黑澤貞夫旅行日誌
　　　黑澤貞夫　昭和十八年(1943)　蘇州班　第75冊　第49頁

0567　橫川武旅行日誌

　　橫川武　昭和十四年(1939)　香港班　第58册　第257頁

0568　橫井幸重旅行日誌

　　橫井幸重　昭和四年(1929)　第三十五卷　第20册　第483頁

0569　橫井秀信旅行日誌

　　橫井秀信　昭和十五年(1940)　長江流域第五班　第61册　第1頁

0570　橫山安起旅行日誌

　　橫山安起　昭和二年(1927)　第九卷第一編　第6册　第301頁

0571　橫田芳郎等旅行日誌

　　橫田芳郎　宇垚多命英　森山宣夫　昭和六年(1931)　第一卷　第36册　第
　　127頁

0572　橫田文真旅行日誌

　　橫田文真　昭和十七年(1942)　第十三班　第70册　第323頁

0573　橫尾幸隆等旅行日誌

　　橫尾幸隆、本土敏夫、田浦正成　昭和十三年(1938)　華北第二班　第53册
　　第343頁

0574　厚和的地毯業

　　秋貞健一　昭和十六年(1941)　第180册　第327頁

0575　後藤隆三旅行日誌

　　後藤隆三　昭和五年(1930)　第二十五卷　第28册　第607頁

0576　後藤勝一旅行日誌

　　後藤勝一　昭和十四年(1939)　海南島班　第57册　第551頁

0577　呼海鐵路及沿線經濟情況

　　若宮二郎　昭和四年(1929)　第三十九卷　第117册　第303頁

0578　呼蘭縣調查

　　昭和八年(1933)　第十六卷第一編　第145册　第345頁

0579　呼倫貝爾的畜產調查

　　卜部義賢　昭和八年(1933)　第二十五卷第三編　第147册　第569頁

0580　葫蘆島的港口建設問題

　　前田進　昭和五年(1930)　第二十九卷　第129册　第1頁

0581　湖北省的棉花情況

　　松下京平　昭和十六年(1941)　第 183 冊　第 229 頁

0582　湖北省的棉花——以漢口市場爲中心

　　蘆澤實　昭和十五年(1940)　第 176 冊　第 199 頁

0583　湖北省各縣地方財政

　　平井勉　昭和十六年(1941)　第 183 冊　第 301 頁

0584　湖北省漢陽縣縣政調查

　　宮坂喜雄　昭和十六年(1941)　第 184 冊　第 89 頁

0585　湖北省省政調查

　　井上俊一郎　昭和十六年(1941)　第 185 冊　第 145 頁

0586　湖南、廣東的汽車交通

　　坂口久　昭和五年(1930)　第四十九卷　第 132 冊　第 271 頁

0587　湖南省岳陽地區的貨幣金融狀況調查

　　松尾勇夫　昭和十四年(1939)　第 166 冊　第 391 頁

0588　戶田拓二旅行日誌

　　戶田拓二　昭和十五年(1940)　澳門班　第 63 冊　第 263 頁

0589　花行的歷史和棉花一般經銷路徑及華北棉花增產機構一覽表

　　今田章、藤村正輝、綿引喜之　昭和十七年(1942)　第 192 冊　第 431 頁

0590　花井清二良旅行日誌

　　花井清二良　昭和十八年(1943)　江都班　第 75 冊　第 327 頁

0591　華北、華中政治建設狀況

　　阿久津房治、小野桂、門田功　昭和十七年(1942)　第 191 冊　第 285 頁

0592　華北的金融

　　森脇優登　昭和十六年(1941)　第 178 冊　第 509 頁

0593　華北的汽車交通

　　蜂巢一郎　昭和十五年(1940)　第 171 冊　第 677 頁

0594　華北的商業企業狀態

　　大工原亮　昭和四年(1929)　第八卷　第 112 冊　第 105 頁

0595　華北的政治建設狀況(以新民會工作爲中心)

　　福田經、德永速美、立見章三、田沼菊彌、齊藤忠夫、松城弘　昭和十七年(1942)

第 188 册　第 407 頁

0596　華北的製造業

高橋龍夫　昭和四年(1929)　第十九卷　第 113 册　第 589 頁

0597　華北的轉運公司

井上進　昭和二年(1927)　第四卷第三編　第 80 册　第 1 頁

0598　華北方面政治建設狀況調查報告書

中村輝美、吉田偉三、大江勝、狄元伸一　昭和十七年(1942)　第 188 册　第 239 頁

0599　華北紡織業

橫尾幸隆、本土敏夫、田浦正成　昭和十三年(1938)　第 156 册　第 137 頁

0600　華北各港口的倉儲業

貴堂貞三　昭和五年(1930)　第四十四卷　第 131 册　第 233 頁

0601　華北各港口的航運

渡部修三　昭和五年(1930)　第六十七卷　第 135 册　第 205 頁

0602　華北經濟工作的發展

新行內義兄、八木友愛　昭和十三年(1938)　第 156 册　第 489 頁

0603　華北經濟開發與日中合作問題(二)

阿部善種　昭和十五年(1940)　第 171 册　第 411 頁

0604　華北經濟開發與日中合作問題(三)

阿部善種　昭和十五年(1940)　第 171 册　第 543 頁

0605　華北經濟開發與日中合作問題(一)

阿部善種　昭和十五年(1940)　第 171 册　第 291 頁

0606　華北佔領區的經濟概況與金融二作

荻下利明、渡邊健次　昭和十三年(1938)　第 156 册　第 1 頁

0607　華北政治建設

富田定、平木義高、高宮敬　昭和十七年(1942)　第 188 册　第 471 頁

0608　華北重要城市教育調查

吉田九郎　昭和五年(1930)　第八十二卷　第 137 册　第 499 頁

0609　華北重要城市教育機構調查

本多彥次　昭和四年(1929)　第四卷　第 111 册　第 351 頁

0610　華南蠶絲業調查

　　矢野一郎　昭和二年(1927)　第八卷第七編　第 84 冊　第 617 頁

0611　華南蠶絲業調查

　　市川信治　昭和五年(1930)　第八十卷　第 137 冊　第 269 頁

0612　華南的農民運動

　　大脇浩六郎　昭和二年(1927)　第八卷第一編　第 83 冊　第 627 頁

0613　華南地區工會調查

　　岡部俊雄　昭和二年(1927)　第七卷第二編　第 83 冊　第 409 頁

0614　華南滇越的勞動狀況

　　中崎一之　昭和三年(1928)　第十二卷第三編　第 107 冊　第 427 頁

0615　華南港口調查

　　百枝辰男　昭和四年(1929)　第一卷　第 111 冊　第 1 頁

0616　華南港灣狀況調查

　　牧野清　昭和四年(1929)　第四十卷　第 117 冊　第 385 頁

0617　華南海產調查

　　桑島泰雄　昭和五年(1930)　第七十二卷　第 136 冊　第 139 頁

0618　華南海運調查

　　鶴谷忠治　昭和三年(1928)　第十一卷第三編　第 106 冊　第 513 頁

0619　華南商埠地區的貨幣及金融機構

　　青山清　昭和五年(1930)　第六十五卷　第 135 冊　第 79 頁

0620　華南沿海、法屬印度支那港灣調查

　　蜂谷貞雄　昭和五年(1930)　第七十五卷　第 136 冊　第 569 頁

0621　華南沿海城市調查

　　杉原信一　昭和四年(1929)　第三十八卷　第 117 冊　第 137 頁

0622　華南沿海的電力事業調查

　　水沼博　昭和五年(1930)　第二十七卷　第 128 冊　第 497 頁

0623　華南沿海的樟樹調查(附天然樟腦與人造樟腦的將來)

　　高田利德　昭和二年(1927)　第八卷第八編　第 85 冊　第 1 頁

0624　華南沿海法屬印度支那穀物調查

　　金田一郎　昭和五年(1930)　第八十四卷　第 138 冊　第 1 頁

0625　華南沿海港灣狀況

　　　小林榮　昭和二年(1927)　第八卷第九編　第 85 冊　第 79 頁

0626　華南沿海各城市的城市規劃

　　　元木數雄　昭和五年(1930)　第八十六卷　第 138 冊　第 317 頁

0627　華南沿海各地的中國同鄉團體調查

　　　篠崎昌平　昭和二年(1927)　第八卷第四編　第 84 冊　第 199 頁

0628　華南沿海各港口的貨幣

　　　佐佐木安明　昭和二年(1927)　第八卷第二編　第 84 冊　第 1 頁

0629　華南沿海各港口居民的生活狀態

　　　長谷勸　昭和四年(1929)　第三十二卷　第 116 冊　第 1 頁

0630　華南沿海華僑金融調查

　　　松本賢太郎　昭和二年(1927)　第八卷第六編　第 84 冊　第 429 頁

0631　華南沿海交通、廣東港口建設問題

　　　趙桂顯　昭和二年(1927)　第八卷第十編　第 85 冊　第 135 頁

0632　華南沿海教育調查

　　　竹味武雄　昭和二年(1927)　第八卷第十一編　第 85 冊　第 437 頁

0633　華南沿海貿易情況

　　　中島監　昭和二年(1927)　第七卷第三編　第 83 冊　第 495 頁

0634　華南移民調查

　　　馬淵悅男　昭和二年(1927)　第八卷第十三編　第 86 冊　第 1 頁

0635　華僑

　　　小山田繁　昭和四年(1929)　第七十卷　第 122 冊　第 1 頁

0636　華興商業銀行

　　　小西末一　昭和十四年(1939)　第 159 冊　第 1 頁

0637　華中的國策會社

　　　佐藤勇　昭和十五年(1940)　第 176 冊　第 545 頁

0638　華中棉花的生產及分佈狀況

　　　深堀吉郎　昭和十五年(1940)　第 175 冊　第 297 頁

0639　華中水電現狀

　　　田原勢典　昭和十五年(1940)　第 176 冊　第 105 頁

0640 華中徐州一帶的教育情況（附開封周邊的教育概況）

河野龍雄　昭和十四年（1939）　第 165 冊　第 1 頁

0641 華中中國人的對日感情——尤其以武漢爲中心

光岡義男　昭和十四年（1939）　第 166 冊　第 265 頁

0642 樺川縣調查

勝田一夫、城繁雄、吉田藤一　昭和八年（1933）　第十四卷第一編　第 144 冊
　第 381 頁

0643 樺川縣調查

鈴木丹司、角田正夫、和田一明、林太郎　昭和八年（1933）　第十四卷第四編
第 145 冊　第 1 頁

0644 荒木茂旅行日誌

荒木茂　昭和十六年（1941）　第三班　第 63 冊　第 599 頁

0645 荒木勇旅行日誌

荒木勇　昭和十六年（1941）　第十五班　第 65 冊　第 221 頁

0646 琿春縣調查報告書

平林千幸　昭和八年（1933）　第十一卷第四編　第 144 冊　第 1 頁

J

0647 磯西英次旅行日誌

磯西英次　昭和七年（1932）　第四卷　第 38 冊　第 591 頁

0648 及川誠等旅行日誌

及川誠、千枝陸郎、佐藤金藏　昭和八年（1933）　第二十七卷　第 49 冊　第
511 頁

0649 吉本正男旅行日誌

吉本正男　昭和十五年（1940）　長江流域第三班　第 60 冊　第 6 頁

0650 吉川義博旅行日誌

吉川義博　昭和二年（1927）　第三卷第四編　第 2 冊　第 53 頁

0651 吉村健次旅行日誌

吉村健次　昭和十五年（1940）　長江流域第三班　第 60 冊　第 5 頁

0652 吉敦沿線農業調查

田中玲瓏　昭和四年(1929)　第十三卷　第113册　第1頁

0653　吉岡常利旅行日誌

　　　吉岡常利　昭和七年(1932)　第六十三卷　第47册　第537頁

0654　吉岡四郎旅行日誌

　　　吉岡四郎　昭和五年(1930)　第五十二卷　第32册　第173頁

0655　吉會沿線的林業

　　　中倉倫平　昭和三年(1928)　第七卷第三編　第102册　第1頁

0656　吉會沿線交通調查

　　　津留直　昭和三年(1928)　第七卷第一編　第101册　第445頁

0657　吉會豫定線沿線之經濟的現狀及將來

　　　神棒真幸　昭和五年(1930)　第十九卷　第127册　第389頁

0658　吉林省德惠縣調查

　　　小松守司、松井成德　昭和九年(1934)　第十四卷第二編　第149册　第527
　　　頁

0659　吉林省的林業

　　　左近允武夫　昭和五年(1930)　第五十五卷　第133册　第267頁

0660　吉林省的森林

　　　中尾威　昭和二年(1927)　第一三卷第三編　第92册　第249頁

0661　吉林省額穆縣調查

　　　爲藤陽次郎、谷彌七　昭和九年(1934)　第十二卷　第149册　第159頁

0662　吉林省扶餘縣調查

　　　津田一男　昭和九年(1934)　第十五卷第二編　第150册　第133頁

0663　吉林省九臺縣調查

　　　松井成德、小松守司　昭和九年(1934)　第十四卷第一編　第149册　第439
　　　頁

0664　吉林省密山縣調查

　　　由井文人、永谷仁一、雨宮芳夫　昭和九年(1934)　第十一卷第二編　第149
　　　册　第111頁

0665　吉林省穆稜縣調查

　　　由井文人、永谷仁一、雨宮芳夫　昭和九年(1934)　第十一卷第一編　第149

册　第 1 頁

0666　吉林省農安縣調查

德野外志男　昭和九年(1934)　第十五卷第一編　第 150 册　第 1 頁

0667　吉林省水田調查

原口五郎、若林一郎、妻木正三、安念信弘、白井金彌　昭和六年(1931)　第四

卷　第 139 册　第 395 頁

0668　吉田金四郎旅行日誌

吉田金四郎　昭和三年(1928)　第十五卷第六編　第 16 册　第 311 頁

0669　吉田九郎旅行日誌

吉田九郎　昭和五年(1930)　第八十二卷　第 35 册　第 195 頁

0670　吉田良雄旅行日誌

吉田良雄　昭和十八年(1943)　泰縣班　第 75 册　第 22 頁

0671　吉田善次旅行日誌

吉田善次　昭和十五年(1940)　綏遠班　第 60 册　第 75 頁

0672　吉田正夫旅行日誌

吉田正夫　昭和十八年(1943)　江都班　第 75 册　第 27 頁

0673　吉田忠旅行日誌

吉田忠　昭和十四年(1939)　岳陽班　第 57 册　第 193 頁

0674　吉田倬三旅行日誌

吉田倬三　昭和十七年(1942)　第四班　第 68 册　第 401 頁

0675　吉野金良旅行日誌

吉野金良　昭和二年(1927)　第十一卷第六編　第 9 册　第 1 頁

0676　吉扎嘎爾旗情況調查

圓谷清治、山內英之　昭和九年(1934)　第二十四卷第二編　第 152 册　第

113 頁

0677　楫數一旅行日誌

楫數一　昭和三年(1928)　第一卷第二編　第 10 册　第 39 頁

0678　濟南的會館公所

岩下輝夫、石田幸三郎、石橋春男、長谷川稔、門井博　昭和六年(1931)　第八

卷　第 140 册　第 119 頁

0679 濟南的外國商品

　　岩下輝夫、石田幸三郎、石橋春男、長谷川稔、門井博　昭和六年(1931)　第七

　　卷　第 140 冊　第 47 頁

0680 濟南及天津的牛骨及牛皮

　　原口輝雄　昭和二年(1927)　第三卷第三編　第 79 冊　第 1 頁

0681 加藤大助旅行日誌

　　加藤大助　昭和十五年(1940)　浙江班　第 60 冊　第 195 頁

0682 加藤隆德旅行日誌

　　加藤隆德　昭和五年(1930)　第七卷　第 26 冊　第 515 頁

0683 加藤美治旅行日誌

　　加藤美治　昭和十八年(1943)　無錫班　第 75 冊　第 389 頁

0684 加藤通夫旅行日誌

　　加藤通夫　昭和十七年(1942)　第十八班　第 71 冊　第 241 頁

0685 加藤幸男旅行日誌

　　加藤幸男　昭和十六年(1941)　第十七班　第 65 冊　第 501 頁

0686 加藤咨郎旅行日誌

　　加藤咨郎　昭和十五年(1940)　綏遠班　第 60 冊　第 1 頁

0687 家村繁治旅行日誌

　　家村繁治　昭和十八年(1943)　武進班　第 75 冊　第 515 頁

0688 ［嘉善縣調查報告書］

　　長柄垚一郎、木谷達郎、吉田哲郎、服部晉二　昭和十三年(1938)　第 157 冊

　　第 553 頁

0689 嘉興縣

　　青井正親、宮永善二、德田計資　昭和十三年(1938)　第 157 冊　第 431 頁

0690 甲斐治義旅行日誌

　　甲斐治義　昭和七年(1932)　第五十六卷　第 46 冊　第 335 頁

0691 榎原德之郎旅行日誌

　　榎原德之郎　昭和四年(1929)　第五十二卷　第 22 冊　第 283 頁

0692 兼松勝旅行日誌

　　兼松勝　昭和五年(1930)　第十卷　第 27 冊　第 77 頁

0693 菅一弘旅行日誌

　　菅一弘　昭和五年(1930)　第十二卷　第 27 冊　第 323 頁

0694 間島的農業發展趨勢

　　辻正一　昭和三年(1928)　第七卷第六編　第 103 冊　第 1 頁

0695 間島的水田

　　梅田潔　昭和五年(1930)　第七十三卷　第 136 冊　第 295 頁

0696 間島地區礦業調查報告

　　藤島健一　昭和二年(1927)　第十三卷第二編　第 92 冊　第 181 頁

0697 間島地區農業調查

　　藤島健一　昭和二年(1927)　第十三卷第一編　第 92 冊　第 1 頁

0698 江北南通調查

　　富田清之助、菊地喜久治、橋本昇、中園靜雄、近光毅　昭和十三年(1938)　第
　　158 冊　第 141 頁

0699 (江都)風俗

　　小松康宏　昭和十八年(1943)　第 199 冊　第 65 頁

0700 江都縣財政調查

　　菊野幸夫　昭和十八年(1943)　第 199 冊　第 129 頁

0701 江都縣的教育概況

　　伊藤茂　昭和十八年(1943)　第 199 冊　第 107 頁

0702 江都縣行政組織

　　鈴木俍　昭和十八年(1943)　第 199 冊　第 81 頁

0703 江都縣金融貨幣物價概況

　　柴田敏之　昭和十八年(1943)　第 199 冊　第 33 頁

0704 江都縣經濟(收購及配給)

　　花井清二良、原田正人　昭和十八年(1943)　第 198 冊　第 603 頁

0705 江都縣鄉土藝術

　　花井清二良　昭和十八年(1943)　第 198 冊　第 583 頁

0706 江都縣治安調查報告一部

　　吉田正夫　昭和十八年(1943)　第 198 冊　第 513 頁

0707 江都縣宗教

花井清二良　昭和十八年(1943)　第 198 冊　第 547 頁

0708　(江都)語言

小松康宏　昭和十八年(1943)　第 199 冊　第 71 頁

0709　江口涉旅行日誌

江口涉　昭和四年(1929)　第十一卷　第 17 冊　第 517 頁

0710　江南地區的民船

尋木愼一郎　昭和十五年(1940)　第 174 冊　第 81 頁

0711　江蘇、四川、湖北的蠶絲業

宇敷正章　昭和五年(1930)　第三十七卷　第 130 冊　第 163 頁

0712　江蘇省常熟縣財政調查

昭和十八年(1943)　第 198 冊　第 167 頁

0713　江蘇省海門縣語言調查報告

松尾長　昭和十八年(1943)　第 200 冊　第 585 頁

0714　江蘇省江都縣教育概況調查報告

名倉光三　昭和十四年(1939)　第 164 冊　第 353 頁

0715　江蘇省昆山縣的縣政

久保田太郎　昭和十六年(1941)　第 181 冊　第 137 頁

0716　江蘇省內各城市以基督教(新教)爲中心的外國人活動狀況

松浦春男　昭和十五年(1940)　第 174 冊　第 149 頁

0717　江蘇省泰縣財政調查報告書

清水好孝　昭和十八年(1943)　第 198 冊　第 469 頁

0718　江蘇省武進縣教育調查報告書

立上良美　昭和十八年(1943)　第 200 冊　第 237 頁

0719　江藤茂樹旅行日誌

江藤茂樹　昭和十五年(1940)　綏遠班　第 60 冊　第 47 頁

0720　江西省德安縣的財政

白子三郎　昭和十六年(1941)　第 183 冊　第 1 頁

0721　江西省的物資流通狀況

橫井秀信　昭和十五年(1940)　第 175 冊　第 485 頁

0722　江西省交通狀況調查

松野稔　昭和十四年(1939)　第 165 册　第 525 頁

0723　(江西省)物產流通交易狀況

樹野阪治　昭和十四年(1939)　第 165 册　第 601 頁

0724　江下清一旅行日誌

江下清一　昭和五年(1930)　第十六卷　第 28 册　第 1 頁

0725　江淵薰旅行日誌

江淵薰　昭和十四年(1939)　湖北班　第 57 册　第 1 頁

0726　交通調查

德山春宣　昭和二年(1927)　第九卷第七編　第 86 册　第 623 頁

0727　交通機構(陸上)調查

金澤伍一　昭和三年(1928)　第十五卷第二編　第 109 册　第 343 頁

0728　交趾支那的華僑

安河內哲夫　昭和三年(1928)　第十四卷第三編　第 109 册　第 181 頁

0729　交趾支那貿易調查

村上秋夫　昭和三年(1928)　第十四卷第二編　第 109 册　第 83 頁

0730　交趾支那重要物產調查

河島次馬　昭和三年(1928)　第十四卷第一編　第 109 册　第 1 頁

0731　膠濟、津浦線北段金融調查

松井幸人　昭和四年(1929)　第七十一卷　第 122 册　第 85 頁

0732　膠濟、平綏鐵路釐金制度調查

中尾義男　昭和四年(1929)　第六卷　第 111 册　第 559 頁

0733　膠濟鐵路及北平的長途汽車調查

岩井茂　昭和四年(1929)　第三十七卷　第 117 册　第 1 頁

0734　角田三郎旅行日誌

角田三郎　昭和十四年(1939)　河北第一班　第 54 册　第 201 頁

0735　教育調查

小林鈔　昭和五年(1930)　第七十八卷　第 137 册　第 1 頁

0736　芥川正夫旅行日誌

芥川正夫　昭和三年(1928)　第十五卷第三編　第 16 册　第 99 頁

0737　今村俊一旅行日誌

今村俊一　昭和十五年（1940）　浙江班　第 60 册　第 247 頁

0738　今村一郎旅行日誌

今村一郎　昭和十四年（1939）　安徽班　第 56 册　第 291 頁

0739　今里明等旅行日誌

今里明　濱田守保　昭和十三年（1938）　華北第六班　第 53 册　第 401 頁

0740　今泉陽男旅行日誌

今泉陽男　昭和十五年（1940）　河北第一班　第 59 册　第 53 頁

0741　今泉正民旅行日誌

今泉正民　昭和五年（1930）　第二十六卷　第 29 册　第 1 頁

0742　今田章旅行日誌

今田章　昭和十七年（1942）　第三十二班　第 73 册　第 275 頁

0743　今西照男旅行日誌

今西照男　昭和十四年（1939）　廣東班　第 57 册　第 239 頁

0744　金川縣、輝南縣情況

田原竹市、下柳田英造　昭和十年（1935）　第二卷　第 153 册　第 197 頁

0745　金福鐵路

昭和二年（1927）　第四卷第六編　第 80 册　第 433 頁

0746　金海政秀旅行日誌

金海政秀　昭和十八年（1943）　常熟班　第 75 册　第 163 頁

0747　金井正次旅行日誌

金井正次　昭和十五年（1940）　河北第一班　第 59 册　第 61 頁

0748　金田一郎旅行日誌

金田一郎　昭和五年（1930）　第八十四卷　第 35 册　第 357 頁

0749　金丸榮旅行日誌

金九榮　昭和三年（1928）　第一卷第一編　第 10 册　第 1 頁

0750　金丸一夫旅行日誌

金丸一夫　昭和十七年（1942）　第十二班　第 70 册　第 187 頁

0751　金澤伍一旅行日誌

金澤伍一　昭和三年（1928）　第十五卷第二編　第 16 册　第 55 頁

0752　金子曜太郎旅行日誌

金子曜太郎　昭和七年（1932）　第四十六卷　第45册　第143頁

0753　津波古充誠旅行日誌

津波古充誠　昭和十四年（1939）　山西班　第55册　第157頁

0754　津留直旅行日誌

津留直　昭和三年（1928）　第七卷第一編　第12册　第1頁

0755　津浦鐵路鐵道釐金稅轉運公司調查

南鄉武定　昭和二年（1927）　第三卷第二編　第78册　第421頁

0756　津張地區的羊毛

武川信佐　昭和四年（1929）　第二十卷　第114册　第1頁

0757　近來北平下層社會的主要金融機構和社會設施

荻原藏六　昭和四年（1929）　第四十九卷　第118册　第607頁

0758　近來青島的勞動情況

町野大輔　昭和五年（1930）　第三十一卷　第129册　第231頁

0759　近來上海的貿易概況

今村三郎　昭和四年（1929）　第八十八卷　第124册　第453頁

0760　近來蘇中陸路貿易情況

城臺正　昭和三年（1928）　第九卷第一編　第104册　第439頁

0761　近來以上海爲中心的白銀問題

林茂　昭和九年（1934）　第二十七卷第一編　第152册　第429頁

0762　近幸一郎旅行日誌

近幸一郎　昭和十四年（1939）　蘇州班　第55册　第555頁

0763　京奉沿線重要毛皮集散市場概況

小西勇　昭和五年（1930）　第十五卷　第127册　第1頁

0764　京綏鐵路沿線商業情況

渡邊正吾　昭和二年（1927）　第四卷第八編　第80册　第525頁

0765　京綏線釐金

昭和二年（1927）　第四卷第五編　第80册　第397頁

0766　京綏沿線的城市情況調查

佐多直丸　昭和四年（1929）　第四十五卷　第118册　第217頁

0767　井口易男等旅行日誌

180

井口易男、竹内照夫　昭和八年(1933)　第二卷　第 49 冊　第 183 頁

0768　井上博治旅行日誌

井上博治　昭和十四年(1939)　漢口班　第 56 冊　第 543 頁

0769　井上道高旅行日誌

井上道高　昭和十五年(1940)　長江流域第二班　第 60 冊　第 4 頁

0770　井上進旅行日誌

井上進　昭和二年(1927)　第四卷第三編　第 2 冊　第 487 頁

0771　井上俊一郎旅行日誌

井上俊一郎　昭和十六年(1941)　第二十一班　第 66 冊　第 303 頁

0772　井上榮太郎旅行日誌

井上榮太郎　昭和四年(1929)　第六十一卷　第 23 冊　第 251 頁

0773　井上喜三郎等旅行日誌

井上喜三郎、小林安正、户部茂　昭和十三年(1938)　華中第五班　第 53 冊　第 459 頁

0774　井上正彦旅行日誌

井上正彦　昭和七年(1932)　第六十四卷　第 48 冊　第 1 頁

0775　井上宗親旅行日誌

井上宗親　昭和四年(1929)　第八十一卷　第 26 冊　第 81 頁

0776　井唯信彦旅行日誌

井唯信彦　昭和十四年(1939)　徐州海州班　第 56 冊　第 209 頁

0777　井原雄治旅行日誌

井原雄治　昭和十五年(1940)　長江流域第二班　第 60 冊　第 4 頁

0778　井澤寬旅行日誌

井澤寬　昭和十八年(1943)　泰縣班　第 75 冊　第 2 頁

0779　景德鎮陶磁器的商業調查

河本忠司　昭和十六年(1941)　第 182 冊　第 453 頁

0780　九江縣的教育復興狀況

工藤良憲　昭和十六年(1941)　第 182 冊　第 605 頁

0781　久保寶次旅行日誌

久保寶次　昭和四年(1929)　第七十三卷　第 24 冊　第 549 頁

0782　久保徹之旅行日誌

　　　久保徹之　昭和十七年(1942)　第十五班　第70册　第617頁

0783　久保田太郎旅行日誌

　　　久保田太郎　昭和十六年(1941)　第九班　第64册　第471頁

0784　久保田重男等旅行日誌

　　　久保田重男、雨宮治良　昭和十年(1935)　第五卷　第51册　第651頁

0785　久留景三旅行日誌

　　　久留景三　昭和二年(1927)　第十二卷第二編　第9册　第157頁

0786　久重四郎旅行日誌

　　　久重四郎　昭和五年(1930)　第七十四卷　第34册　第387頁

0787　酒家重好旅行日誌

　　　酒家重好　昭和三年(1928)　第四卷第三編　第11册　第83頁

0788　舊察南、晉北兩政權轄區内的教育狀況

　　　尾見博已　昭和十四年(1939)　第164册　第43頁

0789　居留民團的調查

　　　青柳星美　昭和十六年(1941)　第183册　第487頁

0790　駒井輝男旅行日誌

　　　駒井輝男　昭和十七年(1942)　第三十三班　第73册　第415頁

K

0791　開田正雄旅行日誌

　　　開田正雄　昭和十五年(1940)　廣東省第二班　第62册　第319頁

0792　克東縣調查

　　　涉谷勇造、山本純恩、竹内桂太郎、金子正雄　昭和八年(1933)　第十八卷第三
　　　編　第146册　第127頁

0793　克山縣調查

　　　涉谷勇造、山本純恩、竹内桂太郎、金子正雄　昭和八年(1933)　第十八卷第一
　　　編　第146册　第1頁

0794　堀本泰造等旅行日誌

　　　堀本泰造、美和映二郎　昭和九年(1934)　第八卷　第51册　第1頁

0795　堀川靜等旅行日誌

　　堀川靜、若林猶、土屋進、重富勘吾、伊藤太　昭和六年（1931）　第 37 册　第
　　151 頁

0796　堀口博國旅行日誌

　　堀口博國　昭和十七年（1942）　第二十八班　第 73 册　第 31 頁

0797　堀深旅行日誌

　　堀深　昭和十四年（1939）　香港班　第 58 册　第 1 頁

0798　昆山縣的教育復興

　　山谷儔　昭和十六年（1941）　第 181 册　第 111 頁

<h2 style="text-align:center">L</h2>

0799　瀨川英助旅行日誌

　　瀨川英助　昭和七年（1932）　第六十二卷　第 47 册　第 495 頁

0800　瀨戶謙等旅行日誌

　　瀨戶謙、妻木辰男　昭和十三年（1938）　華中第十四班　第 54 册　第 1 頁

0801　瀨戶真夫旅行日誌

　　瀨戶真夫　昭和十七年（1942）　第十七班　第 71 册　第 205 頁

0802　瀨口政孝旅行日誌

　　瀨口政孝　昭和十七年（1942）　第二十四班　第 72 册　第 253 頁

0803　立花正平旅行日誌

　　立花正平　昭和十五年（1940）　浙江班　第 60 册　第 165 頁

0804　立見章三旅行日誌

　　立見章三　昭和十七年（1942）　第七班　第 69 册　第 175 頁

0805　利田幸雄旅行日誌

　　利田幸雄　昭和十七年（1942）　第三十五班　第 74 册　第 21 頁

0806　栗林鐵男旅行日誌

　　栗林鐵男　昭和四年（1929）　第三十卷　第 19 册　第 541 頁

0807　栗田五郎等旅行日誌

　　栗田五郎、廣田恒雄、坂井義雄　昭和九年（1934）　第四卷　第 50 册　第 417
　　頁

0808　笠坊乙彦旅行日誌

　　　笠坊乙彦　昭和十六年(1941)　第十三班　第65冊　第101頁

0809　鎌田健吉旅行日誌

　　　鎌田健吉　昭和二年(1927)　第十一卷第三編　第8冊　第329頁

0810　鎌田龍男旅行日誌

　　　鎌田龍男　昭和五年(1930)　第八十五卷　第35冊　第513頁

0811　遼河流域的鴉片

　　　橫井幸重　昭和四年(1929)　第三十五卷　第116冊　第537頁

0812　遼河流域及四洮昂沿線交通

　　　井上榮太郎　昭和四年(1929)　第六十一卷　第120冊　第409頁

0813　遼陽縣調查

　　　山崎芳數、石川繁二　田村五十彥　小林正治　昭和八年(1933)　第四卷第四
　　　編　第142冊　第1頁

0814　林茂治旅行日誌

　　　林茂治　昭和四年(1929)　第五十一卷　第22冊　第225頁

0815　林清人旅行日誌

　　　林清人　昭和二年(1927)　第八卷第五編　第5冊　第219頁

0816　林田誠一旅行日誌

　　　林田誠一　昭和四年(1929)　第九卷　第17冊　第335頁

0817　林正秋旅行日誌

　　　林正秋　昭和十四年(1939)　香港班　第58冊　第197頁

0818　臨時研究旅行日誌

　　　飛石初次　第76冊　第571頁

0819　淩源縣

　　　福田克美、服部文彥　昭和十年(1935)　第四卷第二編　第154冊　第1頁

0820　鈴木吉之旅行日誌

　　　鈴木吉之　昭和十七年(1942)　第十五班　第70冊　第597頁

0821　鈴木厲吉等旅行日誌

　　　鈴木厲吉、後藤文治、芹澤五郎、深堀寬、吉賀俊亮　昭和十三年(1938)　華中
　　　第十九班　第54冊　第51頁

0822　鈴木良介旅行日誌

　　鈴木良介　昭和十七年(1942)　第二十二班　第71冊　第521頁

0823　鈴木隆康旅行日誌

　　鈴木隆康　昭和十六年(1941)　第十班　第64冊　第529頁

0824　鈴木信旅行日誌

　　鈴木信　昭和十六年(1941)　第十一班　第64冊　第615頁

0825　柳河縣調査

　　中島浩、清利孝德　昭和八年(1933)　第三卷第二編　第141冊　第383頁

0826　柳內滋旅行日誌

　　柳內滋　昭和十五年(1940)　山東班　第59冊　第593頁

0827　柳田與平次旅行日誌

　　柳田與平次　昭和十七年(1942)　第三十班　第73冊　第121頁

0828　龍江省景星縣情況

　　久保田重男、雨宮治良　昭和十年(1935)　第五卷第一編　第154冊　第79頁

0829　龍江省泰康縣情況

　　久保田重男、雨宮治良　昭和十年(1935)　第五卷第二編　第154冊　第175頁

0830　龍江縣調査

　　秋山洋造、森藏之助、松田亨　昭和八年(1933)　第二十二卷第一編　第147冊　第1頁

0831　瀧口義精旅行日誌

　　瀧口義精　昭和四年(1929)　第八十二卷　第26冊　第187頁

0832　瀧石彰一旅行日誌

　　瀧石彰一　昭和十六年(1941)　第九班　第64冊　第485頁

0833　瀧田實旅行日誌

　　瀧田實　昭和十五年(1940)　廣東省第三班　第62冊　第45頁

0834　瀧澤哲雄旅行日誌

　　瀧澤哲雄　昭和十七年(1942)　第三班　第68冊　第335頁

0835　隴海沿線的人口調査

　　松田正人　昭和十四年(1939)　第164冊　第571頁

0836 蘆澤實旅行日誌

　　蘆澤實　昭和十五年(1940)　長江流域第八班　第61冊　第281頁

0837 鹿島達也旅行日誌

　　鹿島達也　昭和十七年(1942)　第三十四班　第73冊　第597頁

0838 鹿島滿周旅行日誌

　　鹿島滿周　昭和七年(1932)　第七十三卷　第48冊　第591頁

0839 鹿毛政人旅行日誌

　　鹿毛政人　昭和十四年(1939)　廣東班　第57冊　第309頁

0840 鹿又秀一旅行日誌

　　鹿又秀一　昭和十六年(1941)　第二十八班　第67冊　第273頁

0841 旅行日誌

　　太田英一　　第76冊　第353頁

0842 旅行日誌

　　中內二郎　　第76冊　第525頁

M

0843 馬場晃旅行日誌

　　馬場晃　昭和十五年(1940)　山西第一班　第59冊　第44頁

0844 馬殿幸次郎旅行日誌

　　馬殿幸次郎　昭和十七年(1942)　第三十一班　第73冊　第253頁

0845 ［馬來經濟問題］

　　丹田四郎、上野陽　昭和十四年(1939)　第170冊　第107頁

0846 馬尼拉煙草

　　芥川正夫　昭和三年(1928)　第十五卷第三編　第109冊　第453頁

0847 馬淵悅男旅行日誌

　　馬淵悅男　昭和二年(1927)　第八卷第十三編　第6冊　第261頁

0848 滿洲里概觀

　　松見慶三郎　昭和八年(1933)　第二十五卷第四編　第147冊　第615頁

0849 滿蒙的羊毛

　　田中守造　昭和五年(1930)　第十八卷　第127冊　第257頁

0850　滿蒙的羊毛羊皮

　　　大石義夫　昭和三年(1928)　第四卷第二編　第 98 冊　第 531 頁

0851　滿蒙交界地區的主要物產集散狀態

　　　中馬靖友　昭和五年(1930)　第六十八卷　第 135 冊　第 313 頁

0852　滿蒙農業情況

　　　真柄富治　昭和五年(1930)　第十三卷　第 126 冊　第 415 頁

0853　滿蒙鐵路調查

　　　若桑省三郎　昭和二年(1927)　第二卷第一編　第 77 冊　第 397 頁

0854　滿蒙羊毛

　　　淵邊元廣　昭和五年(1930)　第三十二卷　第 129 冊　第 353 頁

0855　滿州里調查

　　　奧田重信、白石博　昭和九年(1934)　第二十五卷第二編　第 152 冊　第 271
　　　頁

0856　滿洲的朝鮮農民情況

　　　寺田孫次　昭和三年(1928)　第七卷第二編　第 101 冊　第 587 頁

0857　滿洲的朝鮮人和間島警備的歷史考察

　　　福山壽　昭和五年(1930)　第三十八卷　第 130 冊　第 341 頁

0858　滿洲的城市設施

　　　藤原昇　昭和四年(1929)　第二十四卷　第 114 冊　第 373 頁

0859　滿洲的大豆品種

　　　村松彰　昭和四年(1929)　第四十六卷　第 118 冊　第 319 頁

0860　滿洲的電力事業

　　　大西槐三　昭和三年(1928)　第四卷第一編　第 98 冊　第 291 頁

0861　滿洲的國有貨幣

　　　櫛部正暉　昭和二年(1927)　第二卷第二編　第 77 冊　第 563 頁

0862　滿洲的繭綢

　　　門馬訂一郎　昭和三年(1928)　第六卷第三編　第 101 冊　第 1 頁

0863　滿洲的交易所及錢鈔市場

　　　村山達太郎　昭和五年(1930)　第六十四卷　第 135 冊　第 1 頁

0864　滿洲的商業團體

佐藤治平　昭和三年(1928)　第三卷第二編　第98册　第37頁

0865　滿洲的商業團體

村上剛　昭和三年(1928)　第六卷第五編　第101册　第317頁

0866　滿洲的水田

大坪英雄　昭和三年(1928)　第六卷第二編　第100册　第437頁

0867　滿洲的外來勞工移民

神谷清助　昭和五年(1930)　第二卷　第125册　第109頁

0868　滿洲的中國移民

河野七郎　昭和四年(1929)　第五十七卷　第120册　第1頁

0869　"滿洲國"北安省綏稜縣第三次開拓團瑞穗村

松野谷夫、岡本健、高原茂美、杉本出雲　昭和十七年(1942)　第193册　第
269頁

0870　"滿洲國"濱江省濱縣情況

勝守仙次、內田義雄　昭和九年(1934)　第十三卷第二編　第149册　第379
頁

0871　"滿洲國"內的貨幣

昭和七年(1932)　第二十二卷　第140册　第597頁

0872　"滿洲國"三江省方正縣情況

內田義雄、勝守仙次　昭和九年(1934)　第十三卷第一編　第149册　第311
頁

0873　滿洲農村生活

上西園操　昭和三年(1928)　第五卷第一編　第99册　第389頁

0874　滿洲農戶的經濟狀況

永島良一　昭和四年(1929)　第二十三卷　第114册　第239頁

0875　滿洲視察旅行日誌

小岩井淨　第76册　第611頁

0876　滿洲炭礦株式會社調查

小森藤雄、中川義信　昭和九年(1934)　第二十一卷第二編　第151册　第
241頁

0877　滿洲養蜂

牧山勳　昭和三年(1928)　第五卷第三編　第100册　第97頁

0878　滿洲中部的金融市場

浦敏郎　昭和五年(1930)　第五十六卷　第133册　第403頁

0879　茂木有禎旅行日誌

茂木有禎　昭和四年(1929)　第三十六卷　第20册　第533頁

0880　梅田潔旅行日誌

梅田潔　昭和五年(1930)　第七十三卷　第34册　第347頁

0881　梅原和夫等旅行日誌

梅原和夫、田中徹雄、神邊開治、河島恒夫　昭和十三年(1938)　香港班　第54册　第65頁

0882　門馬訂一郎旅行日誌

門馬訂一郎　昭和三年(1928)　第六卷第三編　第11册　第425頁

0883　門田功旅行日誌

門田功　昭和十七年(1942)　第二十五班　第72册　第387頁

0884　蒙古地區物產的流通、交易狀況

仲侯秋夫　昭和十四年(1939)　第160册　第195頁

0885　蒙古聯盟自治政府轄區內的教育狀況

房野博　昭和十四年(1939)　第160册　第515頁

0886　蒙疆的貨幣金融情況

江藤茂樹　昭和十五年(1940)　第173册　第59頁

0887　蒙疆的交通狀況

安藤武治　昭和十四年(1939)　第163册　第529頁

0888　蒙疆的教育概況

宇野善藏　昭和十四年(1939)　第161册　第89頁

0889　蒙疆的金融情況

淺川典生　昭和十四年(1939)　第161册　第1頁

0890　蒙疆的天主教

加藤咨郎　昭和十五年(1940)　第173册　第1頁

0891　蒙疆的戰後復興狀況

八木了彦　昭和十五年(1940)　第173册　第337頁

0892 蒙疆地區的金融經濟

望月今朝男、上野善臣、小川弘一、內坂旌旗　昭和十三年(1938)　第 156 冊
第 439 頁

0893 蒙疆地區的羊毛資源

大澤康男　昭和十四年(1939)　第 160 冊　第 579 頁

0894 蒙疆地區中國人的對日感情

南恭輔　昭和十四年(1939)　第 161 冊　第 167 頁

0895 蒙疆日本工商業者的活動情況

櫻井善一　昭和十四年(1939)　第 160 冊　第 423 頁

0896 蒙疆天主教傳教士的活動狀況

伊東重美　昭和十四年(1939)　第 160 冊　第 381 頁

0897 蒙疆學校教育的現狀

尾藤昇　昭和十六年(1941)　第 180 冊　第 459 頁

0898 米倉俊太郎旅行日誌

米倉俊太郎　昭和七年(1932)　第十八卷　第 41 冊　第 263 頁

0899 米澤茂夫旅行日誌

米澤茂夫　昭和七年(1932)　第六十一卷　第 47 冊　第 345 頁

0900 綿引喜之旅行日誌

綿引喜之　昭和十七年(1942)　第三十二班　第 73 冊　第 325 頁

0901 面寬仁等旅行日誌

面寬仁、田代正文、西山進、平田正三　昭和十年(1935)　第十七卷　第 53 冊
第 91 頁

0902 皿谷伊勢男旅行日誌

皿谷伊勢男　昭和十六年(1941)　第二十四班　第 66 冊　第 577 頁

0903 名倉光三旅行日誌

名倉光三　昭和十四年(1939)　揚州班　第 56 冊　第 97 頁

0904 明水縣調查

松尾芳二郎、最上二郎、杉利二　昭和八年(1933)　第十七卷第二編　第 145
冊　第 629 頁

0905 明野義夫旅行日誌

明野義夫　昭和十四年（1939）　河北第二班　第 54 冊　第 255 頁

0906　木場順平等旅行日誌

木場順平、橋本喜久哉、吉岡直　昭和六年（1931）　第五卷　第 36 冊　第 403 頁

0907　木村仁郎旅行日誌

木村仁郎　昭和二年（1927）　第五卷第五編　第 3 冊　第 511 頁

0908　木村正三旅行日誌

木村正三　昭和十六年（1941）　第五班　第 64 冊　第 115 頁

0909　木島清道旅行日誌

木島清道　昭和四年（1929）　第十七卷　第 18 冊　第 271 頁

0910　木谷安熊旅行日誌

木谷安熊　昭和二年（1927）　第十一卷第一編　第 8 冊　第 87 頁

0911　木蘭縣調查

降籏立喜、中島順一、野野山永次　昭和八年（1933）　第二十一卷第二編　第 146 冊　第 471 頁

0912　木田彌三旺旅行日誌

木田彌三旺　昭和十六年（1941）　第二十七班　第 67 冊　第 225 頁

0913　木下勉旅行日誌

木下勉　昭和十八年（1943）　常熟班　第 75 冊　第 209 頁

0914　牧廣旅行日誌

牧廣　昭和十七年（1942）　第三十六班　第 74 冊　第 165 頁

0915　牧山勳旅行日誌

牧山勳　昭和三年（1928）　第五卷第三編　第 11 冊　第 281 頁

0916　牧野清旅行日誌

牧野清　昭和四年（1929）　第四十卷　第 21 冊　第 77 頁

N

0917　納富政彥旅行日誌

納富政彥　昭和三年（1928）　第十一卷第一編　第 14 冊　第 323 頁

0918　奈良岡弘旅行日誌

奈良岡弘　昭和十五年(1940)　海南島第一班　第 62 冊　第 569 頁

0919　南部呼倫貝爾的概況

卜部義賢　昭和八年(1933)　第二十五卷第二編　第 147 冊　第 533 頁

0920　南昌的工業

清水健次郎　昭和十六年(1941)　第 183 冊　第 63 頁

0921　南昌方面的物資流通狀況

大脇秀次　昭和十六年(1941)　第 183 冊　第 35 頁

0922　南昌縣的財政

尾形明　昭和十六年(1941)　第 182 冊　第 483 頁

0923　南昌中國家庭的組織

松本正　昭和十六年(1941)　第 183 冊　第 119 頁

0924　南方嘉一郎等旅行日誌

南方嘉一郎、青木修二、奧村榮、坪川榮吉　昭和六年(1931)　第三卷　第 36
冊　第 27 頁

0925　南恭輔旅行日誌

南恭輔　昭和十四年(1939)　蒙疆班　第 54 冊　第 507 頁

0926　南京、蘇州研究旅行日誌

原一郎　第 76 冊　第 579 頁

0927　南京、蘇州指導旅行日記

成宮嘉造　第 76 冊　第 467 頁

0928　南滿、北滿勞動情況調查

岩橋竹二　昭和四年(1929)　第二十八卷　第 115 冊　第 99 頁

0929　南滿農民生活狀況

鵜飼藤一郎　昭和五年(1930)　第五十四卷　第 133 冊　第 139 頁

0930　南通的收購及配給

小川清　昭和十八年(1943)　第 196 冊　第 245 頁

0931　[南通交通]

奧田隆　昭和十四年(1939)　第 164 冊　第 245 頁

0932　南通教育調查報告書

石橋達郎　昭和十八年(1943)　第 196 冊　第 389 頁

192

0933　南通教育概況

　　　春名和雄　昭和十四年（1939）　第 164 册　第 167 頁

0934　（南通）經濟

　　　齋藤鐵彌　昭和十八年（1943）　第 196 册　第 137 頁

0935　（南通）經濟班收購及配給之二

　　　赤司武夫　昭和十八年（1943）　第 197 册　第 1 頁

0936　南通習俗語言梗概

　　　高木芳郎　昭和十八年（1943）　第 196 册　第 237 頁

0937　南通縣工業調查報告書

　　　川村實　昭和十八年（1943）　第 196 册　第 25 頁

0938　南鄉武定旅行日誌

　　　南鄉武定　昭和二年（1927）　第三卷第二編　第 1 册　第 581 頁

0939　南洋產香料、藥材調查報告書

　　　小山正延　昭和二年（1927）　第十二卷第六編　第 91 册　第 261 頁

0940　南洋的金融

　　　久留景三　昭和二年（1927）　第十二卷第二編　第 89 册　第 439 頁

0941　南洋的殖民事業

　　　上原真順　昭和二年（1927）　第十二卷第一編　第 89 册　第 325 頁

0942　南洋海運

　　　龜井五一郎　昭和二年（1927）　第十二卷第三編　第 90 册　第 1 頁

0943　南洋華僑的現狀

　　　小山正延　昭和二年（1927）　第十二卷第五編　第 91 册　第 1 頁

0944　楠本一夫旅行日誌

　　　楠本一夫　昭和五年（1930）　第四十卷　第 30 册　第 449 頁

0945　楠井晃旅行日誌

　　　楠井晃　昭和十七年（1942）　第二十九班　第 73 册　第 101 頁

0946　訥河縣調查

　　　昭和八年（1933）　第二十三卷第二編　第 147 册　第 173 頁

0947　內坂旌旗等旅行日誌

　　　內坂旌旗、上野善臣、望月今朝昮、小川弘一　昭和十三年（1938）　華北第四班

第 53 册　第 375 頁

0948　內倉三郎旅行日誌

　　　內倉三郎　昭和十七年(1942)　第十四班　第 70 册　第 449 頁

0949　內海忠勝旅行日誌

　　　內海忠勝　昭和七年(1932)　第十一卷　第 40 册　第 73 頁

0950　內蒙古的牛奶

　　　勝川秀夫　昭和四年(1929)　第十五卷　第 113 册　第 177 頁

0951　內蒙古東部及東支鐵路沿線畜牧業調查報告

　　　鈴木常雄　昭和三年(1928)　第二卷第五編　第 97 册　第 565 頁

0952　內蒙古政治經濟情況

　　　山名正孝　昭和四年(1929)　第六十七卷　第 121 册　第 357 頁

0953　內山敬忠旅行日誌

　　　內山敬忠　昭和十七年(1942)　第三十六班　第 74 册　第 135 頁

0954　內田元三旅行日誌

　　　內田元三　昭和十七年(1942)　第十八班　第 71 册　第 307 頁

0955　內田正喜旅行日誌

　　　內田正喜　昭和二年(1927)　第一卷第二編　第 1 册　第 19 頁

0956　內丸五典旅行日誌

　　　內九五典　昭和十七年(1942)　第六班　第 69 册　第 29 頁

0957　嫩江縣調查

　　　昭和八年(1933)　第二十三卷第一編　第 147 册　第 127 頁

0958　鳥山勉旅行日誌

　　　鳥山勉　昭和四年(1929)　第八十三卷　第 26 册　第 247 頁

0959　甯安縣調查班

　　　高石茂利、熊野茂次　昭和八年(1933)　第十二卷　第 144 册　第 141 頁

0960　寧波地區調查報告：錫箔業及經濟的一般情況

　　　馬殿幸次郎、賀來揚子郎　昭和十七年(1942)　第 192 册　第 283 頁

0961　牛島辰雄旅行日誌

　　　牛島辰雄　昭和十六年(1941)　第一班　第 63 册　第 349 頁

0962　牛島俊作旅行日誌

　　　牛島俊作　昭和五年(1930)　第四十五卷　第31冊　第107頁

0963　農村生産品的收購制度(蕪湖大米)

　　　村田裕彥、安藤資郎、緒方正義　昭和十七年(1942)　第191冊　第185頁

0964　農村自治

　　　澤登譽　昭和五年(1930)　第七十一卷　第136冊　第1頁

O

0965　歐美人教育事業的復興──以南京、蘇州爲中心

　　　鈴木隆康　昭和十六年(1941)　第181冊　第451頁

P

0966　磐石縣調查

　　　泉喜一郎、林忠四郎、森本清治　昭和八年(1933)　第十卷第三編　第143冊
　　　第95頁

0967　片岡正一旅行日誌

　　　片岡正一　昭和十八年(1943)　太倉班　第74冊　第517頁

0968　平津地區的同業團體

　　　木場順平、橋本喜久哉、吉岡直　昭和六年(1931)　第五卷　第139冊　第493
　　　頁

0969　平井勉旅行日誌

　　　平井勉　昭和十六年(1941)　第十八班　第65冊　第575頁

0970　平木義高旅行日誌

　　　平木義高　昭和十七年(1942)　第八班　第69冊　第387頁

0971　平泉縣

　　　福田克美、服部文彥　昭和十年(1935)　第四卷第一編　第153冊　第585頁

0972　平山熊雄旅行日誌

　　　平山熊雄　昭和三年(1928)　第十卷第四編　第14冊　第197頁

0973　平松久敬旅行日誌

　　　平松久敬　昭和七年(1932)　第六十六卷　第48冊　第55頁

0974　平田剛旅行日誌

平田剛　昭和十五年(1940)　長江流域第二班　第60冊　第415頁

0975　平田文次旅行日誌

平田文次　昭和十五年(1940)　山西第二班　第59冊　第467頁

0976　平野博旅行日誌

平野博　昭和二年(1927)　第四卷第一編　第2冊　第221頁

0977　坪根一雄旅行日誌

坪根一雄　昭和二年(1927)　第五卷第二編　第3冊　第333頁

0978　迫田司旅等旅行日誌

迫田司、近藤與久、山本臣　昭和八年(1933)　第七卷　第49冊　第271頁

0979　蒲池博旅行日誌

蒲池博　昭和十八年(1943)　武進班　第75冊　第54頁

0980　浦亮平旅行日誌

浦亮平　昭和十五年(1940)　廣東省第一班　第62冊　第53頁

0981　浦敏郎旅行日誌

浦敏郎　昭和五年(1930)　第五十六卷　第32冊　第441頁

0982　浦上尚之旅行日誌

浦上尚之　昭和二年(1927)　第八卷第十二編　第6冊　第235頁

Q

0983　妻木正三等旅行日誌

妻木正三、原口五郎、若林一郎、安念信弘、白井金彌　昭和六年(1931)　第四卷　第36冊　第355頁

0984　奇克、烏雲、佛山、蘿北各縣情況

黑江道夫、粟坂健一　昭和十年(1935)　第八卷　第155冊　第1頁

0985　齊齊哈爾腹地的商業情況(附黑龍省農田調查)

高橋武雄、草野豐、石崎光、諸富好一、三木善吉、山口正助　昭和六年(1931)　第二卷　第139冊　第161頁

0986　齊藤久永旅行日誌

齊藤久永　昭和二年(1927)　第五卷第三編　第3冊　第385頁

0987　齊藤忠夫旅行日誌

齊藤忠夫　昭和十七年(1942)　第七班　第69冊　第243頁

0988　千賀安太郎旅行日誌

千賀安太郎　昭和二年(1927)　第六卷第三編　第4冊　第1頁

0989　前川利雄旅行日誌

前川利雄　昭和十四年(1939)　安徽班　第56冊　第329頁

0990　前島岩男旅行日誌

前島岩男　昭和四年(1929)　第五十四卷　第22冊　第433頁

0991　前山博延旅行日誌

前山博延　昭和十五年(1940)　山東班　第59冊　第579頁

0992　前田進旅行日誌

前田進　昭和五年(1930)　第二十九卷　第29冊　第285頁

0993　前田孝旅行日誌

前田孝　昭和十四年(1939)　前田孝　第55冊　第589頁

0994　前田增三旅行日誌

前田增三　昭和四年(1929)　第四十一卷　第21冊　第147頁

0995　前田知德旅行日誌

前田知德　昭和十五年(1940)　長江流域第三班　第60冊　第6頁

0996　前澤吉衛旅行日誌

前澤吉衛　昭和十六年(1941)　第十七班　第65冊　第527頁

0997　乾次郎旅行日誌

乾次郎　昭和七年(1932)　第八卷　第39冊　第371頁

0998　乾正己旅行日誌

乾正己　昭和十七年(1942)　第三十三班　第73冊　第375頁

0999　淺川典生旅行日誌

淺川典生　昭和十四年(1939)　蒙疆班　第54冊　第461頁

1000　淺山益生旅行日誌

淺山益生　昭和十四年(1939)　山東班　第54冊　第599頁

1001　淺野榮市旅行日誌

淺野榮市　昭和十五年(1940)　長江流域第九班　第61冊　第3頁

1002　橋本綱雄等旅行日誌

橋本綱雄、藏居良造　昭和六年(1931)　第二十三卷　第 38 册　第 1 頁

1003　橋本清旅行日誌

橋本清　昭和十六年(1941)　第二十班　第 66 册　第 201 頁

1004　橋本伊津美旅行日誌

橋本伊津美　昭和四年(1929)　第五十六卷　第 22 册　第 553 頁

1005　橋本義雄旅行日誌

橋本義雄　昭和五年(1930)　第五十七卷　第 32 册　第 483 頁

1006　橋口兵一等旅行日誌

橋口兵一、村井和夫、鶴谷正雄　昭和十年(1935)　第二十卷　第 53 册　第 259 頁

1007　橋口有恒旅行日誌

橋口有恒　昭和四年(1929)　第二卷　第 16 册　第 479 頁

1008　橋迫實等旅行日誌

橋迫實、清田武　昭和九年(1934)　第十卷　第 51 册　第 1 頁

1009　芹澤赳夫旅行日誌

芹澤赳夫　昭和二年(1927)　第四卷第二編　第 2 册　第 313 頁

1010　芹澤五郎旅行日誌

芹澤五郎　昭和十七年(1942)　第十四班　第 70 册　第 421 頁

1011　秦省吾等旅行日誌

秦省吾、小野莊太郎　昭和十三年(1938)　華中第十三班　第 53 册　第 635 頁

1012　秦儀三郎旅行日誌

秦儀三郎　昭和二年(1927)　第八卷第三編　第 5 册　第 1 頁

1013　青島港貿易概況

天野治邦　昭和五年(1930)　第四十六卷　第 131 册　第 501 頁

1014　青島港之調查

村上重義　昭和五年(1930)　第九卷　第 126 册　第 1 頁

1015　青島工業的大概狀況

齋藤裕三　昭和十六年(1941)　第 180 册　第 207 頁

1016　青島市城市情況調查

高橋宏　昭和五年(1930)　第八十七卷　第 138 册　第 435 頁

198

1017　青岡縣調查報告書

　　松尾芳二郎、最上二郎、杉利二　昭和八年(1933)　第十七卷第三編　第145
　　冊　第659頁

1018　青井正親等旅行日誌

　　青井正親、宮永善二、德田計資　昭和十三年(1938)　華中第十六班　第54冊
　　　第29頁

1019　青柳星美旅行日誌

　　青柳星美　昭和十六年(1941)　第十九班　第66冊　第33頁

1020　青木繁男旅行日誌

　　青木繁男　昭和十六年(1941)　第十八班　第65冊　第607頁

1021　青木真澄旅行日誌

　　青木真澄　昭和三年(1928)　第九卷第二編　第13冊　第179頁

1022　青木正視旅行日誌

　　青木正視　昭和十八年(1943)　崇明班　第75冊　第449頁

1023　青浦縣調查報告

　　瀨戶謙、妻木辰男　昭和十三年(1938)　第157冊　第337頁

1024　青山貢旅行日誌

　　青山貢　昭和十六年(1941)　第二十一班　第66冊　第353頁

1025　青山清旅行日誌

　　青山清　昭和五年(1930)　第六十五卷　第33冊　第499頁

1026　清川瀨旅行日誌

　　清川瀨　昭和五年(1930)　第一卷　第26冊　第371頁

1027　清弘正己旅行日誌

　　清弘正己　昭和十七年(1942)　第三十班　第73冊　第169頁

1028　清水廣旅行日誌

　　清水廣　昭和十五年(1940)　長江流域第十班　第61冊　第435頁

1029　清水健次郎旅行日誌

　　清水健次郎　昭和十六年(1941)　第十六班　第65冊　第355頁

1030　清水一夫旅行日誌

　　清水一夫　昭和十七年(1942)　第三十六班　第74冊　第79頁

1031　清郷工作及純正國民黨

　　堀口博國、北村清八郎、清野幸雄、岩尾諄一　昭和十七年（1942）　第 192 冊

　　第 99 頁

1032　清野幸雄旅行日誌

　　清野幸雄　昭和十七年（1942）　第二十八班　第 73 冊　第 65 頁

1033　清原縣調查

　　中島浩、清利孝德　昭和八年（1933）　第三卷第三編　第 141 冊　第 419 頁

1034　秋山安正旅行日誌

　　秋山安正　昭和十四年（1939）　安徽班　第 56 冊　第 365 頁

1035　秋山善三郎旅行日誌

　　秋山善三郎　昭和十八年（1943）　泰縣班　第 75 冊　第 273 頁

1036　秋山洋造等旅行日誌

　　秋山洋造、松田亨、森藏之助　昭和八年（1933）　第二十二卷　第 49 冊　第

　　445 頁

1037　秋山征士旅行日誌

　　秋山征士　昭和十七年（1942）　第二十六班　第 72 冊　第 447 頁

1038　秋元伸一旅行日誌

　　秋元伸一　昭和十七年（1942）　第四班　第 68 冊　第 367 頁

1039　秋貞健一旅行日誌

　　秋貞健一　昭和十六年（1941）　第七班　第 64 冊　第 259 頁

1040　萩原藏六旅行日誌

　　萩原藏六　昭和四年（1929）　第四十九卷　第 22 冊　第 125 頁

1041　萩原靜雄旅行日誌

　　萩原靜雄　昭和七年（1932）　第四十九卷　第 45 冊　第 493 頁

1042　泉喜一郎等旅行日誌

　　泉喜一郎、林忠四郎、森本清治　昭和八年（1933）　第十卷　第 49 冊　第 301

　　頁

1043　泉澤尚太郎旅行日誌

　　泉澤尚太郎　昭和十六年（1941）　第十四班　第 65 冊　第 115 頁

1044　蜷木定輝旅行日誌

蜷木定輝　昭和十七年(1942)　第二十一班　第71冊　第497頁

R

1045　染矢春雄等旅行日誌

　　染矢春雄、萩野康治　昭和九㔾(1934)　第二十二卷　第51冊　第465頁

1046　熱河省朝陽縣調査

　　橋迫實、清田武　昭和九年(1934)　第十卷第一編　第148冊　第439頁

1047　熱河省承德縣調査

　　佐治好郎、加藤誠一、柴崎勝太郎　昭和九年(1934)　第九卷第二編　第148冊　第375頁

1048　熱河省赤峰縣調査

　　橋迫實　昭和九年(1934)　第十卷第二編　第148冊　第527頁

1049　熱河省的交通

　　加藤隆德　昭和五年(1930)　第七卷　第125冊　第541頁

1050　熱河省灤平縣調査

　　佐治好郎、加藤誠一、柴崎勝太郎　昭和九年(1934)　第九卷第一編　第148冊　第283頁

1051　人民團體

　　蜷木定輝、土田正治　昭和十七年(1942)　第190冊　第481頁

1052　日本對荷屬東印度貿易調查

　　及川誠、千枝陸郎、佐藤金藏　昭和八年(1933)　第二十七卷　第147冊　第667頁

1053　日本與法屬印度支那的通商關係

　　坪川榮吉、青木修二、南方嘉一郎、奧村榮　昭和六年(1931)　第三卷　第139冊　第337頁

1054　日本在長江流域的經濟地位

　　下川賢　昭和五年(1930)　第六卷　第125冊　第351頁

1055　日本殖民政策對臺灣的影響

　　藤次博　昭和八年(1933)　第二十六卷　第147冊　第641頁

1056　日高清磨瑳旅行日誌

日高清磨瑳　昭和三年(1928)　第十二卷第二編　第15冊　第19頁

1057　日野晃旅行日誌

日野晃　昭和十七年(1942)　第三十七班　第74冊　第317頁

1058　日野茂樹旅行日誌

日野茂樹　昭和十七年(1942)　第六班　第69冊　第1頁

1059　日野原朝典旅行日誌

日野原朝典　昭和十五年(1940)　河北第二班　第59冊　第115頁

1060　"日中事變"爆發後菲律賓政府的動向

岡島正　昭和十四年(1939)　第169冊　第593頁

1061　若宮二郎旅行日誌

若宮二郎　昭和四年(1929)　第三十九卷　第21冊　第1頁

1062　若槻英敏旅行日誌

若槻英敏　昭和十四年(1939)　山西班　第55冊　第317頁

1063　若桑省三郎旅行日誌

若桑省三郎　昭和二年(1927)　第二卷第一編　第1冊　第243頁

S

1064　三河地區及北部國境地區調查

阿部勝正　昭和八年(1933)　第二十五卷第一編　第147冊　第377頁

1065　三江省鳳山縣

柴田浩嗣、馬場三郎、渡邊次郎　昭和十年(1935)　第六卷第二編　第154冊
第381頁

1066　三木善吉等旅行日誌

三木善吉、山口正助、石崎光、草野豊、諸富好一、高橋武雄　昭和六年(1931)
第二卷　第36冊　第167頁

1067　三木義雄等旅行日誌

三木義雄、木下勇　昭和十年(1935)　第十卷　第52冊　第9頁

1068　三浦計太郎等旅行日誌

三浦計太郎、中井川信雄、重松保德　昭和九年(1934)　第二十六卷　第51冊
第549頁

1069　三苫收旅行日誌

　　三苫收　昭和十五年(1940)　廣東省第二班　第 62 册　第 39 頁

1070　三上量三郎旅行日誌

　　三上量三郎　昭和十六年(1941)　第二十六班　第 67 册　第 159 頁

1071　三宅靜一郎等旅行日誌

　　三宅靜一郎、芝崎正昭、小川登夫　昭和九年(1934)　第一卷　第 49 册　第 535 頁

1072　三宅勳旅行日誌

　　三宅勳　昭和四年(1929)　第二十七卷　第 19 册　第 353 頁

1073　三枝重雄旅行日誌

　　三枝重雄　昭和十六年(1941)　第二十班　第 66 册　第 117 頁

1074　桑島泰雄旅行日誌

　　桑島泰雄　昭和五年(1930)　第七十二卷　第 34 册　第 281 頁

1075　桑島信一旅行日誌

　　桑島信一　昭和七年(1932)　第五十一卷　第 46 册　第 63 頁

1076　森本辰治旅行日誌

　　森本辰治　昭和三年(1928)　第十二卷第四編　第 15 册　第 93 頁

1077　森博民旅行日誌

　　森博民　昭和十五年(1940)　長江流域第五班　第 61 册　第 71 頁

1078　森岡昌利等旅行日誌

　　森岡昌利、吉田幸一　昭和九年(1934)　第二十卷　第 51 册　第 351 頁

1079　森精市旅行日誌

　　森精市　昭和十六年(1941)　第三班　第 63 册　第 563 頁

1080　森口幸藏旅行日誌

　　森口幸藏　昭和四年(1929)　第十六卷　第 18 册　第 123 頁

1081　森口薰旅行日誌

　　森口薰　昭和十五年(1940)　長江流域第二班　第 60 册　第 465 頁

1082　森茂樹旅行日誌

　　森茂樹　昭和十五年(1940)　廣東省第一班　第 62 册　第 1 頁

1083　森田藤治旅行日誌

森田藤治　昭和五年(1930)　第七十九卷　第 35 冊　第 1 頁

1084　森田重豬旅行日誌

森田重豬　昭和七年(1932)　第六十九卷　第 48 冊　第 183 頁

1085　森小八郎旅行日誌

森小八郎　昭和七年(1932)　第二十四卷　第 42 冊　第 1 頁

1086　森脇優登旅行日誌

森脇優登　昭和十六年(1941)　第二班　第 63 冊　第 519 頁

1087　廈門、汕頭、香港及廣東的一般性設施之概略及其將來之計劃

小幡廣士　昭和四年(1929)　第六十五卷　第 121 冊　第 135 頁

1088　廈門的貨幣金融及華僑

皿谷伊勢男　昭和十六年(1941)　第 185 冊　第 567 頁

1089　廈門的教育狀況

藤原敏夫　昭和十六年(1941)　第 186 冊　第 87 頁

1090　廈門的教育狀況(附鼓浪嶼教育狀況)

細豐治　昭和十六年(1941)　第 185 冊　第 325 頁

1091　廈門的米粉業

伏木清吉　昭和十六年(1941)　第 185 冊　第 387 頁

1092　廈門的人口問題

高田武　昭和十六年(1941)　第 186 冊　第 1 頁

1093　廈門的紙箔工業

田尻泰正　昭和十六年(1941)　第 185 冊　第 257 頁

1094　廈門市商會的現狀(附廈門貿易及物資流通狀況)

岡部賢一　昭和十六年(1941)　第 186 冊　第 175 頁

1095　山本君平旅行日誌

山本君平　昭和十六年(1941)　第六班　第 64 冊　第 209 頁

1096　山本隆旅行日誌

山本隆　昭和十六年(1941)　第九班　第 64 冊　第 405 頁

1097　山本米雄旅行日誌

山本米雄　昭和四年(1929)　第二十五卷　第 19 冊　第 253 頁

1098　山本清次郎旅行日誌

山本清次郎　昭和七年（1932）　第五十五卷　第46冊　第189頁

1099　山本日出一郎旅行日誌

山本日出一郎　昭和三年（1928）　第十卷第三編　第14冊　第1頁

1100　山本尚長旅行日誌

山本尚長　昭和十四年（1939）　岳陽班　第57冊　第81頁

1101　山本治旅行日誌

山本治　昭和二年（1927）　第十卷第四編　第7冊　第565頁

1102　山東的勞動者

有吉正義　昭和二年（1927）　第五卷第一編　第81冊　第1頁

1103　山東方言調查

淺山益生　昭和十四年（1939）　第162冊　第1頁

1104　山東情況（以渤海沿岸各城市爲中心）

栗田五郎、廣田恒雄、坂井義雄　昭和九年（1934）　第四卷　第148冊　第115
頁

1105　山東省、河北省的棉花

石田武夫　昭和四年（1929）　第三十四卷　第116冊　第423頁

1106　山東省的花生及花生油

齊藤久永　昭和二年（1927）　第五卷第三編　第81冊　第363頁

1107　山東省的花生及花生油

伏屋幹男　昭和五年（1930）　第五十卷　第132冊　第385頁

1108　山東省的教育復興狀況

坂井一　昭和十六年（1941）　第179冊　第375頁

1109　山東省的教育設施

山口勝之　昭和十四年（1939）　第161冊　第201頁

1110　山東省的煤炭

坪根一雄　昭和二年（1927）　第五卷第二編　第81冊　第169頁

1111　山東省的漁業

伴重雄　昭和五年（1930）　第三十九卷　第130冊　第465頁

1112　山東省的中國勞動者調查

吉川義博　昭和二年（1927）　第三卷第四編　第79冊　第123頁

1113　山東省貨幣金融狀況

　　前山博延　昭和十五年(1940)　第 172 冊　第 513 頁

1114　山東省交通狀況

　　宮靜夫　昭和十四年(1939)　第 162 冊　第 159 頁

1115　山東省煤炭調查

　　中崎強　昭和五年(1930)　第六十九卷　第 135 冊　第 455 頁

1116　山東省人口

　　新野岩男　昭和十四年(1939)　第 162 冊　第 369 頁

1117　山東省物產的流通及交易情況

　　田所善良　昭和十四年(1939)　第 161 冊　第 383 頁

1118　山東鐵路釐金制度調查

　　木村仁郎　昭和二年(1927)　第五卷第五編　第 82 冊　第 1 頁

1119　山東煙草

　　原豐平　昭和十四年(1939)　第 162 冊　第 499 頁

1120　山東羊毛

　　原豐平　昭和十四年(1939)　第 162 冊　第 417 頁

1121　山東之煙葉

　　福滿篤　昭和四年(1929)　第二十六卷　第 114 冊　第 589 頁

1122　山根良男旅行日誌

　　山根良男　昭和十六年(1941)　第一班　第 63 冊　第 391 頁

1123　山谷儔旅行日誌

　　山谷儔　昭和十六年(1941)　第九班　第 64 冊　第 455 頁

1124　山口榮旅行日誌

　　山口榮　昭和十六年(1941)　第三十班　第 67 冊　第 459 頁

1125　山口慎一旅行日誌

　　山口慎一　昭和三年(1928)　第十二卷第一編　第 15 冊　第 1 頁

1126　山口勝之旅行日誌

　　山口勝之　昭和十四年(1939)　山東班　第 54 冊　第 541 頁

1127　山口左熊等旅行日誌

　　山口左熊、佐藤照勝、玉井三郎　昭和十三年(1938)　華中第七班　第 53 冊

第 499 頁

1128　山領康夫旅行日誌

山領康夫　昭和十六年(1941)　第三十班　第 67 冊　第 391 頁

1129　山名正孝旅行日誌

山名正孝　昭和四年(1929)　第六十七卷　第 24 冊　第 137 頁

1130　山崎長五郎旅行日誌

山崎長五郎　昭和五年(1930)　第六十二卷　第 33 冊　第 287 頁

1131　山崎秀一旅行日誌

山崎秀一　昭和十五年(1940)　福建班　第 60 冊　第 299 頁

1132　山崎正春旅行日誌

山崎正春　昭和十六年(1941)　第十三班　第 65 冊　第 67 頁

1133　山崎正夫旅行日誌

山崎正夫　昭和七年(1932)　第六卷　第 39 冊　第 143 頁

1134　山田公太郎旅行日誌

山田公太郎　昭和十六年(1941)　第七班　第 64 冊　第 279 頁

1135　山田國太郎旅行日誌

山田國太郎　昭和二年(1927)　第十三卷第七編　第 9 冊　第 671 頁

1136　山田靜雄旅行日誌

山田靜雄　昭和十七年(1942)　第十三班　第 70 冊　第 299 頁

1137　山田尚旅行日誌

山田尚　昭和十七年(1942)　第五班　第 68 冊　第 497 頁

1138　山田順造旅行日誌

山田順造　昭和十六年(1941)　第十班　第 64 冊　第 501 頁

1139　山田正純旅行日誌

山田正純　昭和十五年(1940)　海南島第一班　第 62 冊　第 645 頁

1140　山田政勇等旅行日誌

山田政勇、馬場伊助、山下保雄　昭和八年(1933)　第一卷　第 49 冊　第 171
頁

1141　山尾照芳旅行日誌

山尾照芳　昭和十八年(1943)　太倉班　第 74 冊　第 507 頁

1142　山西、綏遠的藥材調查

　　村田季雄　昭和五年(1930)　第五十一卷　第 132 冊　第 479 頁

1143　山西産天然木炭

　　山下一　昭和五年(1930)　第四十一卷　第 131 冊　第 1 頁

1144　山西的對日感情報告

　　岡島永藏　昭和十四年(1939)　第 163 冊　第 57 頁

1145　山西棉業調查

　　中島弘　昭和五年(1930)　第三十卷　第 129 冊　第 113 頁

1146　山西省(以太原爲中心)的金融情況

　　中澤多賀夫　昭和十四年(1939)　第 163 冊　第 107 頁

1147　山西省的村政研究

　　宮野茂邦　昭和四年(1929)　第四十二卷　第 117 冊　第 613 頁

1148　山西省的教育

　　高橋克夫　昭和十六年(1941)　第 179 冊　第 37 頁

1149　山西省的教育現狀

　　石川久　昭和十四年(1939)　第 163 冊　第 225 頁

1150　山西省的棉花情況

　　楠本一夫　昭和五年(1930)　第四十卷　第 130 冊　第 585 頁

1151　山西省的鐵路

　　奧野重雄　昭和十六年(1941)　第 179 冊　第 1 頁

1152　山西省及天津的紡織業

　　北村重英　昭和五年(1930)　第五十三卷　第 133 冊　第 1 頁

1153　山西省教育調查

　　津波古充誠　昭和十四年(1939)　第 163 冊　第 1 頁

1154　山西省教育復興狀況

　　柴田武夫　昭和十五年(1940)　第 172 冊　第 73 頁

1155　山西省煤炭調查

　　安田秀三　昭和十四年(1939)　第 163 冊　第 459 頁

1156　山西省南部交通調查

　　若槻英敏　昭和十四年(1939)　第 163 冊　第 279 頁

1157　山西省南部旅行調査班旅行報告書

　　　水野義德　昭和十四年(1939)　第 163 冊　第 313 頁

1158　山西省汽車交通

　　　前島岩男　昭和四年(1929)　第五十四卷　第 119 冊　第 391 頁

1159　山西省人口的統計研究

　　　湯下良　昭和十四年(1939)　第 162 冊　第 571 頁

1160　山西省陽曲縣的財政

　　　村井光三　昭和十五年(1940)　第 172 冊　第 187 頁

1161　山西省義務教育現狀

　　　森田藤治　昭和五年(1930)　第七十九卷　第 137 冊　第 153 頁

1162　山下長次郎旅行日誌

　　　山下長次郎　昭和四年(1929)　第六十九卷　第 24 冊　第 249 頁

1163　山下伸二郎旅行日誌

　　　山下伸二郎　昭和十六年(1941)　第二十一班　第 66 冊　第 381 頁

1164　山下一旅行日誌

　　　山下一　昭和五年(1930)　第四十一卷　第 30 冊　第 553 頁

1165　山元靜夫旅行日誌

　　　山元靜夫　昭和十五年(1940)　廣東省第三班　第 62 冊　第 501 頁

1166　山中秀宣旅行日誌

　　　山中秀宣　昭和五年(1930)　第四十二卷　第 30 冊　第 623 頁

1167　杉本出雲旅行日誌

　　　杉本出雲　昭和十七年(1942)　第三十七班　第 74 冊　第 219 頁

1168　杉本要吉旅行日誌

　　　杉本要吉　昭和十五年(1940)　河北第二班　第 59 冊　第 207 頁

1169　杉山恭衛旅行日誌

　　　杉山恭衛　昭和十七年(1942)　第十三班　第 70 冊　第 255 頁

1170　汕頭的錢莊

　　　阿部博光　昭和十六年(1941)　第 186 冊　第 403 頁

1171　汕頭籍華僑最近之動向

　　　高屋孝之　昭和十六年(1941)　第 186 冊　第 245 頁

1172　汕頭市潮安縣、潮陽縣各地的教育狀況

　　　三上量三郎　昭和十六年(1941)　第 186 冊　第 321 頁

1173　商務會及商事公斷處

　　　湯川武雄　昭和二年(1927)　第十三卷第四編　第 92 冊　第 421 頁

1174　上村清記旅行日誌

　　　上村清記　昭和四年(1929)　第三卷　第 16 冊　第 513 頁

1175　上海的工業與"日中事變"

　　　小岩井忠勝　昭和十三年(1938)　第 158 冊　第 295 頁

1176　上海的海產品貿易狀況

　　　久保務　昭和四年(1929)　第八十五卷　第 124 冊　第 163 頁

1177　上海的貨物供需狀況

　　　濱田勝美　昭和二年(1927)　第十二卷第四編　第 90 冊　第 451 頁

1178　上海的麵粉加工業

　　　昭和三年(1928)　第十六卷第二編　第 110 冊　第 447 頁

1179　上海的麵粉加工業

　　　廉谷儀忽人　昭和九年(1934)　第二十七卷第三編　第 152 冊　第 549 頁

1180　上海的同業團體(附同鄉團體)

　　　昭和二年(1927)　第十四卷第二編　第 94 冊　第 295 頁

1181　上海公共租界的警察機構

　　　古橋賢次　昭和十六年(1941)　第 178 冊　第 1 頁

1182　上海公設市場(以虹口市場爲中心)

　　　波多江健兒　昭和四年(1929)　第八十七卷　第 124 冊　第 393 頁

1183　上海交通調查

　　　鹿谷良太郎　昭和十四年(1939)　第 159 冊　第 125 頁

1184　上海居留民團的歷史

　　　原田留吉　昭和十六年(1941)　第 178 冊　第 61 頁

1185　上海錢莊調查

　　　島田幸吉　昭和八年(1933)　第二十八卷　第 148 冊　第 1 頁

1186　上海市中央市場

　　　森五郎　昭和十六年(1941)　第 178 冊　第 121 頁

210

1187　上海周邊的食品市場

　　　奧出勇　昭和二年(1927)　第十四卷第四編　第 95 册　第 1 頁

1188　上海租界內中國大學的現狀

　　　橋坂隼登　昭和十四年(1939)　第 170 册　第 249 頁

1189　上田駿旅行日誌

　　　上田駿　昭和四年(1929)　第十八卷　第 18 册　第 347 頁

1190　上西園操旅行日誌

　　　上西園操　昭和三年(1928)　第五卷第一編　第 11 册　第 163 頁

1191　上野慎一旅行日誌

　　　上野慎一　昭和十六年(1941)　第三十一班　第 67 册　第 493 頁

1192　上野有造旅行日誌

　　　上野有造　昭和十五年(1940)　長江流域第八班　第 61 册　第 2 頁

1193　上原禮次郎旅行日誌

　　　上原禮次郎　昭和十五年(1940)　長江流域第九班　第 61 册　第 33 頁

1194　上原真順旅行日誌

　　　上原真順　昭和二年(1927)　第十二卷第一編　第 9 册　第 97 頁

1195　上原正等旅行日誌

　　　上原正、松島榮美雄　昭和九年(1934)　第五卷　第 50 册　第 427 頁

1196　涉川悌美旅行日誌

　　　涉川悌美　昭和五年(1930)　第二十三卷　第 28 册　第 527 頁

1197　深堀吉郎旅行日誌

　　　深堀吉郎　昭和十五年(1940)　長江流域第四班　第 61 册　第 5 頁

1198　深堀健一郎旅行日誌

　　　深堀健一郎　昭和二年(1927)　第九卷第三編　第 6 册　第 461 頁

1199　深澤邦基旅行日誌

　　　深澤邦基　昭和十七年(1942)　第三十八班　第 74 册　第 443 頁

1200　深澤治平旅行日誌

　　　深澤治平　昭和十四年(1939)　察哈爾班　第 55 册　第 491 頁

1201　神棒真幸旅行日誌

　　　神棒真幸　昭和五年(1930)　第十九卷　第 28 册　第 347 頁

1202　神谷龍男旅行日誌

　　神谷龍男　昭和七年(1932)　第十卷　第40册　第1頁

1203　神谷清助旅行日誌

　　神谷清助　昭和五年(1930)　第二卷　第26册　第401頁

1204　神河章三郎旅行日誌

　　神河章三郎　昭和四年(1929)　第七十九卷　第25册　第465頁

1205　瀋陽縣調查

　　山崎芳數、石川繁二、田村五十彥、小林正治　昭和八年(1933)　第四卷第一編
　　第141册　第483頁

1206　勝川秀夫旅行日誌

　　勝川秀夫　昭和四年(1929)　第十五卷　第18册　第69頁

1207　勝守仙次等旅行日誌

　　勝守仙次、內田義雄　昭和九年(1934)　第十三卷　第51册　第197頁

1208　勝田一夫等旅行日誌

　　勝田一夫、城繁雄、吉田藤一　昭和八年(1933)　第十四卷　第49册　第353
　　頁

1209　辻平八郎旅行日誌

　　辻平八郎　昭和七年(1932)　第三十九卷　第44册　第261頁

1210　辻橋佑吉旅行日誌

　　辻橋佑吉　昭和五年(1930)　第八十一卷　第35册　第163頁

1211　辻武雄等旅行日誌

　　辻武雄、淺野德太郎、富岡康　昭和九年(1934)　第十九卷　第51册　第331
　　頁

1212　辻喜平等旅行日誌

　　辻喜平、長博、塚田喜文、山田喜代市　昭和九年(1934)　第三卷　第50册
　　第271頁

1213　辻正一旅行日誌

　　辻正一　昭和三年(1928)　第七卷第六編　第12册　第227頁

1214　石川久旅行日誌

　　石川久　昭和十四年(1939)　山西班　第55册　第269頁

212

1215 石家莊的日本工商業者活動狀況（附井陘煤礦礦務經營狀況）

　　明野義夫　昭和十四年（1939）　第 160 冊　第 1 頁

1216 石崎昌雄旅行日誌

　　石崎昌雄　昭和十六年（1941）　第十一班　第 64 冊　第 555 頁

1217 石崎三郎旅行日誌

　　石崎三郎　昭和十五年（1940）　浙江班　第 60 冊　第 219 頁

1218 石橋達郎旅行日誌

　　石橋達郎　昭和十八年（1943）　南通班　第 75 冊　第 121 頁

1219 石橋豐旅行日誌

　　石橋豐　昭和十八年（1943）　蘇州班　第 75 冊　第 63 頁

1220 石橋申雄旅行日誌

　　石橋申雄　昭和十七年（1942）　第五班　第 68 冊　第 641 頁

1221 石田博旅行日誌

　　石田博　昭和三年（1928）　第四卷第四編　第 11 冊　第 121 頁

1222 石田七郎旅行日誌

　　石田七郎　昭和四年（1929）　第四十三卷　第 21 冊　第 289 頁

1223 石田武夫旅行日誌

　　石田武夫　昭和四年（1929）　第三十四卷　第 20 冊　第 407 頁

1224 石田武男旅行日誌

　　石田武男　昭和二年（1927）　第九卷第六編　第 7 冊　第 77 頁

1225 石丸俊雄旅行日誌

　　石丸俊雄　昭和十七年（1942）　第九班　第 69 冊　第 411 頁

1226 石丸岩夫旅行日誌

　　石丸岩夫　昭和十七年（1942）　第十五班　第 70 冊　第 517 頁

1227 矢田民雄旅行日誌

　　矢田民雄　昭和十五年（1940）　河北第二班　第 59 冊　第 271 頁

1228 矢尾勝治旅行日誌

　　矢尾勝治　昭和四年（1929）　第五卷　第 17 冊　第 1 頁

1229 矢野一郎旅行日誌

　　矢野一郎　昭和二年（1927）　第八卷第七編　第 5 冊　第 441 頁

1230　市川信治旅行日誌

　　　市川信治　昭和五年(1930)　第八十卷　第 35 册　第 77 頁

1231　市村克孝旅行日誌

　　　市村克孝　昭和十四年(1939)　湖北班　第 56 册　第 577 頁

1232　市河正和旅行日誌

　　　市河正和　昭和十八年(1943)　無錫班　第 75 册　第 40 頁

1233　事變爆發後安慶城市的情況

　　　西山泰元　昭和十五年(1940)　第 174 册　第 669 頁

1234　事變爆發後華北的棉花生產和需求

　　　田中多四郎　昭和十四年(1939)　第 162 册　第 63 頁

1235　事變爆發後暹羅華僑的動向

　　　河合祝男　昭和十四年(1939)　第 169 册　第 389 頁

1236　事變爆發後香港中國人的動向

　　　梅原和夫、田中徹雄、神邊開治、河島恒夫　昭和十三年(1938)　第 158 册　第
　　　417 頁

1237　事變後的漢口市政

　　　松崎茂夫　昭和十六年(1941)　第 185 册　第 1 頁

1238　事變後的華北鐵路

　　　山根良男　昭和十六年(1941)　第 178 册　第 173 頁

1239　事變後以武漢三鎮爲中心的一般地理概況

　　　竹內馨　昭和十五年(1940)　第 176 册　第 437 頁

1240　事變前後的山東紡織業

　　　緒方正己　昭和十五年(1940)　第 172 册　第 305 頁

1241　事變前江西省行政制度概況及戰後的發展

　　　泉澤尚太郎　昭和十六年(1941)　第 182 册　第 389 頁

1242　柿崎守悌旅行日誌

　　　柿崎守悌　昭和十八年(1943)　崇明班　第 75 册　第 503 頁

1243　柿田琢磨旅行日誌

　　　柿田琢磨　昭和五年(1930)　第四十三卷　第 31 册　第 1 頁

1244　笹田私天旅行日誌

笹田私天　昭和十八年(1943)　崇明班　第 75 册　第 439 頁

1245　手塚操旅行日誌

手塚操　昭和七年(1932)　第三十一卷　第 42 册　第 499 頁

1246　守田忠夫旅行日誌

守田忠夫　昭和十七年(1942)　第二十四班　第 72 册　第 143 頁

1247　守屋聯平旅行日誌

守屋聯平　昭和十五年(1940)　長江流域第十一班　第 61 册　第 571 頁

1248　壽岡良旅行日誌

壽岡良　昭和七年(1932)　第十二卷　第 40 册　第 207 頁

1249　數村吉之助旅行日誌

數村吉之助　昭和五年(1930)　第五十八卷　第 32 册　第 615 頁

1250　樹野阪治旅行日誌

樹野阪治　昭和十四年(1939)　江西班　第 56 册　第 491 頁

1251　雙城縣調查報告書

林俊政、千義弘三、三谷津久夫、林十平　昭和八年(1933)　第十三卷　第 144
册　第 257 頁

1252　水野安一旅行日誌

水野安一　昭和十四年(1939)　岳陽班　第 57 册　第 57 頁

1253　水野義德旅行日誌

水野義德　昭和十四年(1939)　山西班　第 55 册　第 363 頁

1254　水沼博旅行日誌

水沼博　昭和五年(1930)　第二十七卷　第 29 册　第 139 頁

1255　司法報告書(南通第二部)

平尾尚　昭和十八年(1943)　第 196 册　第 481 頁

1256　絲谷禮輔旅行日誌

絲谷禮輔　昭和十七年(1942)　第十二班　第 70 册　第 83 頁

1257　四川各軍的概況及裁軍情況

尾崎莊太郎　昭和四年(1929)　第七十七卷　第 123 册　第 79 頁

1258　四川省的產麻情況

昭和五年(1930)　第四卷　第 125 册　第 245 頁

1259　四川省的進口概況

　　森口幸藏　昭和四年(1929)　第十六卷　第 113 冊　第 223 頁

1260　四川省的桐油

　　齋藤暉夫　昭和四年(1929)　第七卷　第 112 冊　第 1 頁

1261　四川省的豬鬃調查

　　中濱三郎　昭和五年(1930)　第三十六卷　第 130 冊　第 133 頁

1262　四川省的棕絲調查

　　村部和義　昭和四年(1929)　第六十卷　第 120 冊　第 359 頁

1263　四川省交通調查

　　山下長次郎　昭和四年(1929)　第六十九卷　第 121 冊　第 629 頁

1264　四川省岷涪流域礦業調查

　　葉山生　昭和五年(1930)　第三卷　第 125 冊　第 181 頁

1265　四川省岷涪流域情況

　　兼松勝　昭和五年(1930)　第十卷　第 126 冊　第 173 頁

1266　四川省棕梠調查

　　鈴木脩司　昭和五年(1930)　第五卷　第 125 冊　第 319 頁

1267　四川鹽業調查(關於四川省的鹽務制度)

　　竹內喜久雄　昭和四年(1929)　第六十二卷　第 120 冊　第 485 頁

1268　四川藥材

　　矢尾勝治　昭和四年(1929)　第五卷　第 111 冊　第 439 頁

1269　寺崎修三旅行日誌

　　寺崎修三　昭和四年(1929)　第二十二卷　第 19 冊　第 65 頁

1270　寺崎祐義旅行日誌

　　寺崎祐義　昭和三年(1928)　第七卷第四編　第 12 冊　第 141 頁

1271　寺田孫次旅行日誌

　　寺田孫次　昭和三年(1928)　第七卷第二編　第 12 冊　第 45 頁

1272　寺澤衛旅行日誌

　　寺澤衛　昭和十八年(1943)　吳縣班　第 74 冊　第 609 頁

1273　松坂賢旅行日誌

　　松坂賢　昭和十五年(1940)　山西第一班　第 59 冊　第 35 頁

1274　松本浩一旅行日誌

　　松本浩一　昭和十六年（1941）　第七班　第 64 册　第 303 頁

1275　松本和夫旅行日誌

　　松本和夫　昭和十八年（1943）　吳縣班　第 75 册　第 1 頁

1276　松本賢太郎旅行日誌

　　松本賢太郎　昭和二年（1927）　第八卷第六編　第 5 册　第 289 頁

1277　松本鎮夫旅行日誌

　　松本鎮夫　昭和十六年（1941）　第二班　第 63 册　第 537 頁

1278　松本正旅行日誌

　　松本正　昭和十六年（1941）　第十六班　第 65 册　第 377 頁

1279　松城弘旅行日誌

　　松城弘　昭和十七年（1942）　第七班　第 69 册　第 129 頁

1280　松村甫等旅行日誌

　　松村甫、吉田健二　昭和十三年（1938）　華中第二班　第 53 册　第 413 頁

1281　松代同次旅行日誌

　　松代同次　昭和二年（1927）　第一卷第一編　第 1 册　第 1 頁

1282　松花江水運

　　松田博　昭和三年（1928）　第八卷第三編　第 103 册　第 467 頁

1283　松花江沿岸城市調查

　　田島清三郎　昭和四年（1929）　第八十四卷　第 124 册　第 63 頁

1284　松花江沿岸情況

　　伊藤善三　昭和三年（1928）　第九卷第四編　第 105 册　第 1 頁

1285　松江縣調查報告書

　　田中康稔、鳥田滿穗、牛島俊吉、村岡侃、北野定雄　昭和十三年（1938）　第 157
　　册　第 387 頁

1286　松井成德等旅行日誌

　　松井成德、小松守司　昭和九年（1934）　第十四卷　第 51 册　第 213 頁

1287　松井端旅行日誌

　　松井端　昭和十四年（1939）　菲律賓班　第 58 册　第 459 頁

1288　松井幸人旅行日誌

松井幸人　昭和四年(1929)　第七十一卷　第 24 冊　第 443 頁

1289　松木鷲等旅行日誌

松木鷲、土手年松、富岡健次、鴨澤二郎　昭和十四年(1939)　菲律賓班　第 58 冊　第 517 頁

1290　松浦春男旅行日誌

松浦春男　昭和十五年(1940)　長江流域第一班　第 60 冊　第 3 頁

1291　松崎茂夫旅行日誌

松崎茂夫　昭和十六年(1941)　第二十一班　第 66 冊　第 261 頁

1292　松山昇旅行日誌

松山昇　昭和十七年(1942)　第十班　第 69 冊　第 495 頁

1293　松田博旅行日誌

松田博　昭和三年(1928)　第八卷第三編　第 12 冊　第 431 頁

1294　松田義雄旅行日誌

松田義雄　昭和二年(1927)　第十卷第三編　第 7 冊　第 469 頁

1295　松田又一旅行日誌

松田又一　昭和十八年(1943)　丹陽班　第 74 冊　第 569 頁

1296　松田正人旅行日誌

松田正人　昭和十四年(1939)　徐州海州班　第 56 冊　第 247 頁

1297　松尾七郎旅行日誌

松尾七郎　昭和十七年(1942)　第十五班　第 70 冊　第 563 頁

1298　松尾勇夫旅行日誌

松尾勇夫　昭和十四年(1939)　岳陽班　第 57 冊　第 29 頁

1299　松下京平旅行日誌

松下京平　昭和十六年(1941)　第十七班　第 65 冊　第 563 頁

1300　松野谷夫旅行日誌

松野谷夫　昭和十七年(1942)　第三十七班　第 74 冊　第 203 頁

1301　松野稔旅行日誌

松野稔　昭和十四年(1939)　江西班　第 56 冊　第 413 頁

1302　松永勉等旅行日誌

松永勉、田中孝二、太田良祐　昭和十年(1935)　第十四卷　第 52 冊　第 459

頁

1303　松原一夫旅行日誌

　　　松原一夫　昭和十七年(1942)　第三班　第68册　第195頁

1304　松澤四郎旅行日誌

　　　松澤四郎　昭和七年(1932)　第五十卷　第46册　第1頁

1305　蘇北清鄉工作南通特別區行政調查報告

　　　佐藤金人　昭和十八年(1943)　第196册　第557頁

1306　蘇北清鄉視察記

　　　奥野珠雄　昭和十八年(1943)　第200册　第565頁

1307　蘇州工業調查報告

　　　谷山善夫　昭和十八年(1943)　第196册　第1頁

1308　蘇州及蚌埠的金融機構和貨幣現狀

　　　百瀬源、田中市松、秋山征士、瀧本一夫　昭和十七年(1942)　第191册　第
　　　385頁

1309　蘇州語言調查報告

　　　近幸一郎　昭和十四年(1939)　第164册　第113頁

1310　綏化縣調查

　　　高谷靖輔、堀内健吾、乾祐二　昭和八年(1933)　第十六卷第二編　第145册
　　　　第425頁

1311　綏遠、直隸羊毛羊皮(附奉天市場的羊毛)

　　　前田增三　昭和四年(1929)　第四十一卷　第117册　第447頁

1312　綏中縣、興城縣調查

　　　本多實、佐藤隆保、雄城要　昭和十年(1935)　第一卷　第153册　第1頁

T

1313　(太倉)家族制度

　　　山尾照芳　昭和十八年(1943)　第193册　第595頁

1314　(太倉)經濟(工業調查)

　　　久保田穰　昭和十八年(1943)　第194册　第51頁

1315　(太倉)人口

山尾照芳　昭和十八年(1943)　第 193 册　第 609 頁

1316　太倉縣的歷史和自然

片岡正一　昭和十八年(1943)　第 193 册　第 623 頁

1317　太倉縣的訓練、出版物、宣傳及宗教

山本孝雄　昭和十八年(1943)　第 194 册　第 75 頁

1318　［太倉縣調查報告書］

村上和夫、岩橋恒治、武藤義道、簑津豐　昭和十三年(1938)　第 157 册　第 59
頁

1319　(太倉)縣政調查

關屋重政　昭和十八年(1943)　第 194 册　第 1 頁

1320　(太倉)治安調查

內倉吉憲　昭和十八年(1943)　第 194 册　第 235 頁

1321　太田松男旅行日誌

太田松男　昭和十七年(1942)　第二十一班　第 71 册　第 463 頁

1322　太原、大同、張家口、石家莊的金融情況

二川薰　昭和四年(1929)　第三十一卷　第 115 册　第 445 頁

1323　太原的糧行

日野茂樹、內九五典、宇佐美和彥、小野良章　昭和十七年(1942)　第 188 册
第 277 頁

1324　太原織布指南

藏岡習志　昭和十六年(1941)　第 179 册　第 151 頁

1325　太宰守旅行日誌

太宰守　昭和三年(1928)　第十五卷第七編　第 16 册　第 397 頁

1326　泰康縣調查

秋山洋造、松田亨、森藏之助　昭和八年(1933)　第二十二卷第二編　第 147
册　第 95 頁

1327　泰來縣調查

替地大三、甲斐重良、前田睦夫　昭和八年(1933)　第二十卷第一編　第 146
册　第 317 頁

1328　泰縣的宣傳調查報告

井澤寬　昭和十八年(1943)　第 198 冊　第 327 頁

1329　泰縣方言調查報告

秋山善三郎　昭和十八年(1943)　第 198 冊　第 439 頁

1330　(泰縣)金融、物價調查報告

藤井芳彥　昭和十八年(1943)　第 198 冊　第 343 頁

1331　泰縣人口家族制度

峰岸慶六　昭和十八年(1943)　第 198 冊　第 457 頁

1332　(泰縣)治安

黑澤貞夫、菅野俊作　昭和十八年(1943)　第 198 冊　第 289 頁

1333　泰縣宗教調查報告

秋山善三郎　昭和十八年(1943)　第 198 冊　第 387 頁

1334　湯川武雄旅行日誌

湯川武雄　昭和二年(1927)　第十三卷第四編　第 9 冊　第 519 頁

1335　湯口重壽旅行日誌

湯口重壽　昭和二年(1927)　第六卷第四編　第 4 冊　第 83 頁

1336　湯下良旅行日誌

湯下良　昭和十四年(1939)　山西班　第 55 冊　第 113 頁

1337　湯原縣調查

中川義信　昭和九年(1934)　第二十一卷第一編　第 151 冊　第 173 頁

1338　唐川博旅行日誌

唐川博　昭和十七年(1942)　第十一班　第 70 冊　第 1 頁

1339　洮安縣情況調查

圓谷清治、山內英之　昭和九年(1934)　第二十四卷第一編　第 152 冊　第 1 頁

1340　洮南調查班

瀧野貞明、福田百松、古根俊一、長瀨義一　昭和八年(1933)　第八卷　第 142 冊　第 375 頁

1341　特別圓的性質與圓匯兌集中制

有野芳郎　昭和十六年(1941)　第 179 冊　第 121 頁

1342　藤本博旅行日誌

　　　　藤本博　昭和十七年(1942)　第三十四班　第73冊　第485頁

1343　藤春敬三旅行日誌

　　　　藤春敬三　昭和十五年(1940)　廣東省第二班　第62冊　第413頁

1344　藤村正輝旅行日誌

　　　　藤村正輝　昭和十七年(1942)　第三十二班　第73冊　第305頁

1345　藤島健一旅行日誌

　　　　藤島健一　昭和二年(1927)　第十三卷第一編　第9冊　第443頁

1346　藤谷三郎旅行日誌

　　　　藤谷三郎　昭和十八年(1943)　武進班　第75冊　第519頁

1347　藤井芳彦旅行日誌

　　　　藤井芳彦　昭和十八年(1943)　泰縣班　第75冊　第25頁

1348　藤井孝一旅行日誌

　　　　藤井孝一　昭和十八年(1943)　崇明班　第75冊　第485頁

1349　藤森正歲旅行日誌

　　　　藤森正歲　昭和十七年(1942)　第十六班　第71冊　第1頁

1350　藤田良次旅行日誌

　　　　藤田良次　昭和二年(1927)　第十卷第二編　第7冊　第289頁

1351　藤田信弘旅行日誌

　　　　藤田信弘　昭和十八年(1943)　吳縣班　第74冊　第597頁

1352　藤原龍男旅行日誌

　　　　藤原龍男　昭和十五年(1940)　福建班　第60冊　第337頁

1353　藤原敏夫旅行日誌

　　　　藤原敏夫　昭和十六年(1941)　第二十五班　第67冊　第57頁

1354　藤原昇旅行日誌

　　　　藤原昇　昭和四年(1929)　第二十四卷　第19冊　第207頁

1355　鵜飼達哉旅行日誌

　　　　鵜飼達哉　昭和十七年(1942)　第十三班　第70冊　第389頁

1356　鵜飼藤一郎旅行日誌

　　　　鵜飼藤一郎　昭和五年(1930)　第五十四卷　第32冊　第351頁

1357　替地大三等旅行日誌

　　　替地大三、前田睦夫、甲斐重良　昭和八年(1933)　第二十卷　第 49 冊　第 433
　　頁

1358　天津的玻璃製品

　　　陳濟昌　昭和五年(1930)　第七十七卷　第 136 冊　第 693 頁

1359　天津的工業

　　　大森茂　昭和十六年(1941)　第 178 冊　第 429 頁

1360　天津的金融

　　　長田陽一　昭和五年(1930)　第二十四卷　第 128 冊　第 189 頁

1361　天津的民衆補習教育

　　　大平孝　昭和五年(1930)　第十一卷　第 126 冊　第 229 頁

1362　天津的錢莊

　　　岩尾正利　昭和五年(1930)　第二十卷　第 127 冊　第 497 頁

1363　天津地毯情況

　　　久重四郎　昭和五年(1930)　第七十四卷　第 136 冊　第 399 頁

1364　天津紡織業的現狀

　　　佐古廣利　昭和十四年(1939)　第 170 冊　第 305 頁

1365　天津紡織業的研究

　　　茂木有禎　昭和四年(1929)　第三十六卷　第 116 冊　第 597 頁

1366　天津港的過去、現在及將來

　　　岡野八太郎　昭和四年(1929)　第七十八卷　第 123 冊　第 193 頁

1367　天津舊英租界

　　　廣長敬太郎　昭和十七年(1942)　第 189 冊　第 383 頁

1368　天津與華中的經濟關係

　　　鹿島達也、藤本博、中山薗夫、中西芳一、佐味謙太郎、蔭山恒義　昭和十七年
　　(1942)　第 193 冊　第 1 頁

1369　天野治邦旅行日誌

　　　天野治邦　昭和五年(1930)　第四十六卷　第 31 冊　第 173 頁

1370　田坂博能旅行日誌

　　　田坂博能　昭和十八年(1943)　無錫班　第 75 冊　第 399 頁

1371　田坂豐旅行日誌

田坂豐　昭和十五年(1940)　長江流域第七班　第 61 冊　第 189 頁

1372　田坂領甫旅行日誌

田坂領甫　昭和十四年(1939)　香港班　第 58 冊　第 317 頁

1373　田坂三雄旅行日誌

田坂三雄　昭和十四年(1939)　香港班　第 58 冊　第 161 頁

1374　田村三郎旅行日誌

田村三郎　昭和五年(1930)　第二十二卷　第 28 冊　第 475 頁

1375　田島清三郎旅行日誌

田島清三郎　昭和四年(1929)　第八十四卷　第 26 冊　第 321 頁

1376　田尻親種旅行日誌

田尻親種　昭和十四年(1939)　廣東班　第 57 冊　第 527 頁

1377　田尻泰正旅行日誌

田尻泰正　昭和十六年(1941)　第二十三班　第 66 冊　第 445 頁

1378　田口末雄旅行日誌

田口末雄　昭和七年(1932)　第二十七卷　第 42 冊　第 101 頁

1379　田路章旅行日誌

田路章　昭和四年(1929)　第六十四卷　第 23 冊　第 449 頁

1380　田實巖旅行日誌

田實巖　昭和七年(1932)　第四十五卷　第 45 冊　第 1 頁

1381　田所善良旅行日誌

田所善良　昭和十四年(1939)　山東班　第 54 冊　第 573 頁

1382　田添正嗣旅行日誌

田添正嗣　昭和五年(1930)　第六十卷　第 33 冊　第 113 頁

1383　田原勢典旅行日誌

田原勢典　昭和十五年(1940)　長江流域第七班　第 61 冊　第 2 頁

1384　田原竹市等旅行日誌

田原竹市、下柳田英造　昭和十年(1935)　第二卷　第 51 冊　第 567 頁

1385　田沼菊彌旅行日誌

田沼菊彌　昭和十七年(1942)　第七班　第 69 冊　第 141 頁

1386　田中聰介旅行日誌

田中聰介　昭和七年（1932）　第三十三卷　第43冊　第1頁

1387　田中多四郎旅行日誌

田中多四郎　昭和十四年（1939）　山東班　第55冊　第1頁

1388　田中康稔等旅行日誌

田中康稔、北野定雄、牛島俊吉、村岡侃、鳥田滿穗　昭和十三年（1938）　華中

第十五班　第54冊　第11頁

1389　田中玲瓏旅行日誌

田中玲瓏　昭和四年（1929）　第十三卷　第17冊　第585頁

1390　田中市松旅行日誌

田中市松　昭和十七年（1942）　第二十六班　第72冊　第477頁

1391　田中守造旅行日誌

田中守造　昭和五年（1930）　第十八卷　第28冊　第301頁

1392　田中香苗旅行日誌

田中香苗　昭和三年（1928）　第十五卷第一編　第16冊　第1頁

1393　田中信隆等旅行日誌

田中信隆、河合祝男、松尾松一郎、村岡正三　昭和十四年（1939）　暹羅班　第

58冊　第409頁

1394　田中一男旅行日誌

田中一男　昭和七年（1932）　第二卷　第38冊　第227頁

1395　田中政治旅行日誌

田中政治　昭和七年（1932）　第三十四卷　第43冊　第149頁

1396　田中重信旅行日誌

田中重信　昭和十八年（1943）　丹陽班　第74冊　第585頁

1397　田中專正旅行日誌

田中專正　昭和十五年（1940）　長江流域第十一班　第61冊　第507頁

1398　田中卓也旅行日誌

田中卓也　昭和十七年（1942）　第三十八班　第74冊　第411頁

1399　田子義夫旅行日誌

田子義夫　昭和七年（1932）　第六十卷　第47冊　第225頁

1400　町野大輔旅行日誌

町野大輔　昭和五年(1930)　第三十一卷　第29冊　第449頁

1401　通北縣調查
涉谷勇造、山本純愚、竹內桂太郎、金子正雄　昭和八年(1933)　第十八卷第二編　第146冊　第73頁

1402　通河縣調查
降籏立喜、中島順一、野野山永次　昭和八年(1933)　第二十一卷第一編　第146冊　第417頁

1403　通化縣調查班
井口易男、竹內照夫　昭和八年(1933)　第二卷　第141冊　第129頁

1404　通遼縣調查班
與田誠二、安藤勝、野口孝行　昭和八年(1933)　第五卷　第142冊　第89頁

1405　樋藤軍二旅行日誌
樋藤軍二　昭和十六年(1941)　第五班　第64冊　第103頁

1406　統制經濟
尾藤勝彥　昭和十八年(1943)　第198冊　第475頁

1407　土本邦雄旅行日誌
土本邦雄　昭和十四年(1939)　廣東班　第57冊　第421頁

1408　土谷莊八郎旅行日誌
土谷莊八郎　昭和六年(1931)　第十五卷　第37冊　第213頁

1409　土井三子雄旅行日誌
土井三子雄　昭和三年(1928)　第十卷第二編　第13冊　第529頁

1410　土煤在廣東市場中的地位：關於狗牙洞煤礦
山崎長五郎　昭和五年(1930)　第六十二卷　第134冊　第503頁

1411　土田增夫旅行日誌
土田增夫　昭和四年(1929)　第六十六卷　第24冊　第57頁

1412　土屋彌之助旅行日誌
土屋彌之助　昭和三年(1928)　第九卷第五編　第13冊　第343頁

W

1413　窪田元次郎旅行日誌

226

窪田元次郎　昭和十六年(1941)　第二十一班　第66冊　第229頁

1414　瓦本勝利旅行日誌

　　瓦本勝利　昭和二年(1927)　第十卷第五編　第8冊　第1頁

1415　外蒙古貿易、交通、兵備狀況

　　井上宗親　昭和四年(1929)　第八十一卷　第123冊　第479頁

1416　丸川辰生旅行日誌

　　丸川辰生　昭和十八年(1943)　丹陽班　第74冊　第555頁

1417　丸田慶一旅行日誌

　　丸田慶一　昭和十六年(1941)　第二十三班　第66冊　第525頁

1418　汪清縣調查

　　平林千幸　昭和八年(1933)　第十一卷第三編　第143冊　第607頁

1419　望月伸佐旅行日誌

　　望月伸佐　昭和十五年(1940)　長江流域第四班　第61冊　第1頁

1420　隈部勇旅行日誌

　　隈部勇　昭和二年(1927)　第三卷第五編　第2冊　第145頁

1421　爲藤陽次郎等旅行日誌

　　爲藤陽次郎、　谷彌七　昭和九年(1934)　第十二卷　第51冊　第167頁

1422　尾見博已旅行日誌

　　尾見博已　昭和十四年(1939)　察哈爾班　第55冊　第521頁

1423　尾崎莊太郎旅行日誌

　　尾崎莊太郎　昭和四年(1929)　第七十七卷　第25冊　第269頁

1424　尾藤昇旅行日誌

　　尾藤昇　昭和十六年(1941)　第八班　第64冊　第359頁

1425　尾形明旅行日誌

　　尾形明　昭和十六年(1941)　第十四班　第65冊　第189頁

1426　尾野四郎旅行日誌

　　尾野四郎　昭和二年(1927)　第三卷第一編　第1冊　第445頁

1427　尾仲嘉助旅行日誌

　　尾仲嘉助　昭和四年(1929)　第八十卷　第26冊　第1頁

1428　梶村正義旅行日誌

梶村正義　昭和二年(1927)　第一卷第三編　第 1 冊　第 37 頁

1429　梶原英三旅行日誌

梶原英三　昭和四年(1929)　第七十六卷　第 25 冊　第 141 頁

1430　葦河縣調查

塚原房生、志波正男　昭和八年(1933)　第十五卷第二編　第 145 冊　第 245 頁

1431　我國借款鐵路中的膠濟鐵路問題

高次友惠　昭和二年(1927)　第五卷第四編　第 81 冊　第 493 頁

1432　我國興亞政策的在華發展狀況

松坂賢　昭和十五年(1940)　第 172 冊　第 1 頁

1433　我國興亞政策在廣東政治經濟上的發展

森茂樹　昭和十六年(1941)　第 177 冊　第 1 頁

1434　吳縣的收購及配給調查報告概要(前篇)

松本和夫　昭和十八年(1943)　第 195 冊　第 269 頁

1435　吳縣的政治指導

加藤和　昭和十八年(1943)　第 195 冊　第 441 頁

1436　吳縣調查報告書

翠田實、田村忠、河合一男　昭和十三年(1938)　第 157 冊　第 127 頁

1437　吳縣方言調查

藤田信弘　昭和十八年(1943)　第 195 冊　第 29 頁

1438　吳縣楓橋鎮內各部落的社會考察

下隱登喜吉　昭和十八年(1943)　第 195 冊　第 395 頁

1439　吳縣教育、宗教調查報告

橋本富士雄　昭和十八年(1943)　第 195 冊　第 345 頁

1440　吳縣金融調查報告

北村求　昭和十八年(1943)　第 195 冊　第 495 頁

1441　吳縣史地

寺澤衛　昭和十八年(1943)　第 195 冊　第 109 頁

1442　吳縣縣政

林勳　昭和十八年(1943)　第 195 冊　第 181 頁

1443 吳興縣調查報告書

齋藤洲臣、伊藤哲三、水野學、水元健治郎　昭和十三年(1938)　第 157 册　第
627 頁

1444 吳鷹之助旅行日誌

吳鷹之助　昭和四年(1929)　第四十七卷　第 21 册　第 573 頁

1445 無錫的金融機構

加藤美治　昭和十八年(1943)　第 199 册　第 175 頁

1446 無錫的語言和習俗

田坂博能　昭和十八年(1943)　第 199 册　第 261 頁

1447 無錫地區的收購及配給現狀

高田富佐雄　昭和十八年(1943)　第 199 册　第 235 頁

1448 (無錫)縣縣政調查

宇佐忠人、楠井晃　昭和十七年(1942)　第 192 册　第 211 頁

1449 無錫縣政調查報告

中村信　昭和十八年(1943)　第 199 册　第 135 頁

1450 無錫鄉土藝術

市河正和　昭和十八年(1943)　第 199 册　第 367 頁

1451 (無錫)訓練、宣傳、出版物

山本福三　昭和十八年(1943)　第 199 册　第 315 頁

1452 蕪湖、安慶的人口調查

前川利雄　昭和十四年(1939)　第 165 册　第 207 頁

1453 蕪湖的土布工業

小林三郎　昭和十六年(1941)　第 182 册　第 125 頁

1454 五常縣調查報告書

新崎盛良、加藤雄一郎　昭和八年(1933)　第九卷第二編　第 142 册　第 545
頁

1455 五島利一旅行日誌

五島利一　昭和六年(1931)　第九卷　第 36 册　第 617 頁

1456 五十嵐利貞等旅行日誌

五十嵐利貞、大橋貞夫、田中辰一、宇野正四、遠藤進　昭和六年(1931)　第十

卷　第37册　第1頁

1457　武昌縣的縣政

　　　三枝重雄　昭和十六年(1941)　第184册　第143頁

1458　武川信佐旅行日誌

　　　武川信佐　昭和四年(1929)　第二十卷　第18册　第537頁

1459　武漢的教育復興情況

　　　清水廣　昭和十五年(1940)　第176册　第615頁

1460　武漢地區的交通

　　　友野裕　昭和十六年(1941)　第184册　第213頁

1461　武漢地區外國傳教士的活動狀況

　　　古賀六郎　昭和十四年(1939)　第166册　第161頁

1462　武漢工業調查

　　　小澤潤一郎　昭和十六年(1941)　第184册　第1頁

1463　武漢英資企業的趨勢

　　　柿田琢磨　昭和五年(1930)　第四十三卷　第131册　第175頁

1464　武進班(宗教篇)

　　　工藤俊一　昭和十八年(1943)　第200册　第349頁

1465　[武進史地]

　　　長島一夫　昭和十八年(1943)　第200册　第535頁

1466　武進縣的統制經濟

　　　蒲池博　昭和十八年(1943)　第200册　第453頁

1467　(武進縣)人口、家族制度

　　　向野貴文　昭和十八年(1943)　第200册　第427頁

1468　武進縣語言習俗調查報告

　　　赤澤修二　昭和十八年(1943)　第200册　第377頁

1469　(武進)訓練、宣傳、出版物

　　　宮本幹男　昭和十八年(1943)　第200册　第313頁

1470　武藤義一旅行日誌

　　　武藤義一　昭和十六年(1941)　第十二班　第65册　第21頁

1471　西安煤礦調査報告書

迫田司、近藤與久、山本臣　昭和八年（1933）　第七卷第二編　第142冊　第347頁

1472　西安縣調査班

迫田司、近藤與久、山本臣　昭和八年（1933）　第七卷第一編　第142冊　第247頁

1473　西本禮三等旅行日誌

西本禮三、穴澤健二　昭和十三年（1938）　華中第六班　第53冊　第487頁

1474　西本喜興世旅行日誌

西本喜興世　昭和二年（1927）　第三卷第六編　第2冊　第173頁

1475　西村剛夫旅行日誌

西村剛夫　昭和四年（1929）　第五十三卷　第22冊　第345頁

1476　西村敏雄旅行日誌

西村敏雄　昭和十四年（1939）　廣東班　第57冊　第395頁

1477　西村昇旅行日誌

西村昇　昭和十四年（1939）　廈門班　第57冊　第217頁

1478　西村正介旅行日誌

西村正介　昭和十六年（1941）　第二十七班　第67冊　第211頁

1479　西里龍夫旅行日誌

西里龍夫　昭和四年（1929）　第十四卷　第18冊　第1頁

1480　西內寬隆旅行日誌

西內寬隆　昭和十八年（1943）　常熟班　第75冊　第155頁

1481　西山泰元旅行日誌

西山泰元　昭和十五年（1940）　長江流域第三班　第60冊　第5頁

1482　西澤信男旅行日誌

西澤信男　昭和十七年（1942）　第十一班　第70冊　第39頁

1483　喜多見三良旅行日誌

喜多見三良　昭和十七年（1942）　第三十五班　第74冊　第49頁

1484　細川正直等旅行日誌

　　細川正直、細萱元四郎　昭和十三年(1938)　華北第三班　第53冊　第365頁

1485　細豐治旅行日誌

　　細豐治　昭和十六年(1941)　第二十三班　第66冊　第497頁

1486　峽正毅旅行日誌

　　峽正毅　昭和十八年(1943)　海門班　第75冊　第577頁

1487　下川賢旅行日誌

　　下川賢　昭和五年(1930)　第六卷　第26冊　第429頁

1488　下村明信等旅行日誌

　　下村明信、中山昌生、稻富正男　昭和九年(1934)　第十六卷　第51冊　第263頁

1489　下條義克旅行日誌

　　下條義克　昭和十四年(1939)　香港班　第58冊　第1頁

1490　下隱登喜吉旅行日誌

　　下隱登喜吉　昭和十八年(1943)　吳縣班　第75冊　第21頁

1491　下垣內正典旅行日誌

　　下垣內正典　昭和十四年(1939)　香港班　第58冊　第223頁

1492　夏季研究旅行日誌

　　戶田義郎　第76冊　第381頁

1493　［暹羅調查］

　　村岡正三　昭和十四年(1939)　第169冊　第473頁

1494　暹羅華僑的經濟地位

　　田中信隆　昭和十四年(1939)　第169冊　第357頁

1495　［暹羅華僑調查］

　　坂下惣平、前田五郎、松原理一、中村源、濱和夫　昭和十三年(1938)　第158冊　第649頁

1496　［暹羅華僑調查］

　　松尾松一郎　昭和十四年(1939)　第169冊　第421頁

1497　咸甯縣、蒲圻縣、岳陽縣及新堤縣地區的戰後狀況

　　殿塚隆治　昭和十六年(1941)　第185冊　第197頁

232

1498　香川英史旅行日誌

　　　香川英史　昭和二年(1927)　第九卷第二編　第 6 冊　第 385 頁

1499　香港、廣東的海產品調查

　　　納富政彥　昭和三年(1928)　第十一卷第一編　第 106 冊　第 267 頁

1500　香港、廣東貿易調查

　　　中原武雄　昭和三年(1928)　第十一卷第二編　第 106 冊　第 385 頁

1501　香港的城市制度和城市情況

　　　平澤常彥　昭和六年(1931)　第十一卷　第 140 冊　第 393 頁

1502　香港廣東的商業團體調查

　　　長谷川靜夫　昭和三年(1928)　第十一卷第四編　第 107 冊　第 1 頁

1503　香港華僑調查

　　　田坂三雄　昭和十四年(1939)　第 168 冊　第 247 頁

1504　香港華僑概說

　　　下條義克　昭和十四年(1939)　第 167 冊　第 613 頁

1505　香港貨幣金融調查

　　　大峽一男　昭和十四年(1939)　第 169 冊　第 1 頁

1506　香港及澳門的交通狀況

　　　橫川武　昭和十四年(1939)　第 168 冊　第 525 頁

1507　香港日本工商業者的活動情況

　　　宮原正四郎　昭和十四年(1939)　第 168 冊　第 49 頁

1508　香港物產的流通及交易狀況

　　　堀深　昭和十四年(1939)　第 168 冊　第 123 頁

1509　香港中國人的對日感情

　　　中山一三　昭和十四年(1939)　第 168 冊　第 1 頁

1510　向生貴文旅行日誌

　　　向生貴文　昭和十八年(1943)　武進班　第 75 冊　第 537 頁

1511　小濱繁旅行日誌

　　　小濱繁　昭和三年(1928)　第七卷第五編　第 12 冊　第 185 頁

1512　小川清旅行日誌

　　　小川清　昭和十八年(1943)　南通班　第 75 冊　第 115 頁

1513　小島誠等旅行日誌

　　小島誠、正林秀夫、加藤和夫　昭和六年（1931）　第二十二卷　第 37 冊　第 631 頁

1514　小島桂吾等旅行日誌

　　小島桂吾、坂井佳彦、二村文彦、平野和夫　昭和六年（1931）　第十八卷　第 37 冊　第 385 頁

1515　小島和雄旅行日誌

　　小島和雄　昭和十七年（1942）　第十四班　第 70 冊　第 475 頁

1516　小島正英旅行日誌

　　小島正英　昭和二年（1927）　第十卷第一編　第 7 冊　第 199 頁

1517　小島宗雄旅行日誌

　　小島宗雄　昭和十六年（1941）　第二班　第 63 冊　第 489 頁

1518　小幡廣士旅行日誌

　　小幡廣士　昭和四年（1929）　第六十五卷　第 24 冊　第 1 頁

1519　小久保鬱郎旅行日誌

　　小久保鬱郎　昭和十五年（1940）　福建班　第 60 冊　第 347 頁

1520　小久保貞雄旅行日誌

　　小久保貞雄　昭和三年（1928）　第十三卷第二編　第 15 冊　第 263 頁

1521　小林保旅行日誌

　　小林保　昭和十四年（1939）　海峽殖民地班　第 58 冊　第 613 頁

1522　小林鈔旅行日誌

　　小林鈔　昭和五年（1930）　第七十八卷　第 34 冊　第 571 頁

1523　小林榮旅行日誌

　　小林榮　昭和二年（1927）　第八卷第九編　第 6 冊　第 1 頁

1524　小林三郎旅行日誌

　　小林三郎　昭和十六年（1941）　第十三班　第 65 冊　第 45 頁

1525　小林淑人旅行日誌

　　小林淑人　昭和十七年（1942）　第十七班　第 71 冊　第 95 頁

1526　小麥調查

　　岡崎巖　昭和十四年（1939）　第 164 冊　第 411 頁

234

1527　小坪昇三旅行日誌

　　　小坪昇三　昭和三年(1928)　第十五卷第四編　第 16 册　第 175 頁

1528　小泉清一等旅行日誌

　　　小泉清一、橋口正行、村田久雄　昭和十三年(1938)　華中第八班　第 53 册
　　　第 539 頁

1529　小森藤雄等旅行日誌

　　　小森藤雄、中川義信　昭和九年(1934)　第二十一卷　第 51 册　第 405 頁

1530　小山田繁旅行日誌

　　　小山田繁　昭和四年(1929)　第七十卷　第 24 册　第 399 頁

1531　小山正延旅行日誌

　　　小山正延　昭和二年(1927)　第十二卷第六編　第 9 册　第 193 頁

1532　小室清志旅行日誌

　　　小室清志　昭和二年(1927)　第四卷第七編　第 3 册　第 1 頁

1533　小松秀吉旅行日誌

　　　小松秀吉　昭和十七年(1942)　第三十八班　第 74 册　第 379 頁

1534　小田健三郎旅行日誌

　　　小田健三郎　昭和四年(1929)　第七十二卷　第 24 册　第 481 頁

1535　小西勇旅行日誌

　　　小西勇　昭和五年(1930)　第十五卷　第 27 册　第 531 頁

1536　小野桂旅行日誌

　　　小野桂　昭和十七年(1942)　第二十五班　第 72 册　第 339 頁

1537　小野良章旅行日誌

　　　小野良章　昭和十七年(1942)　第六班　第 69 册　第 73 頁

1538　小野敏平旅行日誌

　　　小野敏乎　昭和十七年(1942)　第三十八班　第 74 册　第 489 頁

1539　小野崎通健等旅行日誌

　　　小野崎通健、菊勝　昭和十年(1935)　第十三卷　第 52 册　第 3 頁

1540　小野壽恵夫旅行日誌

　　　小野壽恵夫　昭和七年(1932)　第七十卷　第 48 册　第 313 頁

1541　小原一旅行日誌

小原一　昭和七年（1932）　第三十二卷　第42册　第573頁

1542　小澤潤一郎旅行日誌

　　　小澤潤一郎　昭和十六年（1941）　第十九班　第66册　第63頁

1543　小竹忠夫旅行日誌

　　　小竹忠夫　昭和十五年（1940）　福建班　第60册　第315頁

1544　篠崎昌平旅行日誌

　　　篠崎昌平　昭和二年（1927）　第八卷第四編　第5册　第131頁

1545　新村寬旅行日誌

　　　新村寬　昭和三年（1928）　第三卷第一編　第10册　第549頁

1546　新谷音二旅行日誌

　　　新谷音二　昭和三年（1928）　第二卷第三編　第10册　第385頁

1547　新行内義兄等旅行日誌

　　　新行内義兄、八木友愛　昭和十三年（1938）　華北第五班　第53册　第391頁

1548　新角俶郎旅行日誌

　　　新角俶郎　昭和十六年（1941）　第二十八班　第67册　第307頁

1549　新井寶雄旅行日誌

　　　新井寶雄　昭和十六年（1941）　第十二班　第65册　第1頁

1550　新民會

　　　今里明、濱田守保　昭和十三年（1938）　第157册　第1頁

1551　新崎盛良等旅行日誌

　　　新崎盛良、加藤雄一郎　昭和八年（1933）　第九卷　第49册　第279頁

1552　新野岩男旅行日誌

　　　新野岩男　昭和十四年（1939）　山東班　第55册　第63頁

1553　新政權管理下的教育建設狀況

　　　山田靜夫、橫田文真、大久保啟三、鵜飼達哉、杉山恭衛　昭和十七年（1942）

　　　第189册　第609頁

1554　信元安貞旅行日誌

　　　信元安貞　昭和十七年（1942）　第十九班　第71册　第373頁

1555　信原信旅等旅行日誌

　　　信原信、生雲忠　昭和八年（1933）　第六卷　第49册　第257頁

1556　星久次旅行日誌

　　星久次　昭和十七年(1942)　第三十八班　第74冊　第473頁

1557　興安東分省莫力達瓦旗調查

　　辻武雄、淺野德太郎、富岡康　昭和九年(1934)　第十九卷　第151冊　第1頁

1558　興安省林西、林東一般情況調查

　　三浦計太郎、中井川信雄、重松保德　昭和九年(1934)　第二十六卷　第152冊　第347頁

1559　熊谷林之助旅行日誌

　　熊谷林之助　昭和五年(1930)　第四十七卷　第31冊　第211頁

1560　徐州海州地區交通狀況

　　井唯信彥　昭和十四年(1939)　第164冊　第459頁

1561　緒方秀夫旅行日誌

　　緒方秀夫　昭和七年(1932)　第四十四卷　第44冊　第551頁

1562　緒方正己旅行日誌

　　緒方正己　昭和十五年(1940)　山東班　第59冊　第557頁

1563　緒方正義旅行日誌

　　緒方正義　昭和十七年(1942)　第二十三班　第72冊　第43頁

1564　學生調查旅行指導旅行日記

　　戶田義郎　第76冊　第161頁

1565　學生調查指導旅行日記

　　林哲夫　第76冊　第253頁

1566　尋木愼一郎旅行日誌

　　尋木愼一郎　昭和十五年(1940)　長江流域第一班　第60冊　第36頁

1567　鴉片調查

　　隈部勇　昭和二年(1927)　第三卷第五編　第79冊　第185頁

Y

1568　鴉片及煙草

　　浦上尚之　昭和二年(1927)　第八卷第十二編　第85冊　第657頁

1569　延吉縣調查

平林千幸　昭和八年(1933)　第十一卷第一編　第143冊　第261頁

1570　岩本隆夫旅行日誌

　　岩本隆夫　昭和十六年(1941)　第十七班　第65冊　第465頁

1571　岩間正雄等旅行日誌

　　岩間正雄、上野陽　昭和十四年(1939)　海峽殖民地班　第58冊　第645頁

1572　岩滿興三等旅行日誌

　　岩滿興三、岡田朝雄　昭和十年(1935)　第十二卷　第52冊　第305頁

1573　岩橋誠等旅行日誌

　　岩橋誠、北澤寅次郎　昭和九年(1934)　第六卷　第50冊　第529頁

1574　岩橋竹二旅行日誌

　　岩橋竹二　昭和四年(1929)　第二十八卷　第19冊　第427頁

1575　岩松武等旅行日誌

　　岩松武、土屋定國　昭和七年(1932)　第三卷　第38冊　第363頁

1576　岩田良一旅行日誌

　　岩田良一　昭和二年(1927)　第二卷第三編　第1冊　第327頁

1577　岩田由一等旅行日誌

　　岩田由一、關家三男、莊子勇之助　昭和六年(1931)　第六卷　第36冊　第459頁

1578　岩尾正利旅行日誌

　　岩尾正利　昭和五年(1930)　第二十卷　第28冊　第381頁

1579　岩尾諄一旅行日誌

　　岩尾諄一　昭和十七年(1942)　第二十八班　第73冊　第1頁

1580　岩下輝夫等旅行日誌

　　岩下輝夫、石田幸三郎、石橋春男、長谷川稔、門井博　昭和六年(1931)　第七、八卷　第36冊　第515頁

1581　研究旅行日誌

　　福田勝藏　第76冊　第53頁

1582　[研究旅行日誌]

　　太田英一　第76冊　第59頁

1583　研究旅行日誌

宮下忠雄　　第 76 册　　第 337 頁

1584　研究旅行日誌

熊野正平　　第 76 册　　第 373 頁

1585　研究旅行日誌

若江得行　　第 76 册　　第 651 頁

1586　研究指導旅行日誌

坂本一郎　　第 76 册　　第 311 頁

1587　鹽原長衞旅行日誌

鹽原長衞　昭和三年（1928）　第二卷第一編　第 10 册　第 153 頁

1588　燕郊鎮概況

芹澤五郎、內倉三郎、小島和雄　昭和十七年（1942）　第 190 册　第 1 頁

1589　[揚州調查報告書]

清水正德、增田忠治、植松清一、橘良高　昭和十三年（1938）　第 157 册　第 277 頁

1590　（揚州）人口、家族制度

高久七郎、今江壽孝　昭和十八年（1943）　第 198 册　第 487 頁

1591　（揚州）鹽

池田安正　昭和十四年（1939）　第 164 册　第 295 頁

1592　楊莊的社會考察

增山惠三、江崎春太郎　昭和十八年（1943）　第 199 册　第 1 頁

1593　野村智一旅行日誌

野村智一　昭和十七年（1942）　第三班　第 68 册　第 241 頁

1594　野上正旅行日誌

野上正　昭和十七年（1942）　第十七班　第 71 册　第 175 頁

1595　野田久太郎旅行日誌

野田久太郎　昭和十四年（1939）　漢口班　第 56 册　第 561 頁

1596　一九二六年度蒙自和法屬印度支那的貿易狀況

森本辰治　昭和三年（1928）　第十二卷第四編　第 107 册　第 523 頁

1597　伊達茂旅行日誌

伊達茂　昭和七年（1932）　第四十一卷　第 44 册　第 451 頁

1598 伊東敏雄旅行日誌

　　伊東敏雄　昭和四年(1929)　第五十五卷　第22冊　第471頁

1599 伊東重美旅行日誌

　　伊東重美　昭和十四年(1939)　蒙疆班　第54冊　第347頁

1600 伊藤善三旅行日誌

　　伊藤善三　昭和三年(1928)　第九卷第四編　第13冊　第271頁

1601 伊藤正己旅行日誌

　　伊藤正己　昭和四年(1929)　第五十八卷　第23冊　第67頁

1602 伊通縣調查報告書

　　芝寬、角田次郎、岡秀雄　昭和十年(1935)　第三卷　第153冊　第447頁

1603 依蘭縣調查

　　勝田一夫、城繁雄、吉田藤一　昭和八年(1933)　第十四卷第二編　第144冊
　　　第445頁

1604 以北平、天津爲中心的中小學教育調查

　　久保寶次　昭和四年(1929)　第七十三卷　第122冊　第389頁

1605 以大同爲中心的晉北地區交通

　　平田文次　昭和十五年(1940)　第172冊　第123頁

1606 以對日貿易爲中心,對華南沿海各港口的貿易調查

　　池江善治　昭和五年(1930)　第六十一卷　第134冊　第373頁

1607 以廣東爲中心的鹽絲業調查

　　中村加治馬　昭和二年(1927)　第七卷第一編　第83冊　第247頁

1608 以哈爾濱市場爲中心的北滿大豆

　　村井美喜雄　昭和五年(1930)　第十四卷　第126冊　第557頁

1609 以哈爾濱爲中心的北滿麵粉加工業

　　大屋保義　昭和五年(1930)　第六十六卷　第135冊　第131頁

1610 以漢口市場爲中心的油漆調查報告

　　江淵薰　昭和十四年(1939)　第166冊　第347頁

1611 以漢口爲中心的棉花收購制度

　　緒方正義、安藤資郎、村田裕彦　昭和十七年(1942)　第191冊　第103頁

1612 以杭州市爲中心的經濟地理

240

新井寶雄　昭和十六年(1941)　第 181 冊　第 613 頁

1613　以杭州爲中心的貨幣金融情況

井原雄治　昭和十五年(1940)　第 174 冊　第 323 頁

1614　以杭州周邊爲中心的棉花收購剖度及棉花的一般情況

今田章、藤村正輝、綿引喜之　昭和十七年(1942)　第 192 冊　第 357 頁

1615　以河北省爲中心的華北交通建設、建設事業概況

金井正次　昭和十四年(1939)　第 170 冊　第 427 頁

1616　以河北爲中心的華北汽車交通

松本鎮夫　昭和十六年(1941)　第 178 冊　第 561 頁

1617　以湖州爲中心的商業調査

井上道高　昭和十五年(1940)　第 174 冊　第 589 頁

1618　以江蘇省昆山縣爲中心的物資流通及管制

岡幸雄、瀧石彰一　昭和十六年(1941)　第 181 冊　第 1 頁

1619　以南京爲中心的商品流通及其管制方面的調査

宮脇彌七　昭和十五年(1940)　第 175 冊　第 587 頁

1620　以青島港爲中心的民船業

岡田孝之　昭和十六年(1941)　第 180 冊　第 101 頁

1621　以青島爲中心的日本煙草公司與英美煙草公司之間的商業角逐

永江和夫　昭和十六年(1941)　第 179 冊　第 457 頁

1622　以上海爲中心的長江流域的菜種情況

三吉瀧雄　昭和五年(1930)　第九十卷　第 138 冊　第 649 頁

1623　以上海爲中心的船舶業

昭和二年(1927)　第十四卷第三編　第 94 冊　第 619 頁

1624　以上海爲中心的華中貨幣問題——以圓紙變調的考察爲視角

渡邊長雄　昭和十三年(1938)　第 158 冊　第 237 頁

1625　以上海爲中心的學生運動

曾根喜久男　昭和四年(1929)　第八十六卷　第 124 冊　第 355 頁

1626　以上海爲中心的遠洋輪船航綫

松尾博實　昭和五年(1930)　第八十九卷　第 138 冊　第 523 頁

1627　以武漢爲中心的湖北省教育調査

橋本清　昭和十六年（1941）　第184册　第405頁

1628　以香港爲中心的日貨動態

五島利一　昭和六年（1931）　第九卷　第140册　第229頁

1629　以移民辦理機構爲中心的中國移民調查

吉野金良　昭和二年（1927）　第十一卷第六編　第89册　第283頁

1630　蔭山恒義旅行日誌

蔭山恒義　昭和十七年（1942）　第三十四班　第73册　第433頁

1631　引原二郎旅行日誌

引原二郎　昭和三年（1928）　第十五卷第五編　第16册　第243頁

1632　印度支那的法國殖民政策概況

坂東薰　昭和十四年（1939）　第169册　第297頁

1633　印度支那東京州貿易調查

小久保貞雄　昭和三年（1928）　第十三卷第二編　第108册　第1頁

1634　印牧眞一旅行日誌

印牧眞一　昭和四年（1929）　第七十五卷　第25册　第1頁

1635　英國殖民地時代的香港經濟機構（貿易附日軍佔領後的建設狀態）

田中卓也、小松秀吉、日野晃、重松盛二　昭和十七年（1942）　第193册　第357頁

1636　英美在滬金融及投資機構

橋口有恒　昭和四年（1929）　第二卷　第111册　第115頁

1637　英屬馬來對日貿易情況（過去十年間）

安武太郎　昭和四年（1929）　第五十九卷　第120册　第297頁

1638　英屬馬來華僑的現狀與動向

北川林男、高橋立太、五十川統、河田要一、古谷鐵衛、增崎依正　昭和十三年（1938）　第158册　第499頁

1639　英屬馬來與我國的貿易狀況

德岡照　昭和五年（1930）　第三十四卷　第130册　第1頁

1640　櫻川影雄旅行日誌

櫻川影雄　昭和七年（1932）　第五十九卷　第47册　第1頁

1641　櫻井平四郎旅行日誌

242

櫻井平四郎　昭和二年(1927)　第二卷第四編　第 1 册　第 373 頁

1642　櫻井善一旅行日誌

櫻井善一　昭和十四年(1939)　蒙疆班　第 54 册　第 373 頁

1643　櫻田治平旅行日誌

櫻田治平　昭和十七年(1942)　第十九班　第 71 册　第 333 頁

1644　營口、安東的三品交易習慣

稻城勝　昭和三年(1928)　笰一卷第三編　第 96 册　第 463 頁

1645　營口、安東的稅制

樨數一　昭和三年(1928)　笰一卷第二編　第 96 册　第 249 頁

1646　營口、安東市情調查

金丸榮　昭和三年(1928)　第一卷第一編　第 96 册　第 1 頁

1647　營口的過爐銀

稻城勝　昭和三年(1928)　第一卷第四編　第 96 册　第 503 頁

1648　永安文三旅行日誌

永安文三　昭和五年(1930)　第七十六卷　第 34 册　第 481 頁

1649　永島良一旅行日誌

永島良一　昭和四年(1929)　第二十三卷　第 19 册　第 149 頁

1650　永吉縣、吉林省城調查

吉元晴雄、牧野勇、小林省吾、泉喜一郎、林忠四郎、森本清治　昭和八年(1933)
　第十卷第一編　第 142 册　第 595 頁

1651　永江和夫旅行日誌

永江和夫　昭和十六年(1941)　第六班　第 64 册　第 169 頁

1652　永井博旅行日誌

永井博　昭和七年(1932)　第四十卷　第 44 册　第 373 頁

1653　永井康吉旅行日誌

永井康吉　昭和十七年(1942)　第五班　第 68 册　第 587 頁

1654　永井憲平旅行日誌

永井憲平　昭和三年(1928)　第十三卷第四編　第 15 册　第 417 頁

1655　永野羊男旅行日誌

永野羊男　昭和十五年(1940)　澳門班　第 63 册　第 301 頁

1656 由井文人等旅行日誌

由井文人、永谷仁一、雨宮芳夫　昭和九年(1934)　第十一卷　第51冊　第 133 頁

1657 友添健策旅行日誌

友添健策　昭和五年(1930)　第八十八卷　第36冊　第33頁

1658 友野裕旅行日誌

友野裕　昭和十六年(1941)　第二十班　第66冊　第137頁

1659 有吉正義旅行日誌

有吉正義　昭和二年(1927)　第五卷第一編　第3冊　第233頁

1660 有野芳郎旅行日誌

有野芳郎　昭和十六年(1941)　第四班　第64冊　第47頁

1661 有野芳郎旅行日誌

有野芳郎　昭和十八年(1943)　常熟班　第75冊　第133頁

1662 柚木弘久旅行日誌

柚木弘久　昭和十四年(1939)　徐州海州班　第56冊　第161頁

1663 宇敷正章旅行日誌

宇敷正章　昭和五年(1930)　第三十七卷　第30冊　第261頁

1664 宇田政雄旅行日誌

宇田政雄　昭和四年(1929)　第七十四卷　第24冊　第607頁

1665 宇野善藏旅行日誌

宇野善藏　昭和十四年(1939)　蒙疆班　第54冊　第479頁

1666 宇佐美和彦旅行日誌

宇佐美和彦　昭和十七年(1942)　第六班　第69冊　第117頁

1667 宇佐忠人旅行日誌

宇佐忠人　昭和十七年(1942)　第二十九班　第73冊　第83頁

1668 玉村三夫旅行日誌

玉村三夫　昭和十七年(1942)　第二十七班　第72冊　第559頁

1669 淵邊元廣旅行日誌

淵邊元廣　昭和五年(1930)　第三十二卷　第29冊　第485頁

1670 元木數雄旅行日誌

元木數雄　昭和五年（1930）　第八十六卷　第 35 冊　第 573 頁

1671　原不二郎旅行日誌

原不二郎　昭和十八年（1943）　崇明班　第 75 冊　第 493 頁

1672　原豐平旅行日誌

原豐平　昭和十四年（1939）　山東班　第 55 冊　第 89 頁

1673　原口輝雄旅行日誌

原口輝雄　昭和二年（1927）　第三卷第三編　第 2 冊　第 1 頁

1674　原英一旅行日誌

原英一　昭和十八年（1943）　崇明班　第 75 冊　第 42 頁

1675　岳陽城人口調查報告

山本尚長　昭和十四年（1939）　第 166 冊　第 413 頁

1676　粵漢鐵路沿線經濟調查班貿易調查

山中秀宣　昭和五年（1930）　第四十二卷　第 131 冊　第 43 頁

1677　雲南、四川的畜產品調查

長友利雄　昭和四年（1929）　第二十九卷　第 115 冊　第 285 頁

1678　雲南、四川的工業調查

土田增夫　昭和四年（1929）　第六十六卷　第 121 冊　第 285 頁

1679　雲南、四川省的重要藥材

梶原英三　昭和四年（1929）　第七十六卷　第 123 冊　第 1 頁

1680　雲南交通編旅行調查

林茂治　昭和四年（1929）　第五十一卷　第 119 冊　第 127 頁

1681　雲南交通調查

志智新八郎　昭和三年（1928）　第十卷第五編　第 106 冊　第 95 頁

1682　雲南進口棉製品調查

栗木鐵男　昭和四年（1929）　第三十卷　第 115 冊　第 345 頁

1683　雲南農業調查

橫山安起　昭和二年（1927）　第九卷第一編　第 86 冊　第 75 頁

1684　雲南省、廣西省遊歷班

折橋大藏、間野護麓、飯田秀吉、佐藤正三、下雅夫　昭和十年（1935）　第二十

一卷　第 155 冊　第 369 頁

1685 雲南省的會館、公所

石田武男　昭和二年(1927)　第九卷第六編　第 86 冊　第 447 頁

1686 雲南省的金融問題：尤其是富滇銀行改革問題

上村清記　昭和四年(1929)　第三卷　第 111 冊　第 237 頁

1687 雲南省的棉紗布

上野皎　昭和三年(1928)　第十卷第六編　第 106 冊　第 211 頁

1688 雲南省的商業團體及工會

深堀健一郎　昭和二年(1927)　第九卷第三編　第 86 冊　第 223 頁

1689 雲南省的鴉片、藥材調查

寺崎修三　昭和四年(1929)　第二十二卷　第 114 冊　第 175 頁

1690 雲南省的鴉片及藥材調查

濱田祥太郎　昭和二年(1927)　第九卷第五編　第 86 冊　第 389 頁

1691 雲南省箇舊地質礦床調查

和多田介英　昭和二年(1927)　第九卷第四編　第 86 冊　第 339 頁

1692 雲南省和法屬印度支那的經濟形態

山口慎一　昭和三年(1928)　第十二卷第一編　第 107 冊　第 233 頁

1693 雲南省教育行政機關

香川英史　昭和二年(1927)　第九卷第二編　第 86 冊　第 151 頁

1694 雲南省緬甸街的居民生活狀況

安澤隆雄　昭和三年(1928)　第十卷第一編　第 105 冊　第 315 頁

1695 雲南四川兩省的交通調查

上田駿　昭和四年(1929)　第十八卷　第 113 冊　第 547 頁

1696 雲南四川普通居民的生活狀況

中下魁平　昭和四年(1929)　第十卷　第 112 冊　第 377 頁

1697 雲南至敘州之間的大致情況

五十嵐利貞、大橋貞夫、田中辰一、宇野正四、遠藤進　昭和六年(1931)　第十卷　第 140 冊　第 333 頁

Z

1698 在滬日僑人口調查

昭和三年（1928）　第十六卷第一編　第110冊　第383頁

1699　在華日本人在興亞政策下的發展狀況

田坂豐　昭和十五年（1940）　第176冊　第1頁

1700　在滿洲的朝鮮人問題調查

寺崎祐義　昭和三年（1928）　第七卷第四編　第102冊　第157頁

1701　藏岡習志旅行日誌

藏岡習志　昭和十六年（1941）　第四班　第64冊　第85頁

1702　澤登譽旅行日誌

澤登譽　昭和五年（1930）　第七十一卷　第34冊　第149頁

1703　增產和收購措施（華北棉花）

今田章、藤村正輝、綿引喜之　昭和十七年（1942）　第192冊　第315頁

1704　札蘭屯、免渡河調查

奧田重信、白石博　昭和九年（1934）　第二十五卷第一編　第152冊　第209頁

1705　齋藤保夫旅行日誌

齋藤保夫　昭和十五年（1940）　河北第二班　第59冊　第145頁

1706　齋藤博旅行日誌

齋藤博　昭和十七年（1942）　第三班　第68冊　第283頁

1707　齋藤暉夫旅行日誌

齋藤暉夫　昭和四年（1929）　第七卷　第17冊　第163頁

1708　齋藤鐵彌旅行日誌

齋藤鐵彌　昭和十八年（1943）　南通班　第75冊　第107頁

1709　齋藤信幸旅行日誌

齋藤信幸　昭和十五年（1940）　長江流域第二班　第60冊　第5頁

1710　齋藤增雄旅行日誌

齋藤增雄　昭和十七年（1942）　第十六班　第71冊　第29頁

1711　戰後蒙疆的物資流通狀況

吉田善次　昭和十五年（1940）　第173冊　第147頁

1712　戰時九江的糧食問題

荒木勇　昭和十六年（1941）　第182冊　第561頁

1713 張家口情況

三宅勳　昭和四年(1929)　第二十七卷　第115冊　第1頁

1714 昭和十六年夏北支方面旅行日誌

久重福三郎　第76冊　第533頁

1715 爪哇煙葉(附婆羅洲情況)

佐久間軍治郎　昭和二年(1927)　第十二卷第七編　第91冊　第451頁

1716 趙桂顯旅行日誌

趙桂顯　昭和二年(1927)　第八卷第十編　第6冊　第85頁

1717 柘植大六旅行日誌

柘植大六　昭和十八年(1943)　丹陽班　第74冊　第527頁

1718 [浙江民船]

平田剛　昭和十五年(1940)　第174冊　第255頁

1719 浙江省交通的大概狀況——以杭州市爲中心

武藤義一　昭和十六年(1941)　第182冊　第1頁

1720 真柄富治旅行日誌

真柄富治　昭和五年(1930)　第十三卷　第27冊　第361頁

1721 真下九五雄旅行日誌

真下九五雄　昭和十七年(1942)　第九班　第69冊　第449頁

1722 鎮江金融狀況

鈴木信　昭和十六年(1941)　第181冊　第575頁

1723 鎮江縣的教育復興狀況

道旗林三郎　昭和十六年(1941)　第181冊　第527頁

1724 鎮江縣的縣政

山本隆　昭和十六年(1941)　第180冊　第557頁

1725 正太沿線山西北部羊毛的調查

數村吉之助　昭和五年(1930)　第五十八卷　第134冊　第1頁

1726 支那研究部昭和十二年度研究旅行旅行日誌

林哲夫　第76冊　第1頁

1727 芝國重旅行日誌

芝國重　昭和五年(1930)　第七十卷　第34冊　第103頁

1728　芝寛等旅行日誌

　　　芝寛　角田次郎　岡秀雄　昭和十年(1935)　第三卷　第51冊　第597頁

1729　枝村榮旅行日誌

　　　枝村榮　昭和七年(1932)　第七十四卷　第49冊　第1頁

1730　織本健二郎旅行日誌

　　　織本健二郎　昭和十七年(1942)　第三十三班　第73冊　第421頁

1731　直隸、山東移民北滿之調查

　　　土屋彌之助　昭和三年(1928)　第九卷第五編　第105冊　第99頁

1732　植原了等旅行日誌

　　　植原了、中垣晉治　昭和十年(1935)　第七卷　第51冊　第687頁

1733　指導旅行報告

　　　宮下忠雄　第76冊　第479頁

1734　指導旅行日誌

　　　第76冊　第121頁

1735　指導旅行日誌

　　　馬場鍬太郎　第76冊　第295頁

1736　指導旅行日誌

　　　福田省三　第76冊　第329頁

1737　指導旅行日誌

　　　神谷龍男　第76冊　第593頁

1738　指導旅行日誌

　　　北野大吉　第76冊　第643頁

1739　志田薰旅行日誌

　　　志田薰　昭和三年(1928)　第三卷第三編　第10冊　第621頁

1740　志智新八郎旅行日誌

　　　志智新八郎　昭和三年(1928)　第十卷第五編　第14冊　第247頁

1741　櫛部正暉旅行日誌

　　　櫛部正暉　昭和二年(1927)　第二卷第二編　第1冊　第289頁

1742　中濱三郎旅行日誌

　　　中濱三郎　昭和五年(1930)　第三十六卷　第30冊　第49頁

1743　中倉倫平旅行日誌

　　　中倉倫平　昭和三年(1928)　第七卷第三編　第 12 冊　第 91 頁

1744　中川勝旅行日誌

　　　中川勝　昭和十七年(1942)　第二十四班　第 72 冊　第 223 頁

1745　中村弘等旅行日誌

　　　中村弘、永友靈　昭和八年(1933)　第十九卷　第 49 冊　第 417 頁

1746　中村輝美旅行日誌

　　　中村輝美　昭和十七年(1942)　第四班　第 68 冊　第 463 頁

1747　中村加治馬旅行日誌

　　　中村加治馬　昭和二年(1927)　第七卷第一編　第 4 冊　第 203 頁

1748　中村文雄旅行日誌

　　　中村文雄　昭和十五年(1940)　長江流域第八班　第 61 冊　第 3 頁

1749　中村信旅行日誌

　　　中村信　昭和十八年(1943)　蘇州班　第 75 冊　第 41 頁

1750　中村一雄旅行日誌

　　　中村一雄　昭和三年(1928)　第六卷第一編　第 11 冊　第 347 頁

1751　中島浩旅等旅行日誌

　　　中島浩、清利孝德　昭和八年(1933)　第三卷　第 49 冊　第 213 頁

1752　中島弘旅行日誌

　　　中島弘　昭和五年(1930)　第三十卷　第 29 冊　第 331 頁

1753　中島監旅行日誌

　　　中島監　昭和二年(1927)　第七卷第三編　第 4 冊　第 303 頁

1754　中島榮夫旅行日誌

　　　中島榮夫　昭和四年(1929)　第六十三卷　第 23 冊　第 389 頁

1755　中島秀孝旅行日誌

　　　中島秀孝　昭和十六年(1941)　第三十班　第 67 冊　第 435 頁

1756　中島有吉旅行日誌

　　　中島有吉　昭和七年(1932)　第七十一卷　第 48 冊　第 377 頁

1757　中國人的學校教育——以南京、蘇州爲中心

　　　山田順造　昭和十六年(1941)　第 181 冊　第 241 頁

1758 中國當前的政治建設狀況

　　阿部弘　昭和十七年(1942)　第 189 冊　第 103 頁

1759 中國的家族制度

　　有野芳郎　昭和十八年(1943)　第 197 冊　第 29 頁

1760 中國的豬鬃

　　神河章三郎　昭和四年(1929)　第七十九卷　第 123 冊　第 273 頁

1761 中國教育調查

　　櫻井平四郎　昭和二年(1927)　第二卷第四編　第 78 冊　第 41 頁

1762 中國教育思潮

　　西本喜興世　昭和二年(1927)　第三卷第六編　第 79 冊　第 285 頁

1763 中國農村的分析及廣東省農民運動

　　熊谷林之助　昭和五年(1930)　第四十七卷　第 132 冊　第 1 頁

1764 中國農村金融中的標會

　　宮原一　昭和十六年(1941)　第 183 冊　第 165 頁

1765 中國社會的實證性研究

　　堤徹　昭和十八年(1943)　第 197 冊　第 395 頁

1766 “中國事變”與漢口的物資

　　中村文雄　昭和十五年(1940)　第 176 冊　第 315 頁

1767 中國煙酒稅

　　松代同次　昭和二年(1927)　第一卷第一編　第 77 冊　第 1 頁

1768 中國鹽稅

　　內田正喜　昭和二年(1927)　第一卷第二編　第 77 冊　第 137 頁

1769 中國在滿洲的殖民(附中國農業人口、階級的分析)

　　和田喜一郎　昭和三年(1928)　第二卷第二編　第 97 冊　第 177 頁

1770 中國政治建設狀況

　　坂本浩　昭和十七年(1942)　第 189 冊　第 159 頁

1771 中華民國國民政府的教育設施及方針(上卷)

　　洪水星　昭和二年(1927)　第十四卷第六編　第 95 冊　第 193 頁

1772 中華民國國民政府的教育設施及方針(下卷)

　　洪水星　昭和二年(1927)　第十四卷第六編　第 95 冊　第 551 頁

1773　中輝雄旅行日誌

　　　中輝雄　昭和十四年(1939)　菲律賓班　第58冊　第445頁

1774　中馬靖友旅行日誌

　　　中馬靖友　昭和五年(1930)　第六十八卷　第34冊　第1頁

1775　中崎强旅行日誌

　　　中崎强　昭和五年(1930)　第六十九卷　第34冊　第67頁

1776　中崎一之旅行日誌

　　　中崎一之　昭和三年(1928)　第十二卷第三編　第15冊　第47頁

1777　中山高旅行日誌

　　　中山高　昭和七年(1932)　第四十七卷　第45冊　第259頁

1778　中山節夫旅行日誌

　　　中山節夫　昭和十七年(1942)　第三十四班　第73冊　第511頁

1779　中山清一旅行日誌

　　　中山清一　昭和七年(1932)　第三十八卷　第44冊　第139頁

1780　中山喜久藏旅行日誌

　　　中山喜久藏　昭和十七年(1942)　第三十六班　第74冊　第103頁

1781　中山一三旅行日誌

　　　中山一三　昭和十四年(1939)　香港班　第58冊　第85頁

1782　中條康彰旅行日誌

　　　中條康彰　昭和十六年(1941)　第八班　第64冊　第337頁

1783　中尾威旅行日誌

　　　中尾威　昭和二年(1927)　第十三卷第三編　第9冊　第471頁

1784　中尾義男旅行日誌

　　　中尾義男　昭和四年(1929)　第六卷　第17冊　第93頁

1785　中西芳一旅行日誌

　　　中西芳一　昭和十七年(1942)　第三十四班　第73冊　第539頁

1786　中西信一旅行日誌

　　　中西信一　昭和七年(1932)　第二十八卷　第42冊　第203頁

1787　中下魁平旅行日誌

　　　中下魁平　昭和四年(1929)　第十卷　第17冊　第409頁

1788　中原武雄旅行日誌

　　中原武雄　昭和三年(1928)　第十一卷第二編　第 14 冊　第 377 頁

1789　中澤多賀夫旅行日誌

　　中澤多賀夫　昭和十四年(1939)　山西班　第 55 冊　第 223 頁

1790　塚原房生等旅行日誌

　　塚原房生、志波正男　昭和八年(1933)　第十五卷　第 49 冊　第 373 頁

1791　仲田茂旅行日誌

　　仲田茂　昭和十五年(1940)　海南島第一班　第 62 冊　第 60 頁

1792　仲俣秋夫旅行日誌

　　仲俣秋夫　昭和十四年(1939)　蒙疆班　第 54 冊　第 319 頁

1793　珠河縣調查

　　塚原房生、志波正男　昭和八年(1933)　第十五卷第一編　第 145 冊　第 169
頁

1794　竹岡彥次郎旅行日誌

　　竹岡彥次郎　昭和五年(1930)　第二十八卷　第 29 冊　第 191 頁

1795　竹內俊夫旅行日誌

　　竹內俊夫　昭和十五年(1940)　廣東省第一班　第 62 冊　第 215 頁

1796　竹內喜久雄旅行日誌

　　竹內喜久雄　昭和四年(1929)　第六十二卷　第 23 冊　第 293 頁

1797　竹內馨旅行日誌

　　竹內馨　昭和十五年(1940)　長江流域第十班　第 61 冊　第 369 頁

1798　竹內信夫等旅行日誌

　　竹內信夫、小森樸郎、平井透　昭和十年(1935)　第十九卷　第 53 冊　第 171
頁

1799　竹田芳廣旅行日誌

　　竹田芳廣　昭和七年(1932)　第三十六卷　第 44 冊　第 1 頁

1800　竹田已則旅行日誌

　　竹田已則　昭和五年(1930)　第二十一卷　第 28 冊　第 429 頁

1801　竹味武雄旅行日誌

　　竹味武雄　昭和二年(1927)　第八卷第十一編　第 6 冊　第 161 頁

1802　主要城市的金融機構及貨幣的現狀

　　　高橋昇治、奧田隆春、黑木正吉　昭和十七年(1942)　第 188 冊　第 1 頁

1803　駐京津(班)財政調查(關於借款)

　　　長谷川芳夫　昭和二年(1927)　第一卷第四編　第 77 冊　第 299 頁

1804　宗方健二郎旅行日誌

　　　宗方健二郎　昭和十七年(1942)　第十二班　第 70 冊　第 145 頁

1805　左近允武夫旅行日誌

　　　左近允武夫　昭和五年(1930)　第五十五卷　第 32 冊　第 399 頁

1806　佐伯朝春旅行日誌

　　　佐伯朝春　昭和十七年(1942)　第二十七班　第 72 冊　第 519 頁

1807　佐多直丸旅行日誌

　　　佐多直丸　昭和四年(1929)　第四十五卷　第 21 冊　第 427 頁

1808　佐古廣利旅行日誌

　　　佐古廣利　昭和十五年(1940)　河北第一班　第 59 冊　第 35 頁

1809　佐久間軍治郎旅行日誌

　　　佐久間軍治郎　昭和二年(1927)　第十二卷第七編　第 9 冊　第 401 頁

1810　佐藤敏夫旅行日誌

　　　佐藤敏夫　昭和三年(1928)　第六卷第四編　第 11 冊　第 497 頁

1811　佐藤入實旅行日誌

　　　佐藤入實　昭和十五年(1940)　海南島第二班　第 63 冊　第 1 頁

1812　佐藤昇平旅行日誌

　　　佐藤昇平　昭和十五年(1940)　長江流域第六班　第 61 冊　第 1 頁

1813　佐藤泰司旅行日誌

　　　佐藤泰司　昭和十七年(1942)　第二班　第 68 冊　第 91 頁

1814　佐藤熙喜旅行日誌

　　　佐藤熙喜　昭和十四年(1939)　岳陽班　第 57 冊　第 155 頁

1815　佐藤義夫旅行日誌

　　　佐藤義夫　昭和七年(1932)　第十九卷　第 41 冊　第 371 頁

1816　佐藤勇旅行日誌

　　　佐藤勇　昭和十五年(1940)　長江流域第十班　第 61 冊　第 413 頁

1817　佐藤貞司等旅行日誌

　　　佐藤貞司　土井正美　昭和六年(1931)　第二十一卷　第 37 冊　第 605 頁

1818　佐藤治平旅行日誌

　　　佐藤治平　昭和三年(1928)　第三卷第二編　第 10 冊　第 585 頁

1819　佐味謙太郎旅行日誌

　　　佐味謙太郎　昭和十七年(1942)　第三十四班　第 73 冊　第 573 頁

1820　佐原元一等旅行日誌

　　　佐原元一　原田豐作　馬場隆　昭和十三年(1938)　華中第十班　第 53 冊

　　　第 581 頁

1821　佐治好郎等旅行日誌

　　　佐治好郎　加藤誠一　柴崎勝太郎　昭和九年(1934)　第九卷　第 51 冊　第

　　　95 頁

1822　佐佐木安明旅行日誌

　　　佐佐木安明　昭和二年(1927)　第八卷第二編　第 4 冊　第 401 頁

1823　佐佐木誠一旅行日誌

　　　佐佐木誠一　昭和三年(1928)　第十三卷第一編　第 15 冊　第 187 頁

作者索引

A

阿部博光	0002,1170
阿部弘	0003,1758
阿部善種	0004,0603,0604,0605
阿部勝正	0005,1064
阿久津房治	0007,0591
安達鬱太郎	0037,0351
安河内哲夫	0728
安念信弘	0667,0983
安藤公一	0016,0020
安藤健吉	0021,0285
安藤勝	0022,1404
安藤武治	0023,0887
安藤資郎	0024,0963,1611
安田秀三	0025,1155
安武太郎	0026,1637
安澤隆雄	0027,1694
奥出勇	1187
奥村榮	0924,1053
奥村實	0028,0073
奥田隆	0030,0931
奥田隆春	0029,1802
奥田重信	0031,0855,1704
奥野重雄	0032,1151

奥野珠雄	0033,1306

B

八木了彦	0035,0891
八木友愛	0602,1547
白川俊三	0037,0351
白井金彌	0667,0983
白井秀夫	0038,0450
白柳義一	0039,0094
白石博	0031,0855,1703
白子三郎	0040,0720
百百増次郎	0041
百瀬清治	0042,0283
百瀬源	0043,1308
百瀬竹男	0044
百枝辰男	0045,0615
柏村久雄	0046
坂本浩	0048,1770
坂本一郎	1586
坂本正明	0049
坂東薫	0366,1632
坂井佳彦	1514
坂井一	0050,1108
坂井義雄	0807,1104
坂口久	0051,0586

坂下雅章	0052,0055
坂下惣平	0053,1495
伴重雄	0054,1111
薄葉行雄	0056
保科尚衛	0057,0475
北出太良	0058
北川林男	0059,1638
北村清八郎	0060,1031
北村求	1440
北村重英	0061,1152
北野大吉	1738
北野定雄	1285,1388
北原筆吉	0089
北澤寅次郎	1573
本多實	0090,1312
本多彦次	0091,0609
本里明	0138
本田祥三	0385
本土敏夫	0573,0599
本郷正雄	0093,0482
比嘉定雄	0159
濱島曉	0095
濱和夫	0053,1495
濱田清人	0099
濱田勝美	1177
濱田守保	0739,1550
濱田祥太郎	0100,1690
濱中隆昌	0417
波多江健兒	1182
卜部義賢	0579,0919

C

草野豐	0985,1066
柴崎勝太郎	1047,1050,1821
柴崎章雄	0385
柴田浩嗣	0096,0105,1065
柴田敏之	0106,0703
柴田武夫	0107,1154
長坂毅	0108
長柄垚一郎	0688
長博	1212
長島一夫	0109,1465
長谷川芳夫	0110,1803
長谷川光雄	0111
長谷川幾吉	0069,0112
長谷川靜夫	0113,1502
長谷川勸	0114
長谷川稔	0678,0679,1580
長谷川信吉	0115,0495
長谷勸	0629
長瀬義一	1340
長田憲一	0122,0510
長田陽一	0123,1360
長友利雄	0124,1677
長沼重輝	0125,0439
陳濟昌	0139,1358
成宮嘉造	0927
成田英一	0142,0464
城繁雄	0101,0642,1208,1603
城臺正	0146,0760

池江善治	0147,1606	村上剛	0190,0865
池田安正	0148,1591	村上和夫	1318
池田靜夫	0149,0281	村上秋夫	0191,0729
池田陽二郎	0150,0473	村上通夫	0192
赤堀清	0034,0151	村上重義	0193,1014
赤司武夫	0935	村松彰	0194,0859
赤澤修二	0152,1468	村田季雄	0195,1142
重富勘吾	0795	村田久雄	1528
重松保德	1068,1558	村田裕彦	0196,0963,1611
重松敏夫	0153,0471		
重松盛二	0154,1635	**D**	
出口將夫	0292		
川村實	0167,0937	大村弘	0198
川口金三	0168	大島尚次	0199
川口守親	0169	大島新吾	0055,0200
川瀬德男	0170,0434	大工原亮	0204,0594
川崎浤太郎	0132,0171	大江勝	0175,0206,0598
川崎謙吉	0172,0233	大久保啟三	0207,1553
春名和雄	0174,0933	大久保泰	0300,0366
湊保	0066,0182	大久保英久	0208,0557
崔春甲	0183	大平孝	0211,1361
翠田實	0184,1436	大坪隆平	0212
村部和義	0185,1262	大坪英雄	0213,0866
村岡侃	1285,1388	大坪正十三	0493
村岡正三	1393,1493	大橋貞夫	1456,1697
村井芳衛	0186	大森創造	0214
村井光三	0187,1160	大森茂	0215,1359
村井和夫	1006	大森史郎	0216,0516
村井美喜雄	0188,1608	大森肆彦	0217
村山達太郎	0189,0863	大石義夫	0218,0850
		大屋保義	0220,1609

258

大屋英夫	0131	
大西槐三	0221,0860	
大峽一男	0222,1505	
大脇浩六郎	0223,0612	
大脇秀次	0224,0921	
大澤康男	0225,0893	
丹田四郎	0226,0845	
丹吳恒平	0227,0303	
島津真三郎	0236,0140	
島田幸吉	1185	
道旗林三郎	0237,1723	
稻城勝	0008,0238,1644,1647	
稻川三郎	0074,0239	
稻富正男	0337,1488	
稻野達郎	0240,0527	
稻葉幸衛	0241	
稻垣信行	0242	
德岡照	0243,1639	
德山春宣	0244,0726	
德田計資	0689,1018	
德野外志男	0245,0666	
德永速美	0246,0595	
堤徹	1765	
荻下利明	0247,0606	
荻原義久	0248,0520	
佃正道	0251,0532	
殿塚隆治	0252,1497	
東輝夫	0019,0253	
棟元榮次	0269	
渡邊長雄	1624	

渡邊次郎	0096,0105,1065	
渡邊健次	0606	
渡邊健治	0247	
渡邊正吾	0270,0764	
渡邊卓郎	0143,0271	
渡部修三	0272,0601	
碓水純男	0273	
多賀重孝	0290	
多田六右衛門	0291	
多田作四郎	0292	

E

兒島駒吉	0284,0293	
兒嶋真一郎	0294,0308	
二川薰	0295,1322	
二村文彦	1514	
二井內泰彦	0296,0314	

F

法林一麿	0298,0309	
飯村滿	0064,0311	
飯田秀吉	1684	
飯野雄吉	0312	
房野博	0313,0885	
飛石初次	0818	
風間金丸	0327,0533	
峰岸慶六	1331	
蜂巢一郎	0328,0593	
蜂谷貞雄	0329,0620	
豐川永玉	0330	

伏木清吉　　　0340,1091
伏屋幹男　　　0341,1107
服部晋二　　　0688
服部文彦　　　0342,0819,0971,
福島茂　　　　0506
福岡英明　　　0120,0343
福井直　　　　0266,0344
福滿篤　　　　0345,1121
福山壽　　　　0346,0857
福田百松　　　1340
福田繁一　　　0255,0347
福田經　　　　0348,0595
福田克美　　　0349,0819,0971
福田清　　　　0350
福田省三　　　1736
福田勝藏　　　1581
富岡健次　　　0320,1289
富岡康　　　　1211,1557
富田定　　　　0286,0354,0607
富田清之助　　0698

G

岡本豐　　　　0037,0351
岡本健　　　　0355,0869
岡本勇　　　　0356
岡部俊雄　　　0357,0613
岡部善修　　　0358
岡部賢一　　　0359,1094
岡部照夫　　　0360
岡村貞一　　　0084,0361

岡島永藏　　　0362,1144
岡島正　　　　0363,1060
岡崎俊廣　　　0364,0438
岡崎巖　　　　0365,1526
岡山秀臣　　　0099
岡田朝雄　　　1572
岡田晃　　　　0301,0366
岡田米作　　　0430
岡田孝之　　　0367,1620
岡田信一　　　0315,0368
岡田卓穂　　　0369
岡幸雄　　　　0370,0371,0538,1618
岡秀雄　　　　1602,1728
岡秀彦　　　　0143,0372
岡野八太郎　　0373,1366
岡一弘　　　　0180,0374
岡正住　　　　0375,0489
綱木正昌　　　0376,0484
高本恒男　　　0165,0377
高倉授　　　　0378
高次友惠　　　0379,1431
高根一顯　　　0380
高宮敬　　　　0286,0381,0607
高谷靖輔　　　0382,0504,1310
高久七郎　　　1590
高瀨恒一　　　0129
高瀨鐵雄　　　0383
高木芳郎　　　0936
高木荒助　　　0384
高橋房男　　　0385

260

高橋宏	0386,1016	宮崎武雄	0081,0411
高橋嘉夫	0387	宮田一郎	0277,0412
高橋克夫	0388,1148	宮下忠雄	1583,1733
高橋克明	0389,0536	宮脇彌七	0413,1619
高橋立太	0059,1638	宮脇小源太	0323,0414
高橋龍夫	0390,0596	宮野静夫	0415,0488
高橋昇治	0391,1802	宮野茂邦	0416,1147
高橋武雄	0985,1066	宮永善二	0689,1018
高橋欽次郎	0392	宮原豊	0417
高石茂利	0393,0959	宮原一	0418,1764
高松義雄	0250,0394	宮原正四郎	0419,1507
高田富佐雄	1447	宮澤敵七	0420,0558
高田利德	0395,0623	宮澤宏	0421
高田武	0396,1092	溝上慶治	0144,0422
高田宣夫	0055,0397	古本祝	0144
高屋孝之	0398,1171	古根俊一	1340
高相武彦	0399,0461	古谷鐵衛	0059,1638
高須賀恒重	0400	古郝正義	0423
高原茂美	0401,0869	古賀久生	0424
高遠三郎	0164	古賀六郎	0425,1461
根岸孝彦	0256,0402	古賀吾郎	0264,0426
根岸忠素	0071,0403	古橋賢次	1181
工藤俊一	0404,1464	古市清	0427,0476
工藤良憲	0405,0780	古籔盛三	0260,0428
宮坂喜雄	0406,0584	古野融	0429
宮本幹男	1469	谷本誠	0430
宮島英三	0407	谷本忍	0431,0491
宮静夫	0408,1114	谷彌七	0661,1421
宮木得行	0409,0526	谷山善夫	1307
宮内信武	0410,0562	關家三男	0262,1577

關屋重政	1319	河野七郎	0544,0868
光安彥臣	0505	河野武彥	0545
光岡義男	0456,0641	河原畑一美	0339,0546
廣長敬太郎	0457,1367	賀來揚子郎	0549,0960
廣川縫之助	0458	鶴谷正雄	1006
廣瀨清	0086,0486	鶴谷忠治	0550,0618
廣末治男	0487,0537	鶴田正男	0490
廣田恒雄	0807,1104	黑川湊	0435,0551
廣田正	0529	黑江道夫	0553,0984
龜井五一郎	0942	黑木正吉	0564,1802
龜井壯介	0496,0136	黑田正明	0335,0336,0338,0565
貴堂貞三	0497,0600	黑澤貞夫	0566,1332
國吉勳	0498	橫川武	0567,1506
國澤德滿	0500	橫井幸重	0568,0811
		橫井秀信	0569,0721

H

		橫山安起	0570,1683
和多田介英	0528,1691	橫田芳郎	0078,0571
和田四郎	0075,0530	橫田文眞	0572,1553
和田喜一郎	0531,1769	橫尾幸隆	0573,0599
和田一明	0353,0643	洪水星	1771
河本忠司	0779	後藤隆三	0063,0575
河本忠雄	0539	後藤勝一	0576
河島次馬	0540,0730	後藤文治	0522,0821
河島恒夫	0881,1236	戶部茂	0130,0773
河岡洋一	0156,0541	戶田拓二	0588
河合一男	0184,1436	戶田義郎	1492,1564
河合祝男	1235,1393	花井清二良	0590,0704,0705,0707
河內亮	0542	荒木茂	0274,0644
河田要一	0059,1638	荒木勇	0645,1712
河野龍雄	0543,0640		

J

磯川武夫	0335,0336,0338,0565
磯西英次	0647
及川誠	0648,1052
吉本正男	0013,0649
吉川一郎	0128
吉川義博	0650,1112
吉村健次	0010,0651
吉村英助	0509
吉岡常利	0653
吉岡四郎	0067,0654
吉岡直	0906,0968
吉賀後亮	0522,0821
吉田健二	1280
吉田金四郎	0321,0668
吉田九郎	0608,0669
吉田良雄	0670
吉田善次	0671,1711
吉田藤一	0101,0642,1208,1603
吉田幸一	0561,0556,1078
吉田哲郎	0688
吉田正夫	0672,0706
吉田忠	0673
吉田倬三	0175,0598,0674
吉野金良	0675,1629
吉元晴雄	0289,1650
吉澤仁	0127
楫數一	0677,1645
濟木健次	0356

加藤誠一	1050,1047,1821
加藤大助	0681
加藤和	1435
加藤和夫	1513
加藤隆德	0682,1049
加藤美治	0683,1445
加藤通夫	0684
加藤幸男	0514,0685
加藤雄一郎	0006,1454,1551
加藤咨郎	0686,0890
家村繁治	0687
甲斐照敏	0228
甲斐治義	0690
甲斐重良	0205,1327,1357
榎原德三郎	0268
榎原德之郎	0691
兼松勝	0692,1265
菅野俊作	1332
菅一弘	0443,0693
間野護麓	1684
簡昆田	0545
江口渉	0116,0709
江崎春太郎	1592
江藤茂樹	0719,0886
江下清一	0258,0724
江淵薫	0725,1610
降籏立喜	0036,0911,1402
角田次郎	1602,1728
角田三郎	0535,0734
角田正夫	0353,0643

芥川正夫	0736,0846	
今村俊一	0455,0737	
今村三郎	0759	
今村一郎	0009,0738	
今江壽孝	1590	
今里明	0739,1550	
今泉陽男	0740	
今泉正民	0259,0741	
今田章	0589,0742,1614,1703	
今西照男	0494,0743	
金海政秀	0133,0746	
金井正次	0747,1615	
金田一郎	0624,0748	
金丸榮	0749,1646	
金丸一夫	0066,0750	
金澤伍一	0727,0751	
金子曜太郎	0752	
金子正雄	0792,0793,1401	
津波古充誠	0753,1153	
津留直	0656,0754	
津田一男	0245,0662	
近光毅	0698	
近藤泉下	0554	
近藤與久	0978,1471,1472	
近幸一郎	0762,1309	
井口保夫	0417	
井口易男	0767,1403	
井上博治	0768	
井上道高	0769,1617	
井上進	0597,0770	

井上俊一郎	0585,0771	
井上榮太郎	0772,0812	
井上喜三郎	0130,0773	
井上正彦	0774	
井上宗親	0775,1415	
井唯信彦	0776,1560	
井原雄治	0777,1613	
井澤寬	0778,1328	
久保寶次	0781,1604	
久保徹之	0202,0782	
久保田穰	1314	
久保田太郎	0715,0783	
久保田重男	0784,0828,0829	
久保務	1176	
久留景三	0785,0940	
久重福三郎	1714	
久重四郎	0786,1363	
酒家重好	0278,0787	
駒井輝男	0524,0790	
菊地喜久治	0698	
菊勝	1539	
菊野幸夫	0700	
橘良高	1589	

K

開田正雄	0791	
堀本泰造	0794	
堀川靜	0795	
堀口博國	0796,1031	
堀内健吾	0382,0504,1310	

堀深	0797,1508	林哲夫	1565,1726

L

瀬川英助	0799
瀬戸謙	0800,1023
瀬戸真夫	0801
瀬口政孝	0802
立花正平	0525,0803
立見章三	0595,0804
立上良美	0718
利田幸雄	0805
栗坂健一	0553,0984
栗林鐵男	0806,1682
栗田定吾	0383
栗田五郎	0807,1104
笠川幸雄	0166
笠坊乙彦	0015,0808
廉谷儀忽人	1179
鎌田健吉	0319,0809
鎌田龍男	0119,0810
林俊政	1251
林茂	0761
林茂治	0814,1680
林千幸	0554
林清人	0477,0815
林十平	1251
林太郎	0353,0643
林田徹	0312
林田誠一	0121,0816
林勲	1442

林哲夫	1565,1726
林正秋	0173,0817
林忠四郎	0966,1042,1650,
鈴木常雄	0951
鈴木丹司	0353,0643
鈴木吉之	0202,0820
鈴木厲吉	0522,0821
鈴木良介	0516,0822
鈴木俍	0702
鈴木隆康	0823,0965
鈴木秋義	0358
鈴木信	0824,1722
鈴木脩司	1266
柳內滋	0826
柳田與平次	0827
瀧本一夫	1308
瀧口義精	0331,0831
瀧石彰一	0832,1618
瀧田實	0488,0833
瀧野貞明	1340
瀧澤哲雄	0834
蘆澤實	0582,0836
鹿島達也	0837,1368
鹿島滿周	0838
鹿谷良太郎	1183
鹿毛政人	0492,0839
鹿又秀一	0479,0840
羅振麟	0481

M

馬場晃	0843

馬場隆	1820		木下勇	1067
馬場鍬太郎	1735		牧廣	0201,0914
馬場三郎	0096,0552,0105,1065		牧山勲	0877,0915
馬場伊助	0334,1140		牧野清	0616,0916
馬場重定	0134		牧野勇	0289,1650
馬殿幸次郎	0844,0960			
馬淵悅男	0634,0847		**N**	
茂木有禎	0879,1365		納富政彦	0917,1499
梅田潔	0695,0880		奈良岡弘	0918
梅原和夫	0881,1236		南方嘉一郎	0924,1053
美和映二郎	0794		南恭輔	0894,0925
美羽立實夫	0339		南里誠治	0231
門井博	0678,0679,1580		南鄉武定	0755,0938
門馬訂一郎	0862,0882		楠本一夫	0944,1150
門田功	0591,0883		楠井晃	0945,1448
米倉俊太郎	0898		內坂旌旗	0892,0947
米澤茂夫	0899		內倉吉憲	1320
綿引喜之	0589,0900,1614,1702		內倉三郎	0948,1588
面寬仁	0901		內海忠勝	0949
皿谷伊勢男	0902,1088		內山敬忠	0201,0953
名倉光三	0714,0903		內田義雄	0870,0872,1207
明野義夫	0905,1215		內田元三	0954
木場順平	0906,0968		內田正喜	0955,1768
木村仁郎	0907,1118		內田直作	0210
木村正三	0280,0908		內丸五典	0956,1323
木島清道	0452,0909		鳥山勉	0077,0958
木谷安熊	0322,0910		鳥田滿穗	1285,1388
木谷達郎	0688		牛島辰雄	0961
木田彌三旺	0459,0912		牛島俊吉	1285,1388
木下勉	0913		牛島俊作	0279,0962

266

P

片岡正一	0967,1316
平井勉	0583,0969
平井透	1798
平林千幸	0646,1418,1569
平木義高	0286,0607,0970
平山熊雄	0288,0972
平松久敬	0973
平田剛	0974,1718
平田文次	0975,1605
平田正三	0901
平尾尚	0102,1255
平野博	0145,0976
平野和夫	1514
平澤常彦	1501
坪川榮吉	0924,1053
坪根一雄	0977,1110
迫田司	0978,1471,1472
蒲池博	0979,1466
浦亮平	0980
浦敏郎	0878,0981
浦上尚之	0982,1568

Q

妻木辰男	0800,1023
妻木正三	0667,0983
齊藤久永	0986,1106
齊藤忠夫	0595,0987
千賀安太郎	0082,0988

千義弘三	1251
千枝陸郎	0648,1052
前川利雄	0989,1452
前島岩男	0990,1158
前山博延	0991,1113
前田進	0580,0992
前田睦夫	0205,1327,1357
前田五郎	0053,1495
前田孝	0993
前田増三	0994,1311
前田知德	0014,0995
前澤吉衛	0996
乾次郎	0997
乾祐二	0504,1310
乾祐示	0382
乾正己	0524,0998
淺川典生	0889,0999
淺山益生	1000,1103
淺野德太郎	1211,1557
淺野榮市	0515,1001
淺野修	0358
橋坂隼登	1188
橋本富士雄	1439
橋本綱雄	1002
橋本清	1003,1627
橋本昇	0698
橋本喜久哉	0906,0968
橋本伊津美	0085,1004
橋本義雄	0257,1005
橋口兵一	1006

橋口有恒	1007,1636	秋貞健一	0574,1039
橋口正行	1528	萩野康治	0559,0560,0563,1045
橋迫實	1008,1046,1048	萩原藏六	0757,1040
芹澤赳夫	0432,1009	萩原靜雄	1041
芹澤五郎	0522,0821,1010,1588	泉喜一郎	0966,1042,1650
秦省吾	1011	泉澤尚太郎	1043,1241
秦儀三郎	0469,1012	蜷木定輝	1044,1051
青井正親	0689,1018		
青柳星美	0789,1019	**R**	
青木繁男	0513,1020	染矢春雄	0560,0563,1045
青木修二	0924,1053	日高輝雄	0269
青木真澄	0072,1021	日高清磨瑳	0480,1056
青木正視	0158,1022	日野晃	1057,1635
青山貢	0519,1024	日野茂樹	1058,1323
青山清	0619,1025	日野原朝典	0062,1059
清川瀬	0310,1026	若宮二郎	0577,1061
清弘正己	1027	若槻英敏	1062,1156
清利孝德	0503,0825,1033,1751	若江得行	1585
清水廣	1028,1459	若林一郎	0667,0983
清水好孝	0717	若林猶	0795
清水健次郎	0920,1029	若桑省三郎	0853,1063
清水一夫	0201,1030		
清水正德	1589	**S**	
清田武	1008,1046	三谷津久夫	1251
清野幸雄	1031,1032	三好宏	0417
秋山安正	0017,1034	三吉瀧雄	1622
秋山善三郎	1329,1333,1035	三木善吉	0985,1066
秋山洋造	0830,1036,1326	三木義雄	1067
秋山征士	1037,1308	三浦計太郎	1068,1558
秋元伸一	0175,0598,1038	三浦良男	0143

三苫收	0438,1069	山本日出一郎	0181,1099
三上量三郎	1070,1172	山本尚長	1100,1675
三宅静一郎	1071	山本孝雄	1317
三宅勳	1072,1713	山本貞文	0462
三枝重雄	1073,1457	山本治	0305,0306,1101
桑島泰雄	0617,1074	山根良男	1122,1238
桑島信一	1075	山谷儔	0798,1123
森本辰治	1076,1596	山口榮	0466,1124
森本清治	0966,1042,1650	山口慎一	1125,1692
森博民	0118,1077	山口勝之	1109,1126
森藏之助	0830,1036,1326	山口正助	0985,1066
森次勳	0287	山口左熊	1127
森岡昌利	0556,0561,1078	山領康夫	0472,1128
森精市	0274,1079	山名正孝	0952,1129
森口幸藏	1080,1259	山內英之	0676,1339
森口薰	0523,1081	山崎長五郎	1130,1410
森茂樹	1082,1433	山崎芳數	0092,0352,0813,1205
森山宣夫	0078,0571	山崎秀一	1131
森田藤治	1083,1161	山崎正春	0011,1132
森田重豬	1084	山崎正夫	1133
森五郎	1186	山田公太郎	1134
森小八郎	1085	山田國太郎	0083,1135
森脇優登	0592,1086	山田静夫	1553
山本臣	0978,1471,1472	山田静雄	1136
山本純愚	0792,0793,1401	山田清一	0451
山本福三	1451	山田尚	1137
山本君平	0449,1095	山田順造	1138,1757
山本隆	1096,1724	山田喜代市	1212
山本米雄	0178,1097	山田正純	1139
山本清次郎	1098	山田政勇	0334,1140

山尾照芳	1141,1313,1315	深堀寬	0522,0821
山下保雄	0334,1140	深澤邦基	0249,1199
山下長次郎	1162,1263	深澤治平	0103,1200
山下伸二郎	1163	神棒真幸	0657,1201
山下一	1143,1164	神邊開治	0881,1236
山元靜夫	1165	神谷龍男	1202,1737
山中秀宣	1166,1676	神谷清助	0867,1203
杉本出雲	0869,1167	神河章三郎	1204,1760
杉本要吉	1168	生雲忠	0297,1555
杉利二	0047,0904,1017	勝川秀夫	0950,1206
杉山恭衛	1169,1553	勝守仙次	0870,0872,1207
杉原信一	0621	勝田一夫	0101,0642,1208,1603
上村清記	1174,1686	辻平八郎	1209
上田駿	1189,1695	辻橋佑吉	0468,1210
上田信三	0209	辻武雄	1211,1557
上西園操	0873,1190	辻喜平	1212
上野宏	0037,0351	辻正一	0694,1213
上野皎	1687	石川繁二	0092,0352,0813,1205
上野善臣	0892,0947	石川久	1149,1214
上野慎一	1191	石崎昌雄	1216
上野陽	0845,1571	石崎光	0985,1066
上野有造	1192	石崎三郎	0521,1217
上野肇	0505	石橋春男	0678,0679,1580,
上原禮次郎	1193	石橋達郎	0932,1218
上原真順	0941,1194	石橋豐	1219
上原正	1195	石橋申雄	1220
渉川悌美	0079,1196	石田博	0333,1221
渉谷勇造	0792,0793,1401	石田七郎	0460,1222
深堀吉郎	0638,1197	石田武夫	1105,1223
深堀健一郎	1198,1688	石田武男	1224,1685

石田幸三郎	0678,0679,1580	
石丸俊雄	0144,1225	
石丸岩夫	0202,1226	
矢田民雄	1227	
矢尾勝治	1228,1268	
矢野一郎	0610,1229	
市川信治	0611,1230	
市村克孝	0518,1231	
市河正和	1232,1450	
柿崎守悌	0155,1242	
柿田琢磨	1243,1463	
室屋光義	0356	
笹田和夫	0160	
笹田私天	1244	
手塚操	1245	
守田忠夫	1246	
守屋聯平	1247	
壽岡良	1248	
數村吉之助	1249,1725	
數野泰吉	0131	
樹野阪治	0723,1250	
水野安一	1252	
水野學	1443	
水野義德	1157,1253	
水元健治郎	1443	
水沼博	0622,1254	
絲谷禮輔	0066,1256	
寺崎修三	1269,1689	
寺崎祐義	1270,1700	
寺田孫次	0856,1271	
寺澤衛	1272,1441	
松坂賢	1273,1432	
松本達雄	0430	
松本浩一	1274	
松本和夫	1275,1434	
松本賢太郎	0630,1276	
松本鎮夫	1277,1616	
松本正	0923,1278	
松城弘	0595,1279	
松村甫	1280	
松代囘次	1281,1767	
松島榮美雄	1195	
松見慶三郎	0502,0848	
松井成德	0658,0663,1286	
松井端	0001,1287	
松井幸人	0731,1288	
松木鷺	0325,1289	
松浦春男	0716,1290	
松崎茂夫	1237,1291	
松山昇	1292	
松田博	1282,1293	
松田亨	0830,1036,1326	
松田義雄	0018,1294	
松田又一	0234,1295	
松田正人	0835,1296	
松尾博實	1626	
松尾長	0713	
松尾芳二郎	0047,0904,1017	
松尾七郎	0202,1297	
松尾松一郎	1393,1496	

松尾勇夫	0587,1298		藤森正歳	1349
松尾悦夫	0506		藤田良次	0307,1350
松下京平	0581,1299		藤田信弘	1351,1437
松野谷夫	0869,1300		藤田薫	0358
松野稔	0722,1301		藤原龍男	1352
松永勉	1302		藤原敏夫	1089,1353
松原理一	0053,1495		藤原昇	0858,1354
松原一夫	1303		鵜飼達哉	1355,1553
松澤四郎	1304		鵜飼藤一郎	0929,1356
簑津豊	1318		替地大三	0205,1327,1357
			天野治邦	1013,1369

T

			田坂博能	1370,1446
太田良祐	1302		田坂豊	1371,1699
太田松男	1321		田坂領甫	0478,1372
太田英一	0841,1582		田坂三雄	1373,1503
太宰守	0316,1325		田村三郎	0512,1374
湯川武雄	1173,1334		田村五十彦	0092,0352,0813,1205
湯口重壽	0068,1335		田村忠	0184,1436
湯下良	1159,1336		田代正文	0901
唐川博	1338		田島清三郎	1283,1375
藤本博	1342,1368		田尻親種	0465,1376
藤本俊策	0410,0562		田尻泰正	1093,1377
藤春敬三	1343		田口末雄	1378
藤次博	1055		田路章	0547,1379
藤村敬三	0470		田浦正成	0573,0599
藤村正輝	0589,1344,1614,1702		田實巖	1380
藤島健一	0696,0697,1345		田所善良	1117,1381
藤谷三郎	1346		田添正嗣	0261,1382
藤井芳彦	1330,1347		田原勢典	0639,1383
藤井孝一	0162,1348		田原竹市	0744,1384

272

田沼菊彌	0595,1385	土屋彌之助	1412,1731
田中徹雄	0881,1236		

W

田中辰一	1456,1697	窪田元次郎	0517,1413
田中純愛	0358	瓦本勝利	0299,1414
田中聰介	1386	丸川辰生	0229,1416
田中多四郎	1234,1387	丸田慶一	1417
田中康稔	1285,1388	丸尾忍	0230
田中玲瓏	0652,1389	望月今朝男	0892,0947
田中市松	1308,1390	望月伸佐	0012,1419
田中守造	0849,1391	隈部勇	1420,1567
田中香苗	0326,1392	爲藤陽次郎	0661,1421
田中孝二	1302	尾見博已	0788,1422
田中信隆	1393,1494	尾崎莊太郎	1257,1423
田中一男	1394	尾藤昇	0897,1424
田中政治	1395	尾藤勝彦	1406
田中重信	0232,1396	尾形明	0922,1425
田中專正	1397	尾野四郎	0441,1426
田中卓也	1398,1635	尾仲嘉助	0080,1427
田子義夫	1399	梶村正義	0454,1428
町野大輔	0758,1400	梶原英三	1429,1679
樋藤軍二	0280,1405	吳鷹之助	0276,1444
土本邦雄	0485,1407	五島利一	1455,1628
土谷莊八郎	1408	五十川統	0059,1638
土井三子雄	0442,1409	五十嵐利貞	1456,1697
土井正美	1817	武川信佐	0756,1458
土手年松	1289	武藤義道	1318
土田增夫	1411,1678	武藤義一	1470,1719
土田正治	1051		
土屋定國	1575		
土屋進	0795		

X

西本禮三	1473
西本喜興世	1474,1762
西村剛夫	0219,1475
西村敏雄	0483,1476
西村昇	1477
西村正介	0474,1478
西多喜雄	0161
西里龍夫	0444,1479
西木戶衛	0554
西内寬隆	1480
西山進	0901
西山泰元	1233,1481
西由五郎	0385
西澤信男	1482
喜多見三良	1483
細川正直	0440,1484
細豐治	1090,1485
細萱元四郎	0440,1484
峽正毅	1486
下川賢	1054,1487
下村明信	0337,1488
下柳田英造	0744,1384
下條義克	1489,1504
下雅夫	1684
下隱登喜吉	1438
下隱登㐀吉	1490
下垣內正典	0453,1491
香川英史	1498,1693

向生貴文	1510
向野貴文	1467
小濱繁	0265,1511
小倉義信	0157
小川登夫	1071
小川弘一	0892,0947
小川清	0930,1512
小島誠	1513
小島桂吾	1514
小島和雄	1515,1588
小島正英	0304,1516
小島宗雄	1517
小幡廣士	1087,1518
小谷稔	0383
小久保鬱郎	1519
小久保貞雄	1520,1633
小林安正	0130,0773
小林保	0511,1521
小林鈔	0735,1522
小林榮	0625,1523
小林三郎	1453,1524
小林省吾	0289,1650
小林淑人	1525
小林正治	0092,0352,0813,1205
小坪昇三	0318,1527
小泉清一	1528
小森樸郎	1798
小森藤雄	0876,1529
小山田繁	0635,1530
小山正延	0939,0943,1531

274

小室清志	0065,1532
小松康宏	0699,0708
小松守司	0658,0663,1286
小松秀吉	1533,1635
小田健三郎	0070,1534
小西末一	0636
小西勇	0763,1535
小岩井淨	0875
小岩井忠勝	1175
小野桂	0591,1536
小野良章	1323,1537
小野敏乎	0249,1538
小野崎通健	1539
小野壽惠夫	1540
小野莊太郎	1011
小原一	1541
小澤潤一郎	1462,1542
小中清	0137
小竹忠夫	1543
篠倉良雄	0392
篠崎昌平	0627,1544
新村寬	0446,1545
新谷音二	0197,1546
新行内義兄	0602,1547
新角俶郎	0463,1548
新井寶雄	1549,1612
新崎盛良	0006,1454,1551
新野岩男	1116,1552
信元安貞	1554
信原信	0297,1555

星久次	0249,1556
雄城要	0090,1312
熊谷林之助	1559,1763
熊野茂次	0393,0959
熊野正平	1584
緒方秀夫	1561
緒方正己	1240,1562
緒方正義	0963,1563,1611
穴澤健二	1473
雪本新吉	0392
尋木愼一郎	0710,1566

Y

鴉田藤太郎	0545
鴨澤二郎	0177,1289
岩本隆夫	1570
岩間正雄	0511,1571
岩井茂	0733
岩滿興三	1572
岩橋誠	1573
岩橋恒治	1318
岩橋竹二	0928,1574
岩松武	1575
岩田良一	0437,1576
岩田由一	0262,1577
岩尾正利	1362,1578
岩尾諄一	1031,1579
岩下輝夫	0678,0679,1580
鹽原長衛	0282,1587
野村智一	1593

野口孝行	0022,1404	永野羊男	1655
野上正	1594	永友靈	0555,1745
野田久太郎	0448,1595	由井文人	0664,0665,1656
野野山永次	0036,0911,1402	友添健策	0141,1657
野中義雄	0037,0351	友野裕	1460,1658
葉山生	1264	有吉正義	1102,1659
伊達茂	1597	有野芳郎	1341,1660,1661,1759
伊東敏雄	0076,1598	柚木弘久	1662
伊東重美	0896,1599	宇敷正章	0711,1663
伊藤茂	0701	宇田政雄	0433,1664
伊藤善三	1284,1600	宇垚多命英	0078,0571
伊藤太	0795	宇野善藏	0888,1665
伊藤哲三	1443	宇野正四	1456,1697
伊藤正己	0275,1601	宇佐美和彦	1323,1666
益田憲吉	0507	宇佐忠人	1448,1667
蔭山恒義	1368,1630	羽立實夫	0546
引原二郎	0324,1631	雨宮芳夫	0665,1656
印牧真一	0548,1634	雨宮治良	0784,0828,0829
櫻川影雄	1640	與田誠二	0022,1404
櫻井平四郎	1641,1761	玉村三夫	0203,1668
櫻井善一	0895,1642	玉井三郎	1127
櫻田治平	1643	淵邊元廣	0854,1669
永安文三	0088,1648	元木數雄	0626,1670
永島良一	0874,1649	原不二郎	0163,1671
永谷仁一	0664,0665,1656	原豊平	1119,1120,1672
永江和夫	1621,1651	原口輝雄	0680,1673
永井博	1652	原口五郎	0667,0983
永井康吉	1653	原田豊作	1820
永井憲平	0302,1654	原田留吉	0447,1184
永野巖	0126	原田正人	0704

原一郎	0926
原英一	0163,1674
圓谷清治	0676,1339
遠藤進	1456,1697

Z

藏岡習志	1324,1701
藏居良造	1002
早瀬次雄	0135
澤登譽	0964,1702
增崎依正	0059,1638
增山惠三	1592
增田忠治	1589
齋藤保夫	0534,1705
齋藤博	1706
齋藤暉夫	1260,1707
齋藤鐵彌	0934,1708
齋藤信幸	1709
齋藤裕三	1015
齋藤增雄	1710
齋藤洲臣	1443
張書明	0499
趙桂顯	0631,1716
趙俊生	0501
折橋大藏	1684
柘植大六	0235,1717
真柄富治	0852,1720
真下九五雄	0144,1721
正林秀夫	1513
曾根喜久男	1625

芝國重	0445,1727
芝寬	1602,1728
芝崎正昭	1071
枝村榮	1729
織本健二郎	0524,1730
植松清一	1589
植原了	0097,0098,1732
志波正男	1430,1790,1793
志田薰	0332,1739
志智新八郎	1681,1740
櫛部正暉	0861,1741
中濱三郎	1261,1742
中倉倫平	0655,1743
中川勝	1744
中川義信	0876,1337,1529
中村弘	0555,1745
中村輝美	0175,0598,1746
中村加治馬	1607,1747
中村文雄	1748,1766
中村信	1449,1749
中村一雄	0263,1750
中村源吉	0053,1495
中島浩	0503,0825,1033,1751
中島弘	1145,1752
中島監	0633,1753
中島榮夫	0267,1754
中島順一	0036,0911,1402
中島秀孝	0467,1755
中島有吉	1756
中輝雄	0317,1773

中井川信雄　1068,1558
中馬靖友　0851,1774
中内二郎　0842
中崎强　1115,1775
中崎一之　0614,1776
中山昌生　0337,1488
中山高　1777
中山節夫　1368,1778
中山清一　1779
中山喜久藏　0201,1780
中山一三　1509,1781
中條康彰　0179,1782
中尾威　0660,1783
中尾義男　0732,1784
中西芳一　1368,1785
中西亨　0312
中西信一　1786
中下魁平　1696,1787
中垣晉治　0097,0098,1732
中原武雄　1500,1788
中園靜雄　0698
中澤多賀夫　1146,1789
塚田喜文　1212
塚原房生　1430,1790,1793
仲田茂　0508,1791
仲俣秋夫　0884,1792
諸富好一　0985,1066
竹岡彥次郎　0117,1794
竹内桂太郎　0792,0793,1401
竹内俊夫　1795

竹内喜久雄　1267,1796
竹内馨　1239,1797
竹内信夫　1798
竹内照夫　0767,1403
竹田芳廣　1799
竹田已則　0087,1800
竹味武雄　0632,1801
莊子勇之助　0262,1577
宗方健二郎　0066,1804
足立澈朗　0033
最上二郎　0047,0904,1017
左近允武夫　0659,1805
佐伯朝春　0203,1806
佐多直丸　0766,1807
佐古廣利　1364,1808
佐久間軍治郎　0176,1715,1809
佐藤金藏　0648,1052
佐藤金人　1305
佐藤隆保　0090,1312
佐藤敏夫　0436,1810
佐藤入實　1811
佐藤昇平　1812
佐藤泰司　0055,1813
佐藤熙喜　1814
佐藤義夫　1815
佐藤勇　0637,1816
佐藤照勝　1127
佐藤貞司　1817
佐藤正三　1684
佐藤治平　0864,1818

調査門類索引

各地概況

華北地區

華北各地

0104，0766

河北

0144，0971，1047，1050，1588，
1713

山西

0219

内蒙古

0257，0676，0848，0855，0891，
0919，1048，1404，1704

東北地區

東北各地

0267，0433，0858，1064，1283，
1284

遼寧

0092，0297，0334，0336，0337，
0352，0813，0819，1033，1046，
1205，1312，1646

吉林

0205，0289，0335，0338，0339，
0503，0529，0646，0658，0661，
0662，0663，0666，0744，0825，

0966，1339，1340，1403，1418，
1569，1602，1650

黑龍江

0006，0036，0047，0096，0097，
0098，0101，0353，0504，0552，
0554，0555，0556，0558，0559，
0560，0561，0562，0563，0578，
0642，0643，0664，0665，0792，
0793，0828，0829，0830，0870，
0872，0904，0911，0946，0957，
0959，0984，1017，1065，1251，
1310，1326，1327，1337，1401，
1402，1454，1557，1558，1603，
1793

華東地區

上海

0156，1023，1285

江蘇

0130，0231，0698，1318，1436，
1589

浙江

0688，0689，1443

安徽

1233

福建

1087

　山東

　　0449，1016，1104

中南地區

　中南各地

　　0621，0626

　河南

　　0143

　湖北

　　1237，1497

　湖南

　　1497

　廣東

　　0470，0495，1087

　廣西

　　1684

西南地區

　四川

　　1265

　雲南

　　1684，1697

港澳臺地區

　香港

　　1501

其他地區

　暹羅

　　1493

經濟

經濟概況

　0177，0447，0522，0602，0603，
　0604，0605，0845，0934，0952，
　1157，1368，1612，1680，1692

經濟團體

　0070，0176，0287，0527，1173，
　1180，1323，1635，1688

戰時經濟問題

　0135，1406，1466，1712

企業經濟

　0597，0876，1463

農業經濟

　農業經濟概況

　　0085，0119，0440，0481，0652，
　　0667，0694，0695，0697，0852，
　　0866，1683

　畜牧、飼養業

　　0008，0071，0256，0261，0286，
　　0469，0471，0518，0557，0579，
　　0610，0611，0680，0711，0756，
　　0849，0850，0854，0877，0893，
　　0950，0951，1120，1261，1311，
　　1607，1677，1725，1760

　經濟作物

　　0077，0118，0258，0283，0302，
　　0324，0538，0581，0582，0589，
　　0623，0638，0846，0859，0939，
　　1105，1106，1107，1119，1121，

0065

貿易經濟

貿易經濟概況

0009，0014，0073，0084，0120，
0180，0250，0307，0318，0322，
0464，0490，0547，0633，0679，
0729，0759，0760，0895，1013，
1052，1053，1176，1215，1259，
1415，1500，1507，1596，1605，
1628，1633，1637，1639，1676，
1682，1766

商品流通與市場

0016，0017，0121，0127，0133，
0161，0164，0260，0317，0435，
0436，0459，0484，0488，0439，
0506，0515，0517，0536，0594，
0704，0721，0723，0730，0763，
0851，0863，0884，0921，0930，
0935，0985，1094，1117，1177，
1182，1186，1187，1434，1447，
1508，1617，1618，1619，1521，
1644，1711

商業團體

0078，0079，0278，0864，0865，
0968，1502

財政、金融

財政、金融概況

財政概況

0010，0102，0160，0166，0262，
0491，0513，0520，0534，0583，

0700，0712，0717，0720，0922，
1160，1803

金融概況

0012，0083，0117，0126，0132，
0138，0229，0232，0314，0438，
0461，0462，0479，0505，0509，
0512，0537，0587，0592，0606，
0630，0703，0731，0757，0878，
0886，0889，0892，0940，1088，
1113，1146，1322，1330，1360，
1440，1445，1505，1613，1636，
1686，1802

稅收

0082，0332，0333，0454，0477，
0732，1267，1591，1645，1767，
1768

貨幣

0619，0628，0761，0861，0871，
1308，1341，1624

當鋪、錢莊、銀行

0274，0308，0619，0636，1170，
1185，1308，1362，1764

政治

政治概況

0015，0175，0180，0326，0591，
0595，0598，0607，0952，1060，
1241，1317，1758，1770

政治宣傳、教育

0507，1328，1435，1451，1469

政黨與政治團體

0637，1550

地方行政、地方自治

0136，0155，0165，0233，0234，

0450，0584，0585，0702，0706，

0715，0964，1031，1147，1305，

1306，1319，1320，1332，1442，

1448，1449，1457，1724

工農運動、學生運動

0119，0460，0612，0613，1625，

1688，1763

華僑問題

0303，0304，0314，0315，0316，

0319，0320，0511，0548，0630，

0635，0728，0943，1088，1171，

1235，1494，1495，1496，1503，

1504，1638

移民

0281，0434，0444，0634，0856，

0857，0867，0868，1629，1700，

1731，1769

殖民地問題

0510，0941，1055，1632

租界

1181，1367

日本在華團體

0249，0280，0463，0789，0869，

1184

中外關係

0203，0309，0452，0453，0493，

1054，1432，1433，1699

社會

社會概況

0277，1438，1592，1765

社會團體

0162，0432，0441，0442，0627，

0678，1051，1685

社會病態

0075，0076，0145，0264，0310，

0437，0439，0446，0811，1567

社會救濟

0019，0063，0064，0068，0501

社會生活

0018，0069，0080，0301，0614，

0629，0758，0873，0874，0928，

0929，1102，1112，1694，1696

社會心理

0201，0202，0300，0325，0485，

0641，0894，1144，1236，1509

種族、家族

0288，0323，0524，0923，1313，

1331，1467，1590，1759

人口

0103，0128，0492，0514，0535，

0835，1092，1116，1159，1315，

1331，1452，1467，1590，1675，

1698

風俗

0137，0254，0699，0705，0936，

1446，1450，1468

語言

0066，0137，0478，0708，0713，
0936，1103，1309，1329，1437，
1446，1468

教育

教育概況

0011，0034，0131，0159，0265，
0321，0468，0480，0482，0494，
0519，0532，0533，0608，0609，
0632，0640，0701，0714，0718，
0735，0780，0788，0798，0885，
0888，0897，0932，0933，0965，
1089，1090，1108，1148，1149，
1153，1154，1161，1172，1188，
1439，1459，1553，1604，1627，
1693，1723，1757，1761

教育思潮

1762

教育設施

0455，1109，1771，1772

民衆教育

1361

其他

文化

出版事業

0067，0230，0507，1317，1451，
1469

新聞事業

0140

法律

司法概況

0134，1255

司法制度

0451，0499

宗教

0158，0173，0179，0235，0502，
0707，0716，0890，0896，1317，
1333，1461，1464

軍事

1257，1415

史地

0129，0163，0526，1239，1316，
1441，1465

調查地索引

中國

總體

0201, 0203, 0310, 0442, 0499,
0527, 0635, 0726, 0760, 0789,
0964, 1051, 1173, 1341, 1406,
1432, 1550, 1568, 1629, 1699,
1760, 1767, 1768, 1770, 1771,
1772

華北地區

總體

0082, 0103, 0104, 0145, 0175,
0179, 0202, 0256, 0257, 0258,
0259, 0260, 0261, 0279, 0280,
0283, 0435, 0439, 0440, 0441,
0589, 0591, 0592, 0593, 0594,
0595, 0596, 0597, 0598, 0599,
0600, 0601, 0602, 0603, 0604,
0605, 0606, 0607, 0608, 0609,
0755, 0764, 0765, 0766, 0788,
0884, 0885, 0886, 0887, 0888,
0889, 0890, 0891, 0892, 0893,
0894, 0895, 0896, 0897, 0968,

1142, 1234, 1238, 1311, 1553,
1567, 1703, 1711, 1758, 1761,
1762, 1802

北京

0062, 0063, 0064, 0065, 0066,
0067, 0068, 0088, 0286, 0432,
0454, 0733, 0757, 1604, 1803

天津

0680, 0756, 1152, 1358, 1359,
1360, 1361, 1362, 1363, 1364,
1365, 1366, 1367, 1368, 1604,
1803

河北

總體

0532, 0533, 0535, 0536, 0537,
0538, 0731, 0732, 0733, 0763,
1049, 1105, 1311, 1615, 1616,
1731

石家莊

0144, 1215, 1322

定州

0534

三河

1588

承德

1047

灤平

1050

平泉

0971

張家口

0756，1322，1713

山西

總體

1143，1144，1145，1146，1147，

1148，1149，1150，1151，1152，

1153，1154，1155，1156，1157，

1158，1159，1160，1161，1725

太原

1322，1323，1324

大同

0219，1322，1605

內蒙古

總體

0082，0261，0435，0574，0676，

0849，0850，0851，0852，0853，

0854，0950，0951，0952，1415

包頭

0055，0274

薩拉齊

0450

赤峰

1048

巴林左旗

1558

林西

1558

通遼

1404

呼倫貝爾

0579，0919

莫力達瓦

1557

滿洲里

0848，0855

札蘭屯

1704

海拉爾

0502

突泉

0336

東北地區

總體

0069，0070，0071，0072，0073，

0074，0075，0076，0077，0078，

0079，0080，0081，0082，0084，

0085，0086，0087，0145，0178，

0180，0197，0249，0261，0262，

0263，0264，0265，0266，0267，

0268，0275，0276，0281，0282，

0331，0433，0434，0435，0436，

0439，0444，0445，0446，0452，

0577，0731，0763，0811，0812，

0849，0850，0851，0852，0853，

0854，0856，0857，0858，0859，
0860，0861，0862，0863，0864，
0865，0866，0867，0868，0871，
0873，0874，0876，0877，0878，
0928，0929，0951，1064，1282，
1283，1284，1700，1769

遼寧

總體

0332，0333，0334，0437，0745，
0763

沈陽

1205

法庫

0297

新民

0337

大連

0278

撫順

0352

清原

1033

本溪

0092

丹東

0008，1644，1645，1646

營口

1644，1645，1646，1647

遼陽

0813

朝陽

1046

凌源

0819

葫蘆島

0580

綏中

1312

興城

1312

吉林

總體

0255，0333，0652，0655，0656，
0657，0659，0660，0667

九臺

0663

德惠

0658

農安

0666

吉林

1650

磐石

0966

永吉

1650

伊通

1602

遼源

1471，1472

通化
1403

柳河
0825

輝南
0744

大安
0205

通榆
0335，0338

鎮賚
0339

白城
1339

洮南
1340

扶餘
0662

敦化
0289

和龍
0529

琿春
0646

汪清
1418

延吉
1569

敦化
0661

龍井
0083，0694，0695，0696，0697

梅河口
0503

黑龍江

總體
0557，0558，1557

哈爾濱
0278，1608，1609

阿城
0006

巴彥
0036

呼蘭
0578

賓縣
0870

方正
0872

木蘭
0096，0911

雙城
1251

五常
1454

依蘭
1603

尚志
1430，1793

依安

0559，0563

齊齊哈爾

0985

拜泉

0047

克東

0792

克山

0793

龍江

0828，0830

訥河

0946

泰來

1327

通河

1402

密山

0664

蘿北

0984

林甸

0559，0560

杜爾伯特

0829，1326

鐵力

0098

慶安

0097

嘉蔭

0984

富錦

0353

樺川

0642，0643

通河

1065

湯原

1337

勃利

0101

穆棱

0665

寧安

0959

黑河

0554

五大連池

0556，0561

遜克

0984

嫩江

0957

北安

1401

海倫

0504

安達

0555

望奎

0562

明水

　0904

青崗

　1017

綏化

　1310

漠河

　0552

華東地區

總體

0118，0145，0441，0443，0636，
0835，1567，1758，1762

上海

總體

0287，0451，0759，0761，1175，
1176，1177，1178，1179，1180，
1181，1182，1183，1184，1185，
1186，1187，1188，1622，1623，
1624，1625，1626，1636，1698

青浦

　1023

松江

　1285

崇明

0155，0156，0157，0158，0159，
0160，0161，0162，0163，0164，
0165，0166

江蘇

總體

0711，0716，1031，1305，1306

南京

0965，1619，1757

無錫

1445，1446，1447，1448，1449，
1450，1451

徐州

0640，1560

武進

0138，0718，1464，1465，1466，
1467，1468，1469

蘇州

1307，1308，1309，1434，1435，
1436，1437，1438，1439，1440，
1441，1442

昆山

0715，0798，1618

常熟

0126，0127，0128，0129，0130，
0131，0132，0133，0134，0135，
0136，0137，0712，1759，1765

太倉

1313，1314，1315，1316，1317，
1318，1319，1320

南通

0102，0698，0930，0931，0932，
0933，0934，0935，0936，0937，
1255

海門

0505，0506，0507，0713

連雲港

1560

揚州

0699，0700，0701，0702，0703，
0704，0705，0706，0707，0708，
0714，1526，1589，1590，1591，
1592

鎮江

1722，1723，1724

丹陽

0228，0229，0230，0231，0232，
0233，0234，0235，0277

泰州

0717，1328，1329，1330，1331，
1332，1333

浙江

總體

0455，0710，1718

杭州

0521，0522，0523，0524，0525，
0526，1612，1613，1614，1719

寧波

0960

湖州

1443，1617

嘉興

0525，0689

嘉善

0688

安徽

總體

0009，0010，0011，0012，0013，
0014，0015，0017

安慶

0019，1233，1452

蕪湖

0016，0963，1452，1453

蚌埠

0094，1308

福建

總體

0447，0735

福州

0351

廈門

1087，1088，1089，1090，1091，
1092，1093，1094

潮安

0481

江西

總體

0721，0722，0723，1241，1764

南昌

0920，0921，0922，0923

九江

0284，0780，1712

德安

0720

景德鎮

0779

山東

總體

0443，0680，0731，0732，0733，
1102，1103，1104，1105，1106，
1107，1108，1109，1110，1111，
1112，1113，1114，1115，1116，
1117，1118，1119，1120，1121，
1240，1431

濟南

0678，0679

青島

0449，0758，1013，1014，1015，
1016，1620，1621

中南地區

總體

0591，0610，0611，0612，0613，
0614，0615，0616，0617，0618，
0619，0620，0621，0622，0623，
0624，0625，0626，0627，0628，
0629，0630，0631，0632，0633，
0634，0637，0638，0639，0641，
1606，1676

河南

開封

0143

湖北

總體

0501，0581，0583，0585

武漢

0285，0448，0512，0513，0514，
0515，0516，0517，0518，0519，
0520，0582，0584，1237，1239，
1457，1459，1460，1461，1462，
1463，1610，1611，1627，1766

赤壁

1497

咸寧

1497

洪湖

1497

湖南

總體

0586

長沙

0512

岳陽

0587，1497，1675

廣東

總體

0438，0460，0461，0462，0463，
0464，0465，0466，0467，0468，
0469，0470，0471，0472，0473，
0474，0475，0476，0477，0478，
0479，0482，0483，0484，0485，
0586，0735，1410，1433，1607，
1763

廣州

0488，0489，0490，0491，0492，
0493，0494，0495

汕頭
1087，1170，1171

潮安
1172

廣西
1684

海南
0508，0509

西南地區

四川

總體
0711，1257，1258，1259，1260，
1261，1262，1263，1264，1265，
1266，1267，1268，1677，1678，
1679，1695，1696

成都
0140，0141

雲南

總體
0181，0250，0288，0309，0442，
0480，0726，1677，1678，1679，
1680，1681，1682，1683，1684，
1685，1686，1687，1688，1689，
1690，1692，1693，1694，1695，
1696，1697

箇舊
1691

蒙自
1596

港澳臺地區

香港
0173，0453，0459，1087，1236，
1499，1500，1501，1502，1503，
1504，1505，1506，1507，1508，
1509，1628，1635

澳門
0034，1506

臺灣
1055

東南亞

總體
0939，0940，0941，0942，0943

法屬印度支那
0018，0299，0300，0301，0302，
0303，0304，0305，0306，0307，
0308，0728，0729，0730，1053，
1596，1632，1633

菲律賓
0177，0314，0315，0316，0317，
0318，0319，0320，0321，0322，
0323，0324，0325，0326，0727，
0846

荷屬東印度
0176，0547，0548，1052，1715

暹羅

0001，0304，0305，0306，1235，
1493，1494，1495，1496

英屬馬來

0510，0511，0845，1637，1638，
1639

新加坡

0510，0511

附　　録
調查人員名單及調查路線

昭和二年（1927）第 24 期生

北滿間島經濟調查班

藤島健一　山田國太郎　古賀吾郎　中尾威　福田繁一　湯川武雄

經過地：上海、大連、奉天、長春、哈爾濱、海林、寧安、小城子、百草溝、局子街、龍井村

A 班　龍井村、會寧、清津、元山、上海

B 班　龍井村、鐘城、琿春、清津、元山、上海

C 班　龍井村、老頭兒溝、敦化、蛟河、吉林、長春、奉天、京城、大連、上海

南洋諸島調查班

龜井五一郎　上原真順　久留景三　小山正廷（延）　濱田勝美　佐久間軍次（治）郎

經過地：上海、香港、新加坡、郎桑島（蘇門答臘）、新加坡、吉隆坡、檳城、芙蓉、新加坡、巴達維亞、茂物、萬隆、ガロー（日語發音：garou）、日惹、三寶壟、泗水、巴厘巴板、達沃、香港、廈門、汕頭、基隆、上海

京奉沿線經濟調查班

櫻井平四郎　若桑省三郎　岩田良一　櫛部正暉

經過地：上海、青島、天津、北京、山海關、錦州、大虎山、新立屯、大虎山、奉天、大連、上海

雲南情況調查班

橫山安起　和多田介英　濱臣祥太郎　香川英史　深堀健一郎　德山春宣　石田武男

經過地：上海、汕頭、香港、海防、河內、老開、阿迷、雲南府、日比陽、新興、嶍峨、坡腳、揚武壩、青龍廠、元江、雲南府、蒙自、箇舊、河內、海防、香港、廣東、上海

京綏金福沿線經濟調查班

平野博　芹澤赳夫　井上進　飯村滿　小室清志　渡邊正吾

經過地：上海、青島、濟南、天津、北京

張家口、大同、張家口、北京、天津、大連、貔子窩、大孤山、安東

法屬印度支那經濟調查班

兒（小）島正英　藤田良次　松田義雄　山本治　瓦木（本）勝利

經過地：上海、香港、海防、鴻基、海防、河內、南定、絞、順化、峴港、フエイホー（日語發音：fueiho）、歸仁、芽莊、西貢、金邊、吳哥窟、大吳哥、金邊、雲壤、曼谷、リアム（日語發音：riamu）、曼谷、檳城、新加坡、上海

華北北滿經濟調查班

長沼重輝　湯口重壽　千賀安太郎　宮崎武雄　黑川湊

經過地：上海、青島、天津、北京、天津、大連、旅順、奉天、長春、哈爾濱、安達、齊齊哈爾、洮南、鄭家屯、奉天、大連、青島、上海

華南沿岸經濟調查班

矢野一郎　高田利德　小林榮　丹羽義夫　趙桂顯　竹味武雄　浦上尚之　馬淵悅男

經過地：上海、福州、廈門、漳州、廈門、汕頭、潮州、汕頭、香港、海口、瓊州、海口、北海、海防、鴻基、海防、河內、海防、香港、廣東、經臺灣、上海

華北經濟調查班

尾野四郎　南鄉武定　原口輝雄　西本喜興世　隈部勇　吉川義博

經過地：上海、青島、濟南、天津、北京、張家口、北京、天津、上海

華南港情調查班

中村加治馬　岡部俊雄　中島監

經過地：上海、福州、廈門、汕頭、潮州、汕頭、香港、廣東、三水、梧州、廣東、澳門、香港、基隆、臺北、基隆、上海

300

駐京津班

松代安隆[*]　內田正喜　梶村正義　　長谷川義（芳）夫

經過地：上海、青島、天津、北京、天津、大連

駐上海班

石井熊夫[*]　濱田勝美　築地多計士[*]　奧出勇　山田清一　馬騰驤

江北魯燕調查班

有吉正義　高次友惠　坪根一雄　齊藤久永　木村仁郎

經過地：上海、青島、濟南、同村、張店、博山、淄川、青島、天津、北京、天津、大連、奉天、長春、哈爾濱、㿊天、安東、京城、釜山

華南沿岸經濟調查班

大脇浩六郎　佐佐木安明　秦儀三郎　篠崎昌平　林清人　松本賢太郎

經過地：上海、福州、廈門、汕頭、香港、廣東、香港、海防、河內、諒山、同登、鎮南關、河內、海防、香港、澳門、香港、臺灣、上海

菲律賓華僑調查班

木谷安熊　宮脇小源太　鎌田謙（健）吉　岡田信一　二井內泰彥　吉野金良

經過地：上海、香港、馬尼拉、碧瑤、馬尼拉、盧塞納、馬尼拉、伊洛伊洛、內格羅斯島、宿務、馬尼拉、香港、上海

昭和三年（1928）第 25 期生

滿蒙經濟調查班

和田喜一郎　鹽原長衛　百灘清治　新谷音二　鈴木常雄

經過地：上海、青島、大連、奉天、大虎山、通遼、鄭家屯、洮南、齊齊哈爾、滿洲里、哈爾濱

華南滇南越南

森本辰治　山口慎一　中崎一之　日高清磨瑳

北滿國境經濟調查班（第二）

城臺正　土屋彌之助　伊藤善三　青木真澄　廣瀬清　小倉滿[*]

東三省市情調查班

中村一雅（雄）　佐藤敏夫　大坪英雄　村上剛　門馬訂一郎

經過地：上海、青島、大連、旅順、奉天、長春、吉林、哈爾濱、齊齊哈爾、昂昂溪、滿洲里、洮南、鄭家屯、奉天、撫順、上海

駐香港廣東班

納富政彦　鶴谷忠治　中原武雄　長谷川靜夫

吉會沿線經濟調查班

津留直　寺田孫次　辻正一　中倉倫平　寺崎祐義　小濱繁

經過地：上海、青島、大連、旅順、大連、奉天、撫順、奉天、長春、哈爾濱、長奉、吉林、蛟河、敦化、老頭溝、龍井村、局子街、龍井村、上三峰、會寧、羅南、京城

京城、新義州、安東、奉天、營口、天津、北京、南口、青龍橋

法屬印度支那東京經濟調查班

佐佐木誠一　小久保貞雄　上土井高麗雄　兒嶋真一郎　永井憲平　丹吳恒平

經過地：上海、汕頭、香港、廣東、海防、河內、老開、太原、北幹、河內、ナシヤム（日語發音：nashiyamu）、高平、諒山、河內、榮市、順化、フエフオ（日語發音：fuefuo）、洞海、南定、海防、鴻基港、上海

東三省鐵路調查班

上西園操　福井直　牧山勳

經過地：上海、青島、大連、奉天、長春、哈爾濱、齊齊哈爾、昂昂溪、洮南、

鄭家屯、四平街、奉天

菲律賓班

田中香苗　引原二郎　芥川正夫　城野勝利*　吉田金四郎　金澤伍一　大
（太）宰守　小坪昇三

南滿市情經濟調查班

佐藤治平　新村寬　志田薰

駐安東營口班

稻城勝　楫數一　金丸榮

經過地：上海、青島、大連、營口、奉天、安東

何（河）島次馬　安河內哲夫　村上秋夫

經過地：上海、香港、西貢、ミト（日語發音：mito）、タケオ（日語發音：
takeo）、リヤム（日語發音：riyamu）、金邊、吳哥窟、アランク（日語發音：
aranku）、曼谷、香港、上海

北滿蘇中國境調查班

岡一弘　和田四郎　松田博　奧村實　長谷川幾吉　根岸忠素　稻川三郎

經過地：上海、青島、大連、奉天、長春、哈爾濱、三姓、佳木斯、富錦、同
江、大黑河、嫩江、齊齊哈爾、昂昂溪、哈爾濱、綏芬河、海參崴

駐連奉濱班

大西槐三　大石義夫　酒家重好　石田博

雲南緬甸經濟調查班

上野皎　土井三子雄　赤山真*　平山熊雄　山本日出一郎　志智新八郎　安澤
隆雄

經過地：上海、廣東、香港、海防、河內、雲南、楚雄、大理、永昌、騰越、八

莫、曼德勒、仰光、檳城、新加坡、香港、上海

昭和四年（1929）第 26 期生

追尋高棉的遺跡
小山田繁　重松敏夫　百枝辰男　長谷川勸　石田七郎　小幡廣士

楊旅
杉原信一　牧野清　水沼博

滇越行
高松義雄　上村清記　法林一麿　栗林（木）鐵男　林茂治　寺崎修三

一粒麥子
上田增夫*　上田駿　中下魁平　梶原英三　長友利雄　尾崎莊太郎

蜀中平原
竹內喜久雄　神河章三郎　村部和義　矢尾勝治　山下長次郎　齊（齋）藤暉夫　森口幸藏

長江之歌
橋口有恆　江口涉　福岡英明　林田誠一

上海
今村三郎　曾根喜久男　波多江健兒　久保務

華北紀行
山本米雄　瀧口義精　西里龍夫　田中玲瓏

304

臭蟲行進曲

西村剛夫　三宅勳　二川薰　前島岩男　武川信佐　井上宗親　宮野茂邦

朔北行

中尾義男　佐多直丸　石田武夫　前田增三　福滿篤

黃塵中的呼喊

高橋龍夫　松井行（幸）人　大工原亮　本多彦次　岩井茂

雜感錄

萩原藏六　岡野八太郎　久保賣次　茂木有視（禎）

沙風的愛撫

山名正孝　村松彰　中島榮夫　吳鷹之助　勝川秀夫

轍的追尋

伊藤正己　小田健三郎　橋本伊津美　鳥山勉　宇田政雄　河野七郎

轍跡

井上榮太郎　永島良一　橫井幸重　藤原昇

思慕極光

木島清道　尾仲嘉助　田島清三郎

旅片

伊東敏夫　岩橋竹二　涉川悌美　榎原德三（之）郎

白樺口吻

若宮二郎　大久保英久　宮澤敵（敵）七　川瀨德男

思慕榴蓮的芳香

印牧真一　田路章　安武太郎

昭和五年 （1930） 第 27 期生

長江流域經濟調查班

宇敷正章　竹岡彥次郎　水江滿*　下川賢　鎌田龍男

經過地：上海、崇明、南通、鎮江、南京、蕪湖、九江、漢口、武昌、漢陽、長沙、岳州、沙市、宜昌、萬縣、重慶、宜昌、漢口、大冶、上海

巴蜀岷涪經濟調查班

兼松勝　中濱三郎　友添健策　葉山生

經過地：上海、南京、漢口、宜昌、重慶、合川、潼南、遂寧、簡陽、成都、嘉定、峨眉、成都、灌縣、汶川、茂縣、松藩、平武、江油、中壩、綿陽、三臺、遂寧、合川、重慶、上海

四川陝西經濟調查班

深本春夫*　長谷川武雄*　中村太郎*　島津真三郎　鈴木修司*

經過地：上海、南京、漢口、宜昌、萬縣、重慶、自流井、資陽、成都（嘉定、峨眉、灌縣）、綿陽、劍閣、寧差、漢中、寧陝、西安、潼關、運城、榆次、石家莊、北平

正太沿線山西北部調查班

數村吉之助　後藤隆三　村田季雄

經過地：上海、青島、天津、北平、正定、石家莊、太原、大同、歸化城、包頭鎮、歸化城、大同、張家口、北平、天津、大連

河南陝西棉業調查班

中島弘　楠本一夫　澤登譽　北村重英　森田滕（藤）治

經過地：上海、青島、天津、北平、石家莊、太原、臨汾、運城、介休、榆次、

太原、大同、張家口、天津

粵漢鐵路沿線經濟調查班

安齊庫治* 加藤榮太郎* 坂口久 田村三郎 柿田琢磨 山中秀宣

經過地：上海、漢口、長沙、上海、廈門、汕頭、香港、廣東、韶州

華南港情調查班

池江善治 市川信治 桑島泰雄 青山清

經過地：上海、福州、廈門、汕頭、香港、廣東、澳門、香港、海口、北海、海防、河內、海防、香港、上海

華南沿岸法屬印度支那調查班

德岡照 金田一郎 元木數雄 蜂谷貞雄 小林鈔

經過地：上海、福州、基隆、高雄、臺南、臺中、嘉義、淡水、基隆、廈門、汕頭、香港、海防、河內、南定、絞、順化、峴港、歸仁、芽莊、西貢、金邊、雲壤、曼谷、新加坡

西桂湘流域調查班

長谷川信吉 保科尚衛 辻橋祐（佑）吉 成田英一 熊谷林之助 山崎長五郎

經過地：上海、廈門、汕頭、香港、廣東、三水、梧州、廣東、香港、（澳門）、海口、北海、海防、河內（香港、上海/老該、阿迷）、昆明、海防、香港、上海

駐平津班

吉岡四郎 永安文三 山下一 岩尾正利 長田陽一 久重四郎 陳濟昌 大平孝

經過地：上海、青島、天津、北平

駐膠濟經濟調查班

村上重義　伴重雄　管（菅）一弘　高橋宏　中崎強　天野治邦　伏屋幹男
町野大輔

　　經過地：上海、青島、濟南、天津、北平

華北港情調查班

貴堂貞三　牛島俊作　籠谷文雄＊　川瀬清（清川瀬）　　渡邊（部）修三

　　經過地：上海、青島、大連（營口、秦皇島/芝罘、龍口）、天津、北平、青龍
橋、北平、天津、大連

東蒙古經濟調查班

橋本義雄　今泉正民　加藤隆德　田添正嗣　根岸孝彦　古籔盛三　江下清一

　　經過地：上海、青島、天津、北平、唐山、平泉、赤峰、開魯、白音太來、鄭家
屯、洮南、昂昂溪、齊齊哈爾、哈爾濱、長春、奉天、撫順、大連

京奉沿線調查班

吉田九郎　鵜飼藤一郎　神谷清助　小西勇

　　經過地：上海、天津、北平、灤縣、秦皇島、山海關、錦州、奉天、大連、上海

駐哈市班

岡村貞一　大屋保義　村井美喜雄

　　經過地：上海、青島、大連、奉天、長春、哈爾濱、奉天

四洮洮昂沿線經濟調查班

淵邊元廣　竹田巳（已）則　村山達太郎　浦敏郎

　　經過地：上海、青島、大連、奉天、四平街、鄭家屯、洮南、昂昂溪、齊齊哈
爾、哈爾濱、長春、奉天

滿蒙經濟調查班

前田進　真柄富治　田中守造　芝國重　中馬靖友

308

經過地：上海、青島、天津、北平、葫蘆島、大虎山、新立屯、白音太拉、鄭家屯、洮南、齊齊哈爾、哈爾濱、長春、奉天、大連、上海

吉會沿線調查班

池田靜夫　神棒真幸　梅田潔　福山壽　左近允武夫

經過地：上海、青島、大連、奉天、撫順、長春、哈爾濱、長春、吉林、敦化、老頭溝、龍井村、延吉、上三峰、會寧

昭和六年（1931）第 28 期生

蘇中國境遊歷班

岡部善修　淺野修　鈴木秋義　藤田薰　田中純愛

經過地：上海、青島、濟南、北平、天津、大連、旅順、撫順、奉天、四平街、鄭家屯、洮南、昂昂溪、滿洲里、海拉爾、齊齊哈爾、哈爾濱、三姓、樺川、富錦、同江、蘿北、朝陽、璦琿、大黑河、同江、三姓、通河、哈爾濱、長春、吉林、敦化、吉林、海龍、奉天、安東、京城、釜山

平津經濟調查班

木場順平　橋本喜久哉　吉岡直

經過地：上海、青島、坊子、張店、淄川、張店、濟南、天津、北平、張家口、北平、天津、大連、上海

駐香港廣東班

五島利一　羅振麟　平澤常彥

經過地：上海、廈門、汕頭、香港、廣東、香港、汕頭、上海

津浦打通線班

高橋房雄（男）　西由五郎　本田祥三　柴崎章雄

經過地：上海、南京、徐州、濟南、天津、北平、錦州、大虎山、通遼、鄭家屯、洮南、齊齊哈爾、哈爾濱、長春、吉林、敦化、長春、四平街、奉天、大連

山東山西遊歷班

土谷莊八郎　吉川潔*　高柳直輔*

經過地：上海、青島、博山、濟南、泰山、天津、北平、石家莊、太原、石家莊、北平、天津、大連、上海

華南沿岸遊歷班

宮原豐　三好宏　濱中隆昌　井口保夫

經過地：上海、廈門、汕頭、香港、廣東、澳門、高雄、基隆、福州

上海、青島、濟南、天津、北平、大連、奉天、哈爾濱

滿蒙旅行班

莊子勇之助　關家三男　岩田由一

經過地：上海、青島、濟南、北平、天津、大連、奉天、四平街、洮南、齊齊哈爾、哈爾濱、長春、吉林、長春、奉天、撫順、奉天、安東、京城、釜山

河南河北遊歷班

佐藤貞司　土井正美

經過地：上海、青島、天津、塘沽、北平、天津

華南印度支那遊歷班

坪川榮吉　青木修二　奧村榮　南方嘉一郎

經過地：上海、廈門、汕頭、香港、廣東、（香港）、海口、海防、河內、雲南府、（河內）、順化、（河內）、（海防）、北海、（香港）、基隆、高雄、臺北、（基隆）、福州、上海

吉會沿線遊歷班

原口五郎　白井金彌　若林一郎　安念信弘　妻木正三

經過地：上海、青島、大連、旅順、奉天、長春、哈爾濱、長春、吉林、敦化、哈爾巴岺、老頭溝、局子街、龍井村、上三峰、琿春、會寧、元山、京城、釜山、上海

310

河南山西遊歷班

岩下輝夫　石田幸三郎　石橋春男　長谷川稔　門井博

經過地：上海、青島、淄川、濟南、天津、北平、張家口、包頭、綏遠、大同、太原、石家莊、北平、天津、大連

華南沿岸遊歷班

白川俊三　岡本豊　上野宏　野中義雄　安達鬱太郎

經過地：上海、台州、溫州、福州、泉州、廈門、汕頭、香港（九龍）、廣東、打狗、屏東、臺南、安平、嘉義、臺北、基隆、福州、上海

河北東三省遊歷班

橫田芳郎　森山宣夫　宇喜（垚）多命英

經過地：上海、青島、濟南、天津、北平、天津、山海關、奉天、四平街、長春、哈爾濱、長春、吉林、海龍、奉天、大連、旅順、大連、上海

雲南四川遊歷班

五十嵐利貞　大橋貞夫　田中辰一　宇野正四　遠藤進

經過地：上海、廈門、汕頭、香港、廣東、海口、海防、河內、雲南、東川、昭通、敘州、嘉定、峨眉、成都、簡陽、富順、自流井、瀘州、重慶、宜昌、沙市、漢口

北滿遊歷班

高橋武雄　三木善吉　草野豐　山口正助　石崎光　諸富好一

經過地：上海、青島、濟南、北平、天津、大連、旅順、營口、通遼、鄭家屯、洮南、齊齊哈爾、克山、昂昂溪、哈爾濱、海倫、長春、四平街、奉天、撫順、京城

山東山西遊歷班

伊藤太　堀川靜　若林猶　土屋進　重富勘吾

經過地：上海、青島、坊子、濟南、曲阜、泰山、天津、北平、石家莊、太原、忻州、代縣、大同、張家口、青龍橋、北平、天津、大連

華南印度支那臺灣遊歷班

橋本綱雄　藏居良造

經過地：上海、廈門、汕頭、香港、海南島（海口、瓊州）、海防、河內、絞、順化、峴港、芽莊、西貢、香港、廣東、梧州、廣東、韶州、中山縣（澳門、唐家灣）、高雄、臺中、臺北、基隆、福州、上海

黑龍江省遊歷班

小島桂吾　坂井佳彥　二村文彥　平野和夫

經過地：上海、青島、濟南、北平、天津、大連、奉天、四平街、洮南、昂昂溪、齊齊哈爾、海拉爾、滿洲里、哈爾濱、長春、大連、上海

南洋諸島遊歷班

小島誠　正林秀夫　加藤和夫

經過地：上海、福州、基隆、臺北、基隆、馬尼拉、達沃、泗水、巴蘇魯安、三寶壟、梭羅、日惹、萬隆、ガル（日語發音：garu）、巴達維亞、タンジョンカロン（日語發音：tanjonkaron）、巨港、新加坡、香港、廣東、汕頭、上海

昭和七年（1932）第 29 期生

第一班

稻葉幸衛　田中一男

經過地：上海、青島、濟南、天津、北平、天津、大連、撫順、奉天、長春、吉林、長春、哈爾濱、長春、大連、上海

第二班

岩松武　土屋定國

經過地：上海、大連、奉天、四平街、通遼、達爾罕王府、通遼、洮南、齊齊哈爾、泰安鎮、齊齊哈爾、滿洲里、海拉爾、罕達蓋、阿爾山、海拉爾、哈爾濱、海倫、哈爾濱、長春、吉林

第三班

磯西英次　國澤德滿　山崎正夫　古野融

經過地：上海、青島、濟南、天津、北平、天津、山海關、錦州、奉天、新京、哈爾濱、昂昂溪、齊齊哈爾、洮南、鄭家屯、白音太來、四平街、公主嶺、新京、吉林、新京

第四班

乾次郎　長谷川光雄　神谷龍男　內海忠勝

經過地：上海、青島、張店、淄川、濟南、北平、天津、大連、旅順、營口、大石橋、湯崗子、鞍山、奉天、長春、哈爾濱、長春、吉林、朝陽鎮、撫順、奉天、大連、上海

第五班

壽岡良　高須賀恒重　大島尚次　樫山弘*　村井芳衛

經過地：上海、青島、濟南、北平、天津、大連、營口、大虎山、通遼、鄭家屯、洮南、齊齊哈爾、哈爾濱、公主嶺、敦化、吉林、海龍、奉天

第六班

廣川縫之助　關彌七*　岡田卓穗*

經過地：上海、青島、濟南、天津、北平、天津、山海關、錦州、大虎山、通遼、達爾罕王府、通遼、鄭家屯、洮南、齊齊哈爾、(拉哈、泰安/海拉爾、滿洲里)、齊齊哈爾、哈爾濱、(三姓、富錦、鶴立鎮、哈爾濱)、哈爾濱、長春、吉林、大連、敦化、吉林、長春、奉天、(安東、京城、奉天)、奉天、大連、青島、上海

佐藤義夫

經過地：釜山、安東、奉天、新京、敦化、哈爾濱、奉天、山海關、北平、天津、濟南、青島、上海、漢口、長沙、南京、上海

第七班

河本靖*　河內亮*　森小八郎　宇津木貞男*

313

經過地：青島、濟南、天津、北平、天津、山海關、錦州、大虎山、通遼、鄭家屯、洮南、齊齊哈爾、哈爾濱、長春、吉林、敦化、長春、奉天、安東、京城

第八班
藤原孝夫[*]　飯盛新一郎[*]　田口末雄　中西信一

經過地：上海、青島、濟南、北平、天津、奉天、新京、哈爾濱、齊齊哈爾、泰安、洮南、鄭家屯、四平街、奉天

第九班
高根一顯　手塚操　小原一　田中聰介

經過地：上海、青島、濟南、北平、天津、塘沽、大連、旅順、大連、鞍山、奉天、撫順、奉天、長春、哈爾濱、長春、公主嶺、奉天

第十班
田中政治　伊藤正彌[*]

經過地：上海、青島、淄川、博山、濟南、天津、北平、張家口、八達嶺、北平、山海關、錦州、營口、大連、鞍山、遼陽、奉天、鐵嶺、四平街、公主嶺、新京、吉林、海龍、撫順、奉天、四平街、鄭家屯、洮南、四平街、新京、奉天、本溪湖、安東、京城、日本國內（田中）

齊齊哈爾、泰安、克山、齊齊哈爾、哈爾濱、海倫、哈爾濱、大連、上海（伊藤）

第十一班
竹田芳廣　大坪隆平　中山清一

經過地：上海、青島、威海衛、芝罘、天津、北平、天津、大連、大石橋、營口、溝幫子、奉天、鐵嶺、四平街、通遼、鄭家屯、洮南、四平街、長春、吉林、敦化、長春

第十二班
辻平八郎　伊達茂　永井博

314

經過地：上海、青島、濟南、北平、天津、大連、長春、哈爾濱、吉林、撫順、奉天、大連、上海

第十三班

仲田朝信* 富田邦弘* 緒方秀夫 田實嚴 金子曜太郎

經過地：上海、青島、濟南、北平、張家口、北平、天津、大連（旅順）、營口、溝幫子、大虎山、彰武、通遼、鄭家屯、齊齊哈爾、哈爾濱、新京、奉天

哈爾濱、三姓、富錦、哈爾濱（田實）

新京、吉林、間島、朝鮮（金子）

第十四班

中山高 荻原靜雄

經過地：上海、青島、濟南、北平、天津、大連（旅順）、營口、奉天、長春、哈爾濱、長春、奉天

百百松澤（增次郎）

經過地：釜山、京城、奉天、撫順、奉天、長春、吉林、長春、哈爾濱、大連（旅順）、天津、北平、天津、大連、青島、上海

第十五班

桑島信一 風間禎三郎* 福田清 高原茂*

經過地：上海、青島、濟南、天津、北平、天津、大連、旅順、大石橋、營口、溝幫子、大虎山、奉天、撫順、奉天、大連、上海

第十六班

山本清次郎 甲斐治義 高木荒助 福島孝男*

經過地：上海、青島、濟南、北平、八達嶺、天津、山海關、錦州、大虎山、通遼、達爾罕、鄭家屯、洮南、齊齊哈爾、哈爾濱、三姓、哈爾濱、新京、敦化

吉林、新京、公主嶺、奉天、撫順、大連、上海

第十七班

櫻川影雄　田（岡）子義夫米　澤茂夫

經過地：上海、青島、大連、旅順、大連、奉天、本溪湖、奉天、撫順、奉天、長春、吉林、長春、齊齊哈爾、開原、大連、上海

第十八班

瀨川英助　吉岡常利　井上正彦

經過地：上海、青島、濟南、天津、北平、大連、奉天、長春、吉林、長春、哈爾濱、大連

第十九班

河野二夫*　平松久松*　山田武雄*　柴田實*

經過地：上海、青島、濟南、北平、天津、錦州、大虎山、通遼、鄭家屯、洮南、齊齊哈爾、哈爾濱、新京、吉林、新京、奉天、撫順、奉天

第二十班

森田重豬　小野壽惠夫　中川四郎*

經過地：上海、青島、濟南、北平、天津、山海關、奉天、撫順、新京、哈爾濱、新京、吉林、敦化、吉林、長春、大連、旅順、大連、上海

第二十一班

中島有吉　稻垣信行　鹿島滿周　枝村榮

經過地：上海、香港、廣東、香港、澳門、高雄、貓鼻頭、臺南、嘉義、阿里山、日月潭、新竹、臺北、基隆、門司、長崎、上海

第二十二班

飯谷肇*　松野幹太郎*　多田右衛門

經過地：上海、青島、天津、北平、大連、奉天、長春、哈爾濱、大連、上海

316

昭和八年（1933）第 30 期生

黑山縣、北鎮縣、盤山縣、臺安縣調查班

伊藤紫郎*　梯茂生*

經過地：上海、大連、奉天、大虎山、黑山、大虎山、溝幫子、北鎮、溝幫子、盤山、溝幫子、大虎山、臺安（停留 25 日）、大虎山、奉天、新京、哈爾濱、新京、吉林、新京、奉天、營口、大連、上海

錦縣調查班

山下保雄　山田政勇　馬場伊助

經過地：上海、青島、大連、奉天、錦州、葫蘆島、山海關、錦州、北票、朝陽、平泉、凌源、承德、錦州、奉天、長春、哈爾濱、北平、天津、朝鮮、日本、上海

通化縣調查班

井口易男　竹內昭（照）夫

經過地：大連、旅順、奉天、山城鎮、通化、四平街、洮南、齊齊哈爾、克山、海倫、哈爾濱、新京、錦州、北票、朝陽、凌源、平泉、承德、灤平、古北口、密雲、北平、天津、經京漢線、漢口、武昌、長沙、南京、上海

清原縣、柳河縣、海龍縣調查班

中島浩　清利孝德

經過地：上海、青島、大連、奉天、清原縣、柳河縣、海龍縣（停留 55 日）、西安、吉林、新京、哈爾濱、奉天、朝鮮、海倫、日本國內、克山、龍江、洮南、通遼

錦州、朝鮮、凌源、平泉、承德、古北口、北平、漢口、上海

沈陽縣、撫順縣、本溪縣、遼陽縣調查班

石川繁二　山崎芳數　田村五十彥　小林正治

經過地：上海、青島、大連、撫順、本溪湖、遼陽、鞍山、四平街、鄭家屯、洮南、龍江、克山、北安、海倫、哈爾濱、新京、吉林、新京、奉天

通遼縣調查班

安藤勝　野口孝行　與田誠二

經過地：上海、青島、大連、奉天、四平街、鄭家屯、通遼（停留 17 日）、四平街、新京、哈爾濱

西安縣調查班

迫田司　近藤與久　山本臣

經過地：上海、大連、奉天、新京、哈爾濱、吉林、敦化、海龍、西安（停留 15 日）、奉天、安東

洮南縣調查班

瀧野貞明　長瀨義一　福田百松　古根俊一

經過地：上海、青島、大連、旅順、奉天、四平街、鄭家屯、開通、洮南、洮安、葛根廟、王爺廟、蘇鄂公府、突泉、齊齊哈爾、克山、海倫、哈爾濱、新京、吉林、奉天、大連、上海

阿城、五常縣調查班

加藤雄一郎　新崎盛良

經過地：上海、青島、大連、旅順、奉天、新京、吉林、哈爾濱、阿城（停留 8 日）、拉林、五常（停留 11 日）、山河屯、五常、阿城、哈爾濱、新京、奉天、大連、天津、北平、山海關、奉天、大連、上海

永吉、敦化、磐石縣調查班

1. 吉元晴雄　小林省吾　牧野勇
2. 泉喜一郎　林忠四郎　森本清治

經過地：

1. 上海、大連、鞍山、撫順、奉天、新京、吉林（停留 14 日）、敦化（停留 5

日）、圖門、雄基、羅津、清津、會寧、上三峰、龍井村、延吉、敦化、新京、哈爾濱、齊齊哈爾、克山、洮南、鄭家屯、通遼、（莫林廟）、通遼、奉天、大連、上海

2. 上海、青島、大連、奉天、撫順、新京、吉林（停留 15 日）、磐石縣（停留 14 日）、朝陽鎮、吉林、敦化、新京、哈爾濱、齊齊哈爾、洮南、鄭家屯、通遼、（莫林廟）、通遼、大虎山、錦州、北票、營口、大連、上海

延吉縣、和龍縣調查班

平林千幸　廣田正

經過地：上海、大連、營口、奉天、新京、吉林、敦化、延吉（停留 10 日）、圖門、慶興、雄基、羅津、清津、會寧、上三峰、龍井村（停留兩周）、和龍、龍井村、延吉（停留 10 日）、敦化、吉林、新京、四平街、洮南、齊齊哈爾、克山、北安鎮、海倫、哈爾濱、新京、奉天、錦州、承德、錦州、天津、北平、漢口、上海

汪清縣、琿春縣調查班

大石隆三*　馬場滋*　浦精宏*　岡田行三*

經過地：上海、青島、大連、奉天、新京、吉林、敦化、局子街、龍井村、局子街、汪清、老爺嶺、汪清（停留 6 日）、局子街、圖門、南陽、慶源、琿春、哈達門、琿春（停留 10 日）、訓戎、雄基、羅津、雄基、南陽、圖門、敦化、吉林、新京、哈爾濱、齊齊哈爾、洮南、鄭家屯、通遼、大虎山、奉天

寧安縣調查班

高石茂利　熊野茂次

經過地：上海、青島、大連、奉天、新京、哈爾濱、一面坡、海林、寧安（停留 70 日）、老爺嶺、敦化、吉林、新京、奉天、大連、上海

雙城縣調查班

林俊政　林十平　千葉（義）弘三　三谷津久夫

經過地：上海、青島、大連、旅順、奉天、新京、哈爾濱、雙城堡（停留 26 日）、拉林、阿城、哈爾濱、齊齊哈爾、洮南、四平街、新京、吉林、新京、奉天、山海關、奉天、撫順、大連、青島、上海

依蘭縣、樺川縣調查班

勝田一夫　城繁雄　吉田藤一

經過地：上海、青島、大連、奉天、新京、哈爾濱、依蘭（停留 12 日）、佳木斯、鶴立崗、佳木斯（停留 13 日）、富錦、依蘭（停留 6 日）、哈爾濱、齊齊哈爾、洮南、鄭家屯、通遼、鄭家屯、四平街、新京、吉林、奉天、朝鮮、日本、錦州、承德、大連、上海

樺川縣、富錦縣調查班

林太郎　和田一明　角田正夫　鈴木丹司

經過地：上海、大連、奉天、新京、吉林、哈爾濱、佳木斯（停留 10 日）、蓮江口、鶴立崗、樺川、富錦（停留 18 日）、綏濱、同江、富錦、哈爾濱、奉天、朝鮮

珠河縣、葦河縣調查班

塚原房生　志波正男

經過地：上海、青島、大連、奉天、新京、吉林、新京、濱江、一面坡、珠河縣（停留 11 日）、葦河縣（停留 5 日）、波格拉尼奇內、濱江、齊齊哈爾、克山、齊齊哈爾、洮南、鄭家屯、白音太拉、莫林廟、白音太拉、錦州、北票、錦州、山海關、唐山、天津、北平、天津、濟南、南京、上海

呼蘭縣、綏化縣、海倫縣調查班

高谷靖輔　堀內健吾　乾祐二（示）

經過地：上海、青島、大連、奉天、新京、哈爾濱、齊齊哈爾、克山、海倫（停留 18 日）、綏化（停留 11 日）、呼蘭（停留 7 日）、哈爾濱、佳木斯、鶴立崗、哈爾濱

拜泉縣調查班

松尾芳二郎　最上二郎　杉利二

經過地：上海、大連、奉天、四平街、洮南、齊齊哈爾、克山、拜泉、明水、青岡、安達縣、安達站、哈爾濱

320

克山縣、克東縣、通北縣調查班

涉谷勇造* 竹内桂太郎* 金子正雄* 山本純愚*

經過地：上海、大連、奉天、新京、哈爾濱、齊齊哈爾、克山（停留7日）、克東（停留8日）、通北（停留8日）、海倫、哈爾濱、新京、安東、京城、釜山、門司

安達縣調查班

中村弘 永友靈

經過地：大連、奉天、新京、哈爾濱、齊齊哈爾、安達站（停留7日）、安達（停留24日）、安達站、哈爾濱、新京、大連

泰來縣、大賚縣調查班

替地大三 前田睦夫 甲斐重良

經過地：上海、青島、大連、旅順、大連、奉天、新京、哈爾濱、齊齊哈爾、大興、江橋、泰來（停留15日）、江橋、大賚（停留7日）、哈爾濱、新京、奉天

通河縣、木蘭縣、巴彥縣調查班

降籏立喜 中島順一 野野山永次

經過地：上海、大連、奉天、新京、哈爾濱、通河、木蘭縣、石頭河子、巴彥、烏河、哈爾濱、齊齊哈爾、洮南、四平街、新京、吉林、新京、奉天、撫順、奉天、大連、上海

龍江縣、泰康縣調查班

秋山洋造 松田亨 森藏之助

經過地：上海、青島、大連、營口、龍江、泰康（小蒿子）、哈爾濱、新京、吉林、奉天

嫩江縣、訥河縣調查班

和田延二 增本晃 武藤仰一

經過地：上海、青島、大連、奉天、新京、哈爾濱、齊齊哈爾、拉哈、訥河、嫩

江（停留 18 日）、訥河（停留 23 日）、布西、齊齊哈爾、洮南、鄭家屯、通遼、四平街、新京、吉林、奉天、大連、上海

璦琿縣調查班

西木戶衛　近藤泉　下林千幸

　經過地：上海、大連、奉天、四平街、鄭家屯、洮南、齊齊哈爾、克山、海倫、哈爾濱、通河、三姓、佳木斯、富錦、同江、烏雲、璦琿、大黑河（停留兩周）、佳木斯、哈爾濱、新京、吉林、敦化、圖門、元山、京城、奉天、大連、上海

海拉爾調查班

俵弘*　蔔部義賢　松見慶三郎　阿部勝正

　經過地：上海、青島、濟南、青島、大連、奉天、新京、哈爾濱、海拉爾、三河地方、吉拉林、奇乾、海拉爾、滿洲里、滿洲里、海拉爾（停留 35 日）、甘珠爾廟、達賚湖、哈倫阿爾山（溫泉）、海拉爾、哈爾濱

華南沿岸、臺灣調查班

藤次博

　經過地：上海、香港、澳門、香港、汕頭、廈門、基隆、花蓮港、臺東、鵝鑾鼻、高雄、臺南、臺北、基隆、門司

南洋調查班

及川誠　千枝陸郎　佐藤金藏

　經過地：上海、福州、臺北、北投、草山、烏來、淡水、基隆、達沃、泗水、三寶壟、オエンガラ（日語發音：oengara）、沙拉笛加、梭羅、カラテン（日語發音：karaten）、普蘭巴南、日惹、婆羅浮屠、馬格朗、井里汶、丹戎不碌、巴達維亞、チョビノン（日語發音：chobinon）、茂物、蘇加武眉、巽他、萬隆、ガルー（日語發音：garu）、バゲンヂ（日語發音：bagenji）、萬隆、巴達維亞、井里汶、芝拉縶、泗水、パッソラーン（日語發音：passoran）、托薩里、婆羅摩火山、ピナンヂャン（日語發音：pinanjan）、瑪瑯、泗水、望加錫、達沃、香港、高雄、臺南、阿里山、日月潭、臺中、角板山、臺北、基隆、神戶

322

昭和九年 （1934） 第 31 期生

河北省遊歷班

小川澄（登）夫　三宅靜一郎　芝崎正昭

經過地：上海、青島、濟南、天津、北平、張家口、北平、密雲、承德、凌源、朝陽、錦州、奉天、新京、哈爾濱

寧夏省、甘肅省遊歷班

高橋欽次郎　篠倉良雄　雪本新吉

經過地：上海、漢口、武昌、漢陽、鄭州、北平、天津、北平、張家口、大同、歸綏、包頭、五原、臨河、磴口、石嘴子、平羅、寧夏、中衛、一條山、蘭州、平涼、咸陽、西安、潼關、鄭州、北平、天津、山海關、新京、奉天、安東、京城、釜山

河南、陝西兩省遊歷班

長博　山田喜代市　塚田喜文　辻喜平

經過地：上海、漢口、鄭州、洛陽、潼關、長安、咸陽、臨潼、蒲州、臨汾、霍縣、太原、雁門關、大同、張家口、張北、沽源、多倫諾爾、圍場、赤峰、新京

山東遊歷班

栗田五郎　廣田恒雄　坂井義雄

經過地：上海、青島、大連、芝罘、蓬萊、黃縣、龍口、濰縣、博山、周村、濟南、曲阜、泰安、濟南、北平

山西省遊歷班

松島榮美雄　上原正

經過地：上海、漢口、鄭州、洛陽、陝州、運城、太原、大同

湖南、湖北省遊歷班

北澤寅次郎　岩橋誠

經過地：上海、漢口、武昌、岳陽、長沙、湘潭、沙市、宜昌、重慶

湖北、湖南兩省遊歷班

濱田清介（人）　岡山秀臣

經過地：上海、漢口、漢陽、武昌、長沙、湘潭、長沙、岳陽、武昌、漢口、沙市、宜昌、漢口、上海

華南沿岸遊歷班

美和映二郎　堀本泰造

經過地：上海、香港、廣東、香港、汕頭、廈門、高雄、臺中、臺北、基隆

灤平、承德兩縣調查班

佐治好郎　加藤誠一　柴崎勝太郎

經過地：上海、青島、濟南、天津、北平、灤平、承德、平泉、凌源、朝陽、錦州、營口、奉天、齊齊哈爾、海倫、哈爾濱、吉林、新京、大連

赤峰、朝陽兩縣調查班

橋迫實　清田武

經過地：上海、大連、旅順、天津、北平、古北口、承德、凌源、朝陽、建平、赤峰、北票、錦州、奉天、撫順、洮南、齊齊哈爾、克山、海倫、哈爾濱、新京

穆棱、密山兩縣調查班

由井文人　永谷仁一　雨宮芳夫

經過地：上海、青島、大連、奉天、新京、吉林、哈爾濱、八面通、梨樹鎮、密山、虎林、同江、依蘭、哈爾濱

額穆縣調查班

爲藤陽次郎　谷彌七

324

經過地：上海、青島、大連、旅順、奉天、新京、吉林、蛟河（停留20日）、新站、新京、奉天、撫順、奉天

方正、賓兩縣調查班

勝守仙次　內田義雄

經過地：上海、青島、大連、新京、吉林、新站、五常、哈爾濱、方正、賓縣、哈爾濱、北安鎮、齊齊哈爾、奉天

德惠、九臺兩縣調查班

松井成德　小松守司

經過地：上海、青島、大連、營口、鐵嶺、公主嶺、新京、吉林、九臺、新京、德惠、哈爾濱、齊齊哈爾、四平行、奉天、撫順、安東

農安、扶餘兩縣調查班

德野外志男　津田一男

經過地：上海、青島、大連、奉天、新京、吉林、新京、農安、哈拉海、扶餘、哈爾濱

新民、彰武兩縣調查班

下村明信　中山昌生　稻富正男

經過地：上海、青島、濟南、北平、天津、大連、奉天、新民、彰武、新京、奉天、新民、哈爾濱、新京、奉天

突泉、瞻榆、開通縣調查班

磯川武夫　黑田正明

經過地：上海、青島、濟南、天津、北平、天津、山海關、錦州、大虎山、通遼、鄭家屯、開通（停留8日）、太平川、瞻榆（停留5日）、高力板、突泉（停留7日）、洮南、洮安、王爺廟、索倫、五叉溝、哈倫阿爾山、罕達蓋、海拉爾、滿洲里、昂昂溪、齊齊哈爾、泰安、克山、北安鎮、海倫、哈爾濱、新京、奉天、大連

鎮東、安廣兩縣調查班

河原畑一夫（美）　羽立實夫

經過地：上海、青島、大連、奉天、新京、哈爾濱、北安鎮、齊齊哈爾、鎮東、洮南、奉天

龍鎮、德都兩縣調查班

森岡昌利　吉田幸一

經過地：上海、青島、濟南、北平、天津、大連、奉天、四平街、齊齊哈爾、北安鎮、德都、北安鎮、齊齊哈爾、哈爾濱、新京、奉天、京城

湯原（並鶴立鎮）縣調查班

中川義信　小森藤雄

經過地：上海、青島、大連、奉天、新京、吉林、拉法、新站、哈爾濱、三姓、佳木斯、蓮江口、鶴立煤礦、湯原、哈爾濱、齊齊哈爾、新京

依安、林甸兩縣調查班

染矢春雄　萩野康治

經過地：上海、青島、大連、奉天、四平街、齊齊哈爾、小蒿子、林甸、依安、泰安、北安、哈爾濱、新京、大連、安東

望奎縣調查班

宮內信武　藤本俊策

經過地：上海、大連、奉天、新京、四平街、齊齊哈爾、北安、四方臺、蓮花鎮、望奎、哈爾濱、吉林、奉天、錦州、山海關、大連

興安東分省布西調查班

辻武雄　淺野德太郎　富岡康

經過地：上海、青島、大連、營口、奉天、新京、吉林、拉法、新站、五常、哈爾濱、北安鎮、齊齊哈爾、拉哈、訥河、布西、齊齊哈爾、洮南、四平街、奉天

奉天省洮安縣、興安省索倫調查班

圓谷清治　山内英之

經過地：上海、大連、旅順、大連、奉天、撫順、奉天、新京、公主嶺、四平街、鄭家屯、洮南、洮安、王爺廟、索倫、哈倫阿爾山、索倫、満州屯、索倫、王爺廟

札蘭屯、免渡河、滿洲里調查班

白石博　奧田重信

經過地：上海、青島、大連、奉天、新京、四平街、洮南、齊齊哈爾、札蘭屯、免渡河、海拉爾、滿洲里、海拉爾、甘珠爾廟、罕達蓋、哈倫阿爾山、索倫、王爺廟、洮安、齊齊哈爾、哈爾濱、新京

林西、天山兩縣調查班

三浦計太郎　中井川信雄　重松保德

經過地：上海、大連、奉天、錦州、朝陽、建平、赤峰、烏丹城、林西、ホルト蘇木（日語發音：horuto）、西烏珠穆沁王府、ホルト蘇木（日語發音：horuto）、林西、大板上、林東、天山、開魯、通遼

昭和十年（1935）第 32 期生

察哈爾省、蒙古遊歷班

平田敏生*　前田八束*　杉野梅次*　小谷真澄*　大串俊雄*

經過地：上海、漢口、鄭州、北平、張家口、包頭鎮、歸綏、大同、張家口、北平、古北口、承德、隆化、圍場、多倫、山丹河、沙巴台、羅塌岔、克力更、大王廟、砂尖、幹泡子、中發店、經棚、林西、烏丹城、赤峰、葉柏壽、朝陽、錦州、奉天、大連

綏遠省遊歷班

竹內信夫　小森樸郎　平井透

經過地：上海、青島、濟南、天津、北平、張家口、大同、豐鎮、綏遠、包頭、

五原、包頭、北平、承德、新京、大連

河南省、陝西省遊歷班

日高輝雄　棟元榮次

經過地：上海、南京、九江、大冶、漢口、鄭州、開封、洛陽、潼關、臨潼、長安、咸陽、華山、石家莊、太原、北平、張家口、大同、綏遠、包頭、北平、承德、北票、錦州、奉天、新京

陝西省遊歷班

面寬仁　田代正文　西山進　平田正三

經過地：上海、漢口、鄭州、潼關、西安、臨潼、徐州、濟南、天津、北平

山西省遊歷班

松永勉　田中孝二　太田良祐

經過地：上海、南京、漢口、鄭州、會興、茅津渡、運城、臨汾、介休、平遙、太原、忻州、大同、張家口、北平、天津、大連

山東省遊歷班

小野崎通健　菊勝

經過地：上海、南京、蚌埠、懷遠、蒙城、亳縣、歸德府、徐州、滋陽、濟寧、曲阜、泰安、濟南、棗園、鄒平、齊東、青城、惠民、濱州、浦臺、桓臺、長山、高苑、周村、張店、淄川、博山、濟南、天津、北平

江蘇省遊歷班

三木義雄　木下勇

經過地：上海、蘇州、無錫、宜興、溧陽、句容、南京、鎮江、揚州、邵伯、高郵、寶應、淮安、淮陰、沐陽、新浦、海州、灌雲、連雲港、徐州、濟南、天津、北平、奉天、撫順、新京、濱江、吉林、大連

福建省、廣東省遊歷班

橋口兵一　村井和夫　鶴谷正雄

經過地：上海、福州、莆田、泉州、廈門、漳州、廈門、汕頭、香港、廣東、三水、韶州、廣東、香港、基隆、臺北、臺南、高雄、基隆、上海

廣西省、法屬印度支那遊歷班

岩佐元明* 豐原幸夫* 宮西喜作* 廣川退助*

經過地：上海、香港、廣東、梧州、平樂、桂林、柳州、南寧、龍州、諒山、河內、海防、鴻基、海防、北海、海口、香港、汕頭、廈門、高雄、嘉義、臺北、基隆

雲南省、廣西省遊歷班

飯田秀吉　折橋大藏　間野護麓　佐藤正三　下雅夫

經過地：上海、福州、廈門、香港、廣東、梧州、南寧、龍州、高平、河內、雲南府、蒙自、文山、廣南、富州、剝隘、百色、南寧、廣東、長沙、漢口、上海

綏中縣、興城縣調查班

本多實　佐藤隆保　雄城要

輝南縣、金川縣調查班

田原竹市　下柳田英造

經過地：上海、青島、大連、旅順、大連、奉天、山城鎮、柳河城、山城鎮、朝陽鎮、金川縣樣子哨、板石河子、樣子哨、二股流、涼水河子、孤山子、通溝、聖水河子、樣子哨、朝陽鎮、輝南縣、朝陽鎮、吉林、新京、哈爾濱、新京

吉林省伊通縣調查班

芝寬　角田次郎　岡秀雄

經過地：上海、青島、濟南、北平、天津、大連、奉天、撫順、新京、公主嶺、伊通、新京、吉林、哈爾濱、齊齊哈爾、四平街

熱河省平泉縣、淩源縣調查班

福田克美　服部文彥

經過地：上海、蘇州、南京、浦口、濟南、天津、北平、古北口、承德、平泉、淩源、淩南、淩源、朝陽、錦州、大虎山、通遼、鄭家屯、洮南、齊齊哈爾、海拉爾、哈爾濱、拉法、吉林、新京、奉天、大連

龍江省景星縣、泰康縣調查班

久保田重男　雨宮治良

經過地：上海、青島、濟南、北平、天津、大連、旅順、撫順、奉天、四平街、洮南、齊齊哈爾、泰康、景星、海拉爾、滿洲里、北安鎮、克山、哈爾濱、新京

東興縣、鳳山縣調查班

柴田浩嗣　馬場三郎　渡邊次郎

經過地：上海、青島、濟南、北平、天津、大連、奉天、新京、哈爾濱、木蘭、東興、木蘭、通河、鳳山、通河、佳木斯、富錦、大黑河（漠河、雅克薩、大黑河、齊齊哈爾、新京、大連、上海）

慶城縣、鐵驪縣調查班

中垣晉治　植原了

經過地：青島、大連、奉天、新京、哈爾濱、綏化、慶城、鐵驪、綏化、哈爾濱、齊齊哈爾、海拉爾、滿洲里、齊齊哈爾、哈爾濱、新京

蘿北縣、佛山縣、烏雲縣、奇克縣調查班

栗坂健一　黑江道夫

經過地：上海、青島、濟南、北平、天津、大連、奉天、洮南、齊齊哈爾、北安鎮、大黑河、奇克、烏雲、佛山、蘿北、富錦、佳木斯、哈爾濱

昭和十一年（1936）第33期生

駐北平班

木原震六*　伊藤陸郎*　片岡光*　植松義一*　楫野武吉*

經過地：上海、青島、濟南、北平、奉天、大連、上海

河北省遊歷班（一）

吉田昇一*　古賀優雄*　蓮尾吉之助*

經過地：上海、南京、漢口、鄭州、徐州、曲阜、天津、北平、香河、武清、北平、承德、奉天、哈爾濱、大連、上海

河北省遊歷班（二）

貞松健二郎*　小島定輔*　萱野祐吉*

經過地：上海、蘇州、南京、徐州、鄭州、北平、保定、正定、順德、洛陽、開封、北平、天津、滿洲、上海

河北遊歷班（三）

近藤敏三郎*　山崎大三郎*　陳叔康*

經過地：上海、南京、漢口、鄭州、北平、通州、薊縣、遵化、遷安、山海關、天津、大連、奉天、新京、哈爾濱、大連、上海

河北省遊歷班（四）

小川勇*

經過地：上海、南京、漢口、鄭州、臨城、石家莊、定縣、保定、北平、通州、天津、奉天、大連、上海

山東省遊歷班（一）

望月晃*　瀬浪正平*　飛鳥井雅信*

經過地：上海、漢口、鄭州、開封、徐州、泰安、濟南、張店、博山、淄川、濰

縣、芝罘、青島、天津、上海

山東省遊歷班（二）

黑田晉*　高橋五三*　加藤勝*　吉村賢二*

經過地：上海、南京、漢口、鄭州、徐州、曲阜、泰山、濟南、禹城、青城、鄒平、周村、張店、博山、泗川、濰縣、龍口、芝罘、大連、天津、北平、奉天、新京、上海

察哈爾省遊歷班（一）

鳥羽田凞*　島津四十一*　藤岡瑛*

經過地：上海、南京、漢口、鄭州、北平、張家口、柴溝堡、張北、公會、チヤカントロ（日語發音：chakantoro）、朝陽鎮、德化、蘇尼特、多倫、圍城、承德、赤峰、錦州、大連

綏遠省遊歷班（二）

日高五郎*

經過地：上海、南京、北平、大同、包頭、北平、滿洲、大連、上海

綏遠省遊歷班

副島清高*　森崎正夫*　兩角昇*

經過地：上海、南京、蕪湖、合肥、田家庵、蚌埠、徐州、曲阜、濟南、天津、北平、張家口、大同、平地泉、綏遠、包頭、綏遠、張家口、北平、奉天、新京、哈爾濱、大連、上海

綏遠、察哈爾省遊歷班

石田三郎*　熊田俊夫*　永福茂三郎*

經過地：上海、南京、曲阜、泰安、濟南、天津、灤縣、樂亭、天津、北平、順義、通州、北平、張家口、大同、歸綏、包頭、五原、臨河、磴口、包頭、張家口、北平、太原、潼關、西安、咸陽、臨潼、洛陽、鄭州、漢口、上海

山西省遊歷班

一瀬誠*　鷲見庸德*　岩本賴人*

經過地：上海、青島、天津、北平、石家莊、太原、大同、北平、奉天、大連、上海

河南省遊歷班

宇都宮辰男*　芹澤典雄*

經過地：上海、南京、漢口、鄭州、洛陽、鄭州、開封、徐州、曲阜、濟南、天津、北平、古北口、承德、錦縣、奉天、新京、哈爾濱、大連、上海

四川省遊歷班

竹本益重*　織田正一*　片山富太*　車田修一*

經過地：上海、漢口、宜昌、重慶、隆昌、富順、自流井、內江、資中、成都、資中、內江、隆昌、重慶、宜昌、沙市、襄陽、漢口、鄭州、北平、天津、灤縣、奉天、新京、大連、上海

湖北省遊歷班（一）

世利展雄*　山本猛*

經過地：上海、南京、黃石港、漢口、沙市、宜昌、襄陽、樊城、老河口、漢口、鄭州、北平、天津、奉天、新京、大連、上海。

湖北省遊歷班（二）

古田福四郎*　永島正男*

經過地：上海、香港、廣東、樂昌、衡陽、長沙、漢口、沙市、宜昌、襄陽、漢口、鄭州、北平、承德、新京、哈爾濱、奉天、大連、上海

安徽省遊歷班

大場致孝*　大賀孝*

經過地：上海、鎮江、揚州、鎮江、南京、蕪湖、安慶、桐城、舒城、合肥、田家庵、正陽關、潁州、蒙城、渦陽、亳縣、蚌埠、滋陽、濟南、天津、北平、奉天、

333

大連、上海

湖南省遊歷班（一）

石田四郎*　松本才喜*　藤原德*　船津正美*

經過地：上海、福州、廈門、香港、廣東、樂昌、坪石、宜章、郴縣、來陽、衡陽、長沙、常德、長沙、武昌、漢口、北平、天津、上海

湖南省遊歷班（二）

島田孝夫*　曾木卓*

經過地：上海、福州、廈門、香港、廣州、曲江、衡陽、長沙、寧鄉、益陽、漢壽、常德、桃源、安鄉、南縣、華容、岳陽、武昌、漢口、信陽、許昌、鄭州、開封、洛陽、潼關、西安、鄭州、北平、天津、大連、滿洲各地、上海

江西省遊歷班

安藤種治郎*　小山太朗*　牧田穰*

經過地：上海、福州、廈門、香港、廣東、香港、上海、南京、九江、湖口、景德鎮、東鄉、南昌、九江、南昌、萬載、宜春、萍鄉、長沙、漢口、鄭州、北平、滿洲、上海

廣東省遊歷班

道又彌平*　中溝正雄*　田島瑞穗*　小澤守久*

經過地：上海、福州、臺灣、廈門、汕頭、香港、廣東、海口、北海、梅菉、楊江、長沙、廣東、上海、漢口、北平、滿洲各地、大連、上海

海南島調查班

佐佐木市藏*　筒井司*

經過地：上海、福州、廈門、香港、廣東、香港、海口、瓊州、北衝、雲龍、文嶺、大坡、黃竹、大路、嘉積、瓊東、嘉積、南陽、樹德、海口、香港、澳門、汕頭、廈門、高雄、臺南、嘉義、日月潭、臺北、北投、上海

334

廣西省遊歷班

玉置新*

經過地：上海、廈門、汕頭、香港、廣東、三水、梧州、廣東、香港、汕頭、廈門、高雄、臺南、嘉義、臺中、浦里、臺北、基隆、上海

雲南省遊歷班

岩崎俊彦*　渡邊主基雄*　名越吉備雄*　水上啟*　關戶高*

經過地：上海、南京、漢口、長沙、衡陽、上海、香港、廣東、廣州、河口、北海、海防、河內、老開、阿迷州、雲南、香港、上海

菲律賓遊歷班

沖本克已*　林三千男*

經過地：上海、基隆、臺北、高雄、馬尼拉、聖費爾南多、碧瑤、馬尼拉、伊洛伊洛、宿務、麥克坦、三寶顏、達沃、ダリアオン（日語發音：dariaon）、ティブンコ（日語發音：teibunko）、タロモ（Talomo）、達沃、馬尼拉、香港、廣東、澳門、上海

昭和十二年（1937）第 34 期生

第一班（南滿洲）

內山正夫*　室坂堅次郎*　三浦康三*　直林憲榮*

經過地：上海、青島、濟南、天津、北平、奉天、鐵嶺、開原、四平街、公主嶺、新京、哈爾濱、五常、舒蘭、永吉、磐石、山城鎮、撫順、奉天、大連、上海

第二班（北滿洲）

渡邊重保*　神田玉一*　谷口武文*

經過地：上海、青島、濟南、天津、北平、承德、錦州、奉天、新京、哈爾濱、海倫、北安、大黑河、北安、訥河、龍江、洮南、遼源、四平街、新京、吉林、敦化、延吉、會寧、清津、下關、上海

第三班（駐北平、天津）

深川操一郎*　清水辰雄*　橘川吉藏*　道下福四郎*

經過地：上海、南京、漢口、鄭州、北平、張家口、大同、歸綏、北平、天津、濟南、青島、上海

第四班（河北省）

小倉音次郎*　福地稔*

經過地：上海、廣東、衡陽、長沙、漢口、鄭州、開封、濟南、天津、北平、冀東各縣、天津、奉天、大連、上海

第五班（河北省）

橘清志*　脇田五郎*　豐崎龍太郎*

經過地：上海、南京、蕪湖、漢口、鄭州、開封、濟南、滄州、石家莊、保定、涿縣、北平、張家口、北平、古北口、承德、錦州、奉天、大連、上海

第六班（河北省）

楠城正己*　森健*

經過地：上海、廣東、衡陽、長沙、漢口、鄭州、北平、張家口、北平、通州、薊縣、遵化、山海關、天津、大連、上海

第七班（山東省）

增永行雄*　坂本一夫*　松丸正博*

經過地：上海、南京、漢口、鄭州、開封、銅山、泰安、濟南、張店、博山、濰縣、青島、芝罘、天津、北平、奉天、大連

第八班（山西省）

石井勝*　赤松良一*　磯貝秀夫*　濱崎富男*

經過地：上海、南京、漢口、鄭州、開封、洛陽、潼關、運城、臨汾、陽曲、石家莊、大同、北平、奉天、大連、上海

第九班（山西省）

西本一雄*　豐原幸次*　岡田陸郎*

經過地：上海、廣東、長沙、漢口、鄭州、開封、洛陽、潼關、永濟、運城、臨汾、曲沃、翼城、長治、大谷、榆次、陽曲、代縣、大同、北平、天津、奉天、大連、上海

第十班（河南省）

渡邊武雄*　森壽男*

經過地：上海、南京、漢口、鄭州、洛陽、潼關、開封、泰安、濟南、天津、北平、多倫、承德、奉天、大連、上海

第十一班（河南省）

大久保隆光*　井上佶*　澤村巖*

經過地：上海、基隆、臺北、高雄、廣東、長沙、漢口、信陽、西平、郾城、周家口、尉氏、開封、洛陽、潼關、鄭州、北平、天津、奉天、大連、上海

第十二班（安徽省）

野瀨真一*　宮川豐一*　迫勝喜*

經過地：上海、廣東、長沙、漢口、安慶、桐城、舒城、合肥、巢縣、蕪湖、南京、蚌埠、宿縣、銅仁、濟南、北平、天津、奉天、大連、上海

第十三班（湖北省）

萩原七郎*　味澤公勝*　佐藤英雄*

經過地：上海、廣東、衡陽、長沙、沙市、宜昌、襄陽、老河口、漢口、鄭州、開封、濟南、天津、北平、奉天、大連、上海

第十四班（湖北省）

松林浩三*　中道英雄*　長嶋龍之助*

經過地：上海、廣東、衡陽、長沙、漢口、襄陽、老河口、宜昌、沙市、大冶、九江、南京、銅仁、濟南、北平、天津、奉天、大連、上海

337

第十五班（湖南省）

秋本逸夫[*]　中上昌三[*]　堀部忠光[*]　原田實之[*]

經過地：上海、基隆、臺北、高雄、廣東、郴州、衡陽、湘潭、長沙、寶慶、新化、東平、益陽、沅江、桃源、常德、岳陽、漢口、北平、天津、奉天、大連、上海

第十六班（湖南省）

松永隆[*]　伊藤義三[*]　竹田憲三[*]　瀨尾彦治郎[*]　山本正三[*]

經過地：上海、廣東、衡陽、寶慶、洪江、黔陽、芷江、麻陽、辰谿、瀘溪、沅陵、桃源、常德、益陽、長沙、湘潭、萍鄉、株洲、長沙、岳陽、漢口、北平、天津、奉天、大連、上海

第十七班（江西省）

田邊正登[*]　榊學治[*]　田代範行[*]

經過地：上海、廣東、衡陽、長沙、萍鄉、袁州、樟樹、南昌、東鄉、余江、萬年、樂平、景德鎮、章田、湖口、九江、漢口、鄭州、北平、奉天、大連、上海

第十八班（江西省）

今村鎮雄[*]　光安源市[*]　山本桓[*]

經過地：上海、廣東、曲江、南雄、大庾、贛州、雲都、會昌、瑞金、贛州、吉安、清江、南昌、永修、九江、廬山、漢口、鄭州、北平、天津、奉天、大連、上海

第十九班（江蘇省、浙江省）

伊藤利雄[*]　中原照雄[*]

經過地：上海、寧波、定海、奉化、慈谿、餘姚、紹興、金華、蘭谿、建德、桐廬、杭州、嘉興、蘇州、無錫、南京、鎮江、揚州、高郵、寶應、清江浦、沐陽、東海、滋陽、濟南、青島、芝罘、天津、北平、張家口、承德、奉天、大連、上海

第二十班（四川省）

藤野格[*]　藤岡貞夫[*]　重村俊一[*]　水野鈴彦[*]

經過地：上海、廣東、長沙、漢口、宜昌、重慶、內江、簡陽、成都、三臺、遂

338

寧、潼南、重慶、漢口、鄭州、北平、天津、奉天、大連、上海

第二十一班（福建省）

山田忠*　古谷陽*

經過地：上海、基隆、臺北、高雄、福州、水口、南平、莆田、泉州、廈門、龍溪、汕頭、香港、廣東、長沙、漢口、北平、天津、奉天、大連、上海

第二十二班（福建省）

茨木弘*　野田龍男*

經過地：上海、杭州、金華、蘭谿、江山、浦城、建甌、南平、水口、福州、莆田、晉江、廈門、汕頭、香港、廣東、高雄、臺北、基隆、上海

第二十三班（廣東省）

山縣一朗*　榎本省二*　森內正夫*

經過地：上海、基隆、臺北、高雄、汕頭、澄海、潮陽、潮安、揭陽、普寧、陸豐、海豐、惠陽、香港、廣東、長沙、漢口、北平、天津、奉天、大連、上海

第二十四班（廣東省）

本村彌佐一*　末永萬*　田中忠夫*

經過地：上海、基隆、臺北、高雄、香港、澳門、惠陽、河源、龍川、廣東、長沙、漢口、北平、天津、奉天、大連、上海

第二十五班（廣東省）

稻葉梅雄*　穴澤一壽*　古河泰*　阿部良忠*

經過地：上海、基隆、臺北、高雄、香港、廣東、三水、高要、德慶、封川、梧州、廣東、韶州、長沙、漢口、北平、天津、奉天、大連、上海

第二十六班（法屬印度支那、暹羅）

武富二郎*　白山正己*　坪上正*

經過地：上海、香港、廣東、海防、鴻基、河內、ナチヤム（日語發音：

nachamu）、北幹、河內、南定、絞、順化、峴港、芽莊、大叻、藩切、西貢、基隆、上海

第二十七班（菲律賓）

都志弘* 井上正記*

經過地：上海、基隆、高雄、馬尼拉、黎牙實比、伊洛伊洛、宿務、達沃、馬尼拉、碧瑤、香港、上海

第二十八班（南洋）

時乘一雄* 中西昌一*

經過地：上海、新加坡、檳城、棉蘭、ロウスマウエ（日語發音：rosumaue）、哥打拉夜、棉蘭、丹戎巴來、バタンデン（日語發音：batanden）、巴東、ペンクレーレン（日語發音：penkureren）、巨港、クンジョンカラン（日語發音：kunjonka-ran）、默拉克、巴達維亞、ショキヤカルタ（日語發音：shokiyakaruta）、三寶壟、チェクボン（日語發音：chiekubon）、泗水、アンジョワンジ（日語發音：anjowanji）、馬尼拉、香港、上海

第二十九班（駐上海）

山內正朋* 米內山治郎*

經過地：上海一帶

昭和十三年（1938）第 35 期生

華北方面班

第一班

渡邊健治（志、次） 萩（狄、荻）下利明

經過地：上海、大連、天津、濟南、天津、北京、張家口、大同、北京、保定、石家莊、山海關、奉天、新京、大連、上海

第二班

橫尾幸隆　本土敏夫　田浦正成

經過地：上海、青島、大連、天津、德州、滄州、濟南、天津、北京、通州、宛平、保定、正定、石家莊、北京、承德、朝陽、錦州、山海關、奉天、新京、大連、上海

第三班

細川正直　細萱元四郎

經過地：上海、青島、天津、濟南、滄州、北京、保定、石家莊、北京、張家口、北京、承德、錦州、奉天、新京、大連、上海

第四班

上野善臣　望月今朝男　小川弘一　內坂旌旗

經過地：上海、青島、天津、濟南、北京、張家口、北京、承德、錦州、奉天、新京、大連、上海

第五班

新行內義兄　八木友愛

經過地：上海、青島、天津、北京、保定、石家莊、北京、張家口、北京、山海關、奉天、新京、大連、上海

第六班

今里明　濱田守保

經過地：上海、青島、天津、濟南、北京、保定、石家莊、北京、張家口、北京、奉天、新京、大連、上海

華中方面班

第一班（太倉）

村上和夫　武藤義道　簑津豐　岩橋恒治

經過地：上海、太倉、蘇州、南京、上海、青島、天津、北京、濟南、天津、張

341

家口、奉天、大連、上海

第二班（昆山）
松村甫　吉田健二
經過地：上海、昆山、蘇州、南京、上海、青島、天津、濟南、北京、承德、錦
州、奉天、大連、上海

第三班（蘇州）
翠田實　田村忠　河合一男
經過地：上海、蘇州、無錫、常州、鎮江、南京、上海、青島、天津、北京、承
德、錦州、奉天、大連、上海

第四班（江陰）
谷本誠　岡田米作　松本達雄
經過地：上海、江陰、蘇州、南京、鎮江、無錫、杭州、上海、大連、天津、北
京、濟南、青島、上海

第五班（常熟）
戶部茂　小林安正　井上喜三郎
經過地：上海、常熟、南京、蕪湖、鎮江、蘇州、嘉興、杭州、上海、青島、天
津、北京、張家口、北京、奉天、大連、上海

第六班（丹陽）
穴澤健二　西本禮三
經過地：上海、丹陽、南京、蘇州、上海、青島、芝罘、天津、北京、天津、奉
天、大連、上海

第七班（鎮江）
山口左熊　佐藤照勝　玉井三郎
經過地：上海、鎮江、南京、蕪湖、常州、蘇州、上海、青島、天津、北京、濟

342

南、北京、承德、錦州、奉天、大連、上海

第八班（吳江）

小泉清一　村田久雄　橋口正行

經過地：上海、蘇州、吳江、鎮江、南京、蕪湖、上海、天津、北京、張家口、北京、承德、錦州、奉天、大連、上海

第九班（常州）

高瀨鐵雄　小谷稔　粟（栗）田定吾　佐野三治郎

經過地：上海、常州、鎮江、蕪湖、南京、蘇州、上海、天津、北京、濟南、青島、上海

第十班（無錫）

佐原元一　原田豐作　馬場隆

經過地：上海、無錫、丹陽、鎮江、南京、上海、青島、天津、北京、張家口、天津、奉天、大連、上海

第十一班（宜興）

清水正德　植松清一　增田忠治　橘良高

經過地：上海、蘇州、無錫、宜興、常州、鎮江、南京、上海、大連、奉天、天津、北京、濟南、青島、上海

第十二班（南京）

鴉田藤太郎　河野武彥　簡昆田

經過地：上海、南京、蘇州、杭州、上海、青島、天津、北京、張家口、天津、奉天、大連、上海

第十三班（蕪湖）

秦省吾　小野莊太郎

經過地：上海、蘇州、嘉善、杭州、湖州、南京、蕪湖、南京、鎮江、常州、無

錫、江陰、南通、上海、青島、天津、唐山、北京、張家口、天津、大連、上海

第十四班（青浦）

瀨戶謙　妻木辰男

經過地：上海、青浦、松江、嘉興、杭州、蘇州、南京、蕪湖、鎮江、上海、天津、濟南、天津、北京、張家口、北京、奉天、大連、上海

第十五班（松江）

田中康稔　北野定雄　牛島俊吉　村岡侃　鳥田滿穗

經過地：上海、松江、杭州、蘇州、鎮江、南京、蕪湖、上海、青島、天津、北京、奉天、大連、上海

第十六班（嘉興）

青井正親　宮永善二　德田計資

經過地：上海、杭州、嘉興、吳江、蘇州、上海、青島、天津、濟南、天津、奉天、大連、上海

第十七班（嘉善）

長柄喜（垚）一郎　吉田哲郎　木谷達郎　服部晉三（二）

經過地：上海、嘉善、杭州、蘇州、無錫、鎮江、南京、蕪湖、上海、青島、天津、北京、張家口、天津、奉天、大連、上海

第十八班（湖州）

齋藤洲臣　伊藤哲三　水野學　水元健治郎

經過地：上海、杭州、湖州、蘇州、南京、蕪湖、上海、青島、天津、北京、張家口、北京、承德、錦州、奉天、大連、上海

第十九班（杭州）

芹澤五郎　後藤文治　鈴木厲吉　吉賀俊（後）亮　深堀寬

經過地：上海、杭州、嘉善、南京、蘇州、上海、青島、天津、北京、濟南、天

344

津、奉天、大連

第二十班（通州）
富田清之助　中園靜雄　菊地喜久治　橋本昇　近光毅

經過地：上海、南通、鎮江、蕪湖、南京、蘇州、上海、青島、天津、北京、濟南、天津、大連、上海

華南、南洋、暹羅方面旅行班
第一班（華南、臺灣）
梅原和夫　田中徹雄　神邊匪治　河島恒夫

經過地：上海、基隆、臺北、高雄、香港、九龍、上海

第二班（馬來）
北川林男　高橋龍（立）太　河田要一　五十川統　增崎依正　古屋（谷）鐵衛

經過地：上海、基隆、臺北、海防、西貢、曼谷、檳城、大平、怡保、吉隆坡、芙蓉、馬六甲、新加坡、上海

第三班（暹羅）
坂下惣平　前田五郎　松原理一　中村源吉　濱和夫

經過地：上海、基隆、臺北、基隆、海防、曼谷、清邁、曼谷、檳城、新加坡、香港、上海

第四班（南洋）
田代由紀男*　松田政彦*　坂田逸郎*　橫山能久

經過地：上海、基隆、高雄、馬尼拉、達沃、達沃萬鴉老、望加錫、泗水、日惹、巴達維亞、新加坡、ゼセルトン（日語發音：zeseruton）、達沃、香港、上海

345

昭和十四年 （1939） 第 36 期生

河北第一班

岡幸雄　高橋克明　角田三郎

河北第二班

廣末治男　明野義夫　佃正道

蒙疆班

大澤康男　淺川典生　宇野善藏　南恭輔

山東省班

山口勝之　田所善良　淺山益生

山西省第一班

岡島永藏　中澤多賀夫　石川久

山西省第二班

若槻英敏　水野義德　安田秀三

察哈爾省班

安藤武治　深澤治平　尾見博巳（巳）

安徽省班

今村一郎　前川利雄　秋山安正

江西省班

松野稔　原田益夫 *　樹野阪治

湖北省第一班

市村克孝　古賀六郎　光岡義男

湖北省第二班

松尾勇夫　江淵薫　水野安一　山本尚長

福建省班

佐藤熙喜　吉田忠　西村昇

廣東省第一班

今西照男　川口守親　大坪正十三

廣東省第二班

鹿毛政人　岡正住　西村敏雄

海南島班

後藤勝一　小畑英資*　吉村英助

香港班

下條義克　堀深　大峽一男

法屬印度支那班

大久保泰　岡田晃　坂東薰

泰國班

田中信隆　松尾松一郎　河合祝男　村岡正三

菲律賓班

土手年松　富岡健次　岡島正　鴨澤二郎　中輝雄　松井端　松木鶯

347

海峡殖民地班

丹田四郎　小林保　岩間正雄　上野陽　長田憲一

昭和十五年（1940）第 37 期生

河北第一班

崔春甲　佐古廣利　今泉陽男　金井正次　風間金丸

河北第二班

日野原朝典　齋藤保夫　阿部善種　杉本要吉　蜂巣一郎　矢田民雄

山西第一班

松坂賢　柴田武夫　多賀重孝　馬場晃

山西第二班

平田文次　村井光三　古賀久生

山東班

緒方正己　前山博延　柳内滋

綏遠班

加藤咨郎　江藤茂樹　吉田善次　八木了彦

浙江班

立花正平　加藤大助　石崎三郎　今村俊一　宮木得行

福建班

山崎秀一　小竹忠夫　藤原龍男　小久保鬱郎

長江流域第一班

尋木慎一郎　松浦春男

長江流域第二班

平田剛　井原雄治　森口薫　井上道高　齋藤信幸

長江流域第三班

西山泰元　吉村健次　吉本正男　前田知德

長江流域第四班

望月伸佐　安藤公一　深堀吉郎

長江流域第五班

森博民　兒島駒吉　横井秀信

長江流域第六班

宮脇彌七　佐藤昇平

長江流域第七班

田坂豐　橋坂隼登　田原勢典

長江流域第八班

上野有造　蘆澤實　中村文雄

長江流域第九班

上原禮次郎　淺野榮市

長江流域第十班

竹内馨　佐藤勇　清水廣　宮澤宏

長江流域第十一班

田中專正　大森創造　守屋聯平

廣東省第一班

森茂樹　浦亮平　谷本忍　大森肆彦　竹内俊夫　岡崎俊廣

廣東省第二班

開田正雄　坂本正明　山本貞文　三苫收　藤春（村）敬三

廣東省第三班

瀧田實　山元靜夫　宮野靜夫

海南島第一班

奈良岡弘　仲田茂　山田正純

海南島第二班

佐藤入實

海南島第三班

村上通夫

海南島第四班

柏村久雄　百瀬竹男

澳門班

赤堀清　戸田拓二　永野羊男

昭和十六年（1941）第38期生

華北方面

第一班（河北省）

山根良男（地理）　大森茂（工業）　牛島辰雄（生活）　稻野達郎（標會）

經過地：上海、南京、濟南、天津、北京、保定、石門、北京、張家口、大同、北京、奉天、大連、上海

第二班（河北省）

松本鎮夫（地理）　森脇優登（金融）　小島宗雄（生活）

經過地：上海、青島、濟南、天津、北京、大同、太原、石門、德州、北京、奉天、大連、上海

第三班（山西）

森精市（金融）　奧野重雄（地理）　荒木茂（生活）

經過地：上海、南京、浦口、徐州、濟南、德州、石門、太原、大同、包頭、張家口、北京、天津、奉天、大連、上海

第四班（山西）

高橋克夫（教育）　有野芳郎（金融）　藏岡習志（工業）

經過地：上海、南京、徐州、開封、石門、太原、運城、太原、大同、包頭、厚和、張家口、北京、天津、奉天、大連、上海

第五班（山東省）

木村正三（民團）　坂井一（教育）　樋藤軍二（民團）

經過地：上海、南京、濟南、青島、博山、天津、北京、張家口、大同、包頭、天津、大連、上海

第六班（山東省）

永江和夫（商業）　山本君平（地理）　岡田孝之（地理）　齋藤裕三*（工業）　宮田保*（標會）

經過地：上海、青島、淄川、濟南、曲阜、徐州、開封、新鄉、石門、太原、北京、天津、奉天、大連、上海

第七班（蒙疆）

秋貞健一（工業）　山田公太郎（生活）　松本浩一（生活）

經過地：上海、青島、濟南、德州、石門、太原、大同、包頭、厚和、張家口、北京、天津、北京、承德、奉天、大連、上海

第八班（蒙疆）

中條康彰（生活）　尾藤昇（教育）　白井秀夫（地理）

經過地：上海、南京、濟南、北京、張家口、大同、歸綏、包頭、北京、承德、奉天、大連、上海

華中方面

第九班（江蘇省）

久保田太郎（家族）　瀧石彰一（商業）　山谷儔（教育）　岡幸雄（商業）　山本隆（家族）

經過地：上海、昆山、蘇州、蕪湖、安慶、漢口、九江、蕪湖、南京、徐州、濟南、天津、北京、奉天、大連、上海

第十班（江蘇省）

鈴木隆康（教育）　山田順造（教育）　藤江真治*（教育）

經過地：上海、蘇州、鎮江、揚州、鎮江、南京、蕪湖、上海、杭州、湖州、杭州、上海、基隆、臺北、基隆、廈門、基隆、上海

第十一班（江蘇省）

鈴木信（金融）　道旗林三郎（教育）　石崎昌雄（生活）

352

經過地：上海、鎮江、揚州、南京、蚌埠、徐州、濟南、德州、石門、太原、北京、天津、奉天、大連、上海

第十二班（浙江省）

武藤義一（地理）　新井寶雄（地理）　鹽崎美智雄*（生活）

經過地：上海、杭州、嘉興、嘉善、蘇州、鎮江、南京、蕪湖、南京、蚌埠、徐州、濟南、天津、北京、天津、大連、青島、上海

第十三班（安徽省）

山崎正春（教育）　笠坊乙彥（省政）　小林三郎（工業）

經過地：上海、南京、蕪湖、安慶、南京、浦口、徐州、濟南、青島、濟南、天津、北京、奉天、大連、上海

第十四班（江西省）

尾形明（財政）　河本忠雄（司）（商業）　泉澤尚太郎（省政縣政）

經過地：上海、南京、蕪湖、九江、南昌、九江、漢口、蕪湖、南京、上海、青島、濟南、天津、北京、奉天、大連、上海

第十五班（江西省）

工藤良憲（教育）　荒木勇（商業）　白子三郎（財政）

經過地：上海、南京、蕪湖、九江、南昌、九江、漢口、蕪湖、南京、浦口、蚌埠、徐州、北京、天津、山海關、奉天、大連、上海

第十六班（江西省）

松本正（家族）　清水健次郎（工業）　大脇秀次（商業）　宮原一（注：稿本有鉛印本無）

經過地：上海、蘇州、南京、九江、南昌、九江、漢口、蕪湖、南京、浦口、徐州、濟南、北京、天津、北京、奉天、大連、上海

第十七班（湖北省）

前澤吉衛（生活）　　加藤幸男（地理）　　松下京平（商業）　　岩本隆夫（生活）

經過地：上海、南京、蕪湖、漢口、蕪湖、南京、浦口、蚌埠、濟南、北京、天津、青島、上海

第十八班（湖北省）

平井勉（財政）　　青木繁男（金融）

經過地：上海、南京、蕪湖、漢口、九江、蕪湖、南京、濟南、天津、北京、奉天、大連、上海

第十九班（湖北省）

青柳星美（民團）　　荻原義久（財政）　　小澤潤一郎（工業）　　田原淳司[*]（工業）

經過地：上海、南京、漢口、岳陽、漢口、九江、南京、徐州、北京、天津、大連、上海

第二十班（湖北省）

橋本清（教育）　　三枝重雄（縣政）　　友野裕（地理）　　安藤健吉（工業）宮坂喜雄（縣政）

經過地：上海、南京、蕪湖、漢口、九江、浦口、徐州、濟南、北京、天津、大連、上海

第二十一班（湖北省）

窪田元次郎（商業）　　山下伸二郎（生活）　　青山貢（教育）　　井上駿（俊）一郎（省政）　　松崎茂夫（縣政）

經過地：上海、南京、蕪湖、漢口、蕪湖、南京、上海、青島、濟南、天津、北京、南京、上海

354

第二十二班（湖南省）

殿塚隆治（地理）　岡泰弘*（生活）

經過地：上海、南京、漢口、岳州、漢口、上海、青島、濟南、北京、天津、大連、上海

華南方面

第二十三班（福建省）

伏木清吉（工業）　丸田慶一（金融）　田尻泰正（工業）　菊地四郎*（生活）　細豐治（教育）

經過地：上海、基隆、臺北、基隆、廈門、汕頭、廣東、高雄、臺南、臺北、基隆、上海

第二十四班（福建省）

原稔*（生活）　高田武（地理）　皿谷伊勢男（金融）　川口金三（生活）

經過地：上海、基隆、廈門、汕頭、廣東、高雄、臺南、臺北、基隆、上海

第二十五班（福建省）

藤原敏夫（教育）　岡部賢一（商業）

經過地：上海、基隆、廈門、汕頭、廣東、高雄、臺南、臺北、基隆、上海

第二十六班（廣東省）

高屋孝之（地理）　三上量三郎（教育）　永田達郎*（生活）　阿部博光（金融）

經過地：上海、基隆、臺北、廈門、汕頭、廣東、上海

第二十七班（廣東省）

木田彌三旺（商業）　西村正介（地理）　白柳義一（工業）　鶴田正男*（商業）

經過地：上海、基隆、廣東、汕頭、廈門、高雄、臺北、基隆、上海

第二十八班（廣東省）

池田陽二郎（地理）　鹿又秀一（金融）　新角俶郎（民團）

經過地：上海、廣東、汕頭、廈門、基隆、臺北、高雄、基隆、上海、南京、新京、大連、上海

第二十九班（廣東省）

綱木正昌（商業）　內藤守義*（生活）　本鄉正雄（教育）

經過地：上海、基隆、廈門、汕頭、廣東、高雄、臺北、基隆、上海

第三十班（廣東省）

山領康夫（商業）　山口榮（工業）　中島秀孝（工業）

經過地：上海、廈門、汕頭、廣東、高雄、臺北、基隆、上海、杭州、上海、蘇州、南京、蕪湖、南京、上海

第三十一班（廣東省）

北原筆吉（生活）　上野慎一（生活）　國吉勳（生活）

經過地：上海、基隆、廈門、汕頭、廣東、高雄、臺北、基隆、上海

昭和十七年（1942）第 39 期生

第一班（蒙疆）久重指導教授

高橋昇治　奧田隆春　黑木正吉

第二班（蒙疆）上田指導教授

佐藤泰司　高田宣夫　坂下雅章　大島新吾

第三班（蒙疆）久保田指導教授

齋藤博　瀧澤哲雄　松原一夫　野村智一

第四班（蒙疆、北京）口田指導教授

中村輝美　吉田倬三　大江勝　秋元伸一

第五班（太原）小竹指導教授

高橋嘉夫　永井康吉　山田尚　石橋申雄

第六班（太原）天野指導教授

日野茂樹　宇佐美和彦　内丸五典　小野良典

第七班（太原、北京）陣内指導教授

福田經　齋藤忠夫　松城弘　德永速美　立見章三　田沼菊彌

第八班（石門）口田指導教授

高宮敬　富田定　平木義高

第九班（石門）上田指導教授

溝上慶治　石丸俊雄　真下九五雄　古本祝*

第十班（北京）口田指導教授

松川（山）昇　阿部弘　坂本浩

第十一班（北京）天野指導教授

西澤信男　中村益士*　唐川博

第十二班（北京）坂本指導教授

湊保　金丸一夫　宗方健二郎　絲谷禮輔

第十三班（北京）

山田敬夫（雄）　橫田文真　大久保啟三　鵜飼達哉　杉山恭衛（**山田指導教授**）

357

廣長敬太郎（中内指導教授）

第十四班（通州）天野指導教授
芹澤五郎　內倉三郎　小島和雄

第十五班（北京、天津）北野指導教授
松尾七郎　石丸岩夫　鈴木吉之　久保徹之

第十六班（天津）久保田指導教授
長坂毅　藤森正歳　齋藤增雄

第十七班（濟南、天津）久重指導教授
北出太良　野上正　小林淑人　瀨戶真夫

第十八班（天津、杭州、北京）齋伯指導教授
內田元三　大村弘　石橋達郎＊　加藤通夫

第十九班（芝罘）戶田指導教授
信元安貞　碓水純男　櫻田治平

第二十班（開封）上田指導教授
三浦良男＊　岡秀彦　渡邊卓郎

第二十一班（安慶）成宮指導教授
東輝夫　太田松男　宮島英三　蜷木定輝

第二十二班（漢口）上田指導教授
大森史郎　鈴木良介

第二十三班（漢口）小岩井指導教授

村田裕彦　安藤資郎　緒方正義

第二十四班（漢口、九江）北野指導教授

守田忠夫　瀬口政孝　中川勝　高倉授

第二十五班（北京、蘇州）口田指導教授

阿久津房治　小野桂　門田功

第二十六班（蘇州、蚌埠）久重指導教授

百瀬源　瀧本一夫*　秋山征士　田中市松

第二十七班（南京、漢口）重光指導教授

玉村三夫　佐伯朝春

第二十八班（蘇州、無錫、南京）陣内指導教授

堀口博國　北村清八郎　清野幸雄　岩尾諄一

第二十九班（無錫）成宮指導教授

宇佐忠人　土田正治*　楠井晃

第三十班（蘇州）戸田指導教授

濱島曉　清弘正己　薄葉行雄　柳田與平次

第三十一班（寧波）戸田指導教授

賀來揚子郎　馬殿幸次郎

第三十二班（杭州、漢口）小岩井指導教授

今田章　藤村正輝　綿引喜之

第三十三班（杭州、蘇州、北京）天野指導教授

乾正己　織本健二郎　駒井輝男

第三十四班（廣東）太田指導教授

鹿島達也　中山節夫　陰（蔭）山恒義　佐味謙太郎　藤本博　中西芳一

第三十五班（廣東）小竹指導教授

喜多見三良　利田幸雄　豐永敏邦＊　岡部照夫

第三十六班（香港）北野指導教授

牧廣　內山敬忠　清水一夫　中山喜久藏

第三十七班（香港）小岩井指導教授

杉本出雲　杉野谷夫　重松盛二　日野晃　岡本健　高原茂美

第三十八班（香港）小岩井指導教授

小松秀吉　星久次　深澤邦基　小野敏乎　田中卓也

昭和十八年（1943）第 40 期生

太倉班

山尾照芳　片岡正一　關屋重政　久保田穰　山本孝雄　內倉吉憲

丹陽班

柘植大六　川崎謙吉　宮田一郎　丸川辰生　松田又一　田中重信　南里誠治
甲斐照敏　丸尾忍

吳縣班

藤田信弘　寺澤衛　松本和夫　下隱登垚（喜）吉　林勳　橋本富士雄　加藤
和　北村求

360

蘇州班

中村信　黑澤貞夫　菅野俊作　石橋豐　谷山善夫

南通班

川村實　齋藤鐵彌　小川清　石橋達郎　高木芳郎　小川清　平尾尚　佐藤金人
赤司武夫

常熟班

有野芳郎　西內寬隆　金海政秀　龜井壯介　川崎浤太郎　木下勉　高瀬恒一
馬場重定　大屋英夫　數野泰吉　小中清　永野巖　吉川一郎　吉澤仁　早瀬次雄

泰縣班

吉田良雄　井澤寬　藤井芳彦　秋山善三郎　清水好孝　峰岸慶六　黑澤貞夫
菅野俊作

江都班

吉田正夫　花井清二良　柴田敏之　菊野幸夫　伊藤茂　鈴木俍　小松康宏　增
山惠三　江崎春太郎　高久七郎

無錫班

加藤美治　田坂博能　市河正和　山本福三　高田富佐雄　中村信

崇明班

原英一　笹田私天（和夫）　青木正視　高本恒男　河岡洋一　藤井孝一　原
不二郎　柿崎守悌　小倉義信　笠川幸雄　高遠三郎　西多喜雄　比嘉定雄

武進班

工藤俊一　家村繁治　藤谷三郎　豐川永玉　赤澤修二　向生（野）貴文　蒲
池博　長島一夫　宮本幹男　立上㐬美

海門班

峡正毅　奥野珠雄　足立澈朗　福島茂　松尾悦夫　益田憲吉　上野肇　光安彦臣　松尾長

常州班

本里明